# 脱観光化の人類学

かわりゆく観光と社会のゆくえ

東賢太朗・福井栄二郎・奈良雅史
［編著］

ミネルヴァ書房

脱観光化の人類学——かわりゆく観光と社会のゆくえ【目次】

目　次

# 序章　「脱観光化」からとらえなおす観光と社会

東　賢太朗

## 1　観光から社会をとらえなおす

### 現代社会における観光の活性化

現代社会の動向は、もはや観光を抜きにして語ることはできない。

近代以前にも、信仰や芸術と結びつきながら、今日私たちが「観光」と呼びうる活動は存在していた。しかしながら、限られた領域と担い手によって行われていたそれらとははっきりと異なり、産業革命に始まる労働の効率化が生み出す余暇時間の活動として、誰もが享受することができる娯楽として、観光は、世界の隅々までありとあらゆる領域を侵食するに至った。それまで局所的、部分的であった観光は、とくに二一世紀の後半にマスツーリズムという言葉で表されるように大衆化し、それを支える産業としての仕組みも成立したことで、急速な成長の時代を迎えた。

今日、パスポートとチケットを握りしめた人々は、飛行機・船・鉄道・車を乗り継ぎ国境を越えて世界各地の観光地へと旅立ち帰還する往復運動を継続している。また、その活動を支えるさまざまな産業の仕組みもさらに洗練され、観光は二一世紀最大の成長産業として――後述するように多種多様な不安定要素も内包しつつ――、さらに活性化することが予想されている。

観光の活性化を支える条件として、グローバルなヒト、モノ、情報の活発な移動を挙げることは容易だろう。交通や輸送のネットワークが国境を越えて展開するに従い、観光だけでなく、商用、移民、難民など身体を持ったヒトの物理的な移動と、それに付随する機体や車両、荷物、土産等のモノの移動が進展する。同時に、遍在するインターネットやスマートフォン経由のSNS等による常態的なコミュニケーションによって、あらゆる情報が世界規模で移動している。国家や地域から個人に至るまでの情報が各種のメディアとテクノロジーを通じて流通し、また情報の流通はさらなる身体を伴う移動を促進する。

これらグローバルなヒト・モノ・情報の移動を観光という文脈に位置づけてみれば、まず可能な限り迅速に、大量に、そして安価で人々を観光地に送り届けるシステムによって、身体を伴う観光活動は、それに付随するモノと情報の移動も含めこれまでのように、そしてこれからも継続していくだろう。

くわえ、とくに新型コロナウイルス感染症（Covid-19）の流行によって顕在化した身体を伴わない観光活動が今後持続化することも予想される。コロナ禍において普及したZoom等のウェブ会議ツールによるオンラインでの会議や会食が注目され、それらを活用したオンラインツアーなど身体を伴わない観光活動も市民権を得るに至った。またヒト自体は移動しなくても、お土産を取り寄せたり、あるいは自分の身代わりのぬいぐるみが移動するなどモノのみの移動は、情報の移動と相まって、観光活動が必ずしもヒトの身体を必要としないことを明らかにしている。

身体を伴う人の移動にくわえ、とくにコロナ禍によって促進された身体を伴わない移動、またモノや情報の移動を考えるには、社会学者のジョン・アーリらが推進する「モビリティ」研究の動向が手掛かりになる。アーリは、「モビリティ」という観点から社会全体を俯瞰する「モビリティ・パラダイム」を提唱している。それは、現代社会に生じた新たな現象を対象とするにとどまらず、社会がいかにモビリティに影響を受け、また構成されているかを明らかにする。つまり、社会とモビリティを並置することで、その関係を問うのである（Urry 2007=2015）。

アーリらがいうモビリティとは、幅広くヒト、モノ、資本、観念の移動を包含する。そのなかには観光や移住、商用旅行や留学はもちろん、日々の通勤や買い物から軍事や医療などの特殊事態まで、また亡命者や難民といった消極的選択による移動も含まれる。また、モノ自体の移動とそれが人と結ぶ関係性（アフォーダンス）も重要である。さらに、携帯電話やインターネットの普及が促進する、情報やコミュニケーションの移動にも注目する（Elliott and Urry 2010=2016）。すなわち、モビリティ・パラダイムにおいては、すでに移動に身体が伴うのか否かは問われていない。

日本国内でモビリティ研究を牽引する遠藤英樹は、シェラーとアーリによる「ツーリズム・モビリティーズ」（Sheller and Urry eds. 2004）の概念を援用しながら、「観光は、社会のあり方や文化のあり方を深部から大きく揺るがせるようなモビリティとなっている」（遠藤 2017:14）という。モビリティという観点からみると大きく変容している社会を考えるうえで、とくに観光に注目しようとする遠藤の立場に、本書も基本的に同意する。

ただ、社会とモビリティとの関係、そしてとりわけ観光において現れる関係のあり方をとらえていこうとするモビリティ研究が、現代社会を俯瞰的にとらえるための視座として大変有効であることを認めつつ、それが個別の現象自体をとらえるためには巨大すぎるパラダイムであることには注意する必要がある。とくに、モビリティにおける観光の重要性は指摘されてはいるが、その重要性は、観光そのものというよりもモビリティというパラダイムにおいて、その他のありとあらゆる移動と並置して扱われている。

本章では当面、身体を伴う移動と伴わない移動を含むモビリティを、現代社会の観光の活性化の条件として確認し、それがいかに社会とかかわるかという論点をモビリティ研究から引き継ぎ、議論を進めることにする。

## 観光と社会の関係

さて、現代社会における観光の活性化をひとまず確認したうえで、それでは観光は社会とどのように関係しているのだろうか。その急速な拡大と成長の過程で、観光は社会に対してプラスにもマイナスにも大きな影響を与えている。ここでは、その正負双方のインパクトを並べることで、観光と社会の関係を見定めておきたい。

観光によって生じうるプラスの影響には、まず経済的な効果が挙げられよう。観光活動によって生じる消費は、観光地の企業や商店に直接的な利益をもたらす。もっとも、観光産業にかかわるかどうか、またビジネスの規模がどれほどかによってもその利益の範囲は大きく異なる。観光によって生じる経済的利益が不均等に分配されることが顕著であれば、それは分断や葛藤を生じさせるマイナス要因ともなりうるだろう。

観光によって雇用が促進されることも同様に、地域全体としてはプラスの影響を与えるが、観光の恩恵を受ける産業にかかわるのか否かによって評価は異なる。それゆえ、観光による経済的な影響は、総体的な利益と分配の格差によって正負双方向に作用するといえよう。

また、観光による経済的利益が総体的に増加したとしても、そのインパクトが社会的にはネガティブである場合は他にも考えられる。例えば、二〇一〇年代のクールジャパン戦略以降に急増した日本へのインバウンド観光客（二〇一〇年に八六一万人、二〇一九年に三一八八万人）は、国内の観光市場に多大な利益をもたらした。しかし、その増加に対しては必ずしもよい評価ばかりではなく、「爆買い」という言葉の流行に端的にみられるように、ある種の社会的な脅威として受け取られた部分もある。

もちろん、観光客の訪問は、それが適切な範囲内であれば地域が潤い、また賑やかになる要因となり、さらに他者との交流は観光客だけでなく受け入れるホストにとっても学びや気づきの機会となる。しかし、利益の有無にかかわらず、大挙して押し寄せる観光客を受け入れること自体が、地域や住民にとって多大な負担となる場合もある。想定以上の観光客の訪問が、ある観光地のキャパシティを超えてしまい、疲弊した住民の反発を招くような事態である。その際に、観光客を受け入れ可能な範囲まで観光活動自体を縮小して持続可能にする対応がとられうるだろう。

例えば、近年急激に観光客数が増加したヨーロッパの各地では、生活環境や自然環境の破壊が進み、住宅価格も高騰し、「アンチツーリズム」キャンペーンが広がっているという（門田 2021a, 2021b）。また日本国内でも、石見銀山のように世界遺産登録によって観光ブームが起き小規模な自治体にキャパシティを超える観光客や外部の大手企業が進出し、しかし一過性のブームの終息とともに観光客は減り、企業も撤退するというオーバーツーリズム被害が報告されている（松場 2021）。

このように、急速に成長する観光産業とますます世界中を旅する観光客たちによって地域が潤い賑やかになる一方で、受け入れの臨界点を超えた観光地では観光の負の側面が焦点化し、ためらいや反省の雰囲気が広がっている[1]。

本書は、観光がもたらす社会への正負の影響に注目したうえで、とくに負の側面がもたらす観光の変化に注目することから出発する。その変化は次節で「脱観光化」として示される動きのなかで、より明らかになるであろう。しかし他方で本書は、観光自体の評価を社会的にネガティブなものとして一元的に結論づける意図はない。異なる場所で見知らぬ他者と一時的にではあれ、またそれが資本主義的な消費活動であったとしても、人々は観光によって好奇心や探求心を満たし、労働から離れた余暇の時間の中で幸せや喜びを模索する。この観光が社会にもたらす「善きもの」をとらえることも、本書の大きな目的の一つである。

観光の活性化によって、観光そのものも、社会との関係も大きく変容している。その変容の過程で、観光がもたらす「善きもの」のあり方も変更を余儀なくされている。「善きもの」が移り変わること、それは言い換えれば、今後の観光が社会に新たな変化や価値をもたらすということでもある。

世界がモビリティ論的転回を果たす過程で、その変化が顕著に表れる観光という領域において、いったいなにが生じているのか、なにが変化しているのか、そして今まさに進行しつつある、また今後到来する社会における観光のあり方とはいかなるものなのか。それが本書において執筆者間で共有されている問題意識である。

## 2 「脱観光化」とはなにか

### 「観光化」という現象

前節でも述べたように、二〇世紀後半より観光は世界的に活性化の時代を迎えている。ここではその現象を、主に日本国内の研究者や実践者が用いる「観光化」という用語からとらえてみたい。

社会の大きな変化を「〇〇化」という言葉で表す試みは、これまでも数々なされてきている。「近代化」「グローバル化」「医療化」「個人化」等にみられるように、それらは社会におけるある大きな潮流をまとめ名指す言葉として用いられている。「観光化」という場合にも、観光による社会のマクロな変化を表すことがあり、またある地域や集団において観光開発が進展していくといったマイクロな意味でも用いられる。広範囲に適用するか、狭い範囲での活用なのか、いずれにしても「観光化」という言葉からは、社会における観光の急速な拡大と成長を、必然的かつ一元的、また不可逆的な現象としてとらえる意図を読み取ることができる(2)。

しかし近年の状況を鑑みるに、実情はやや異なるのではないだろうか。とくに、二〇世紀後半の急速な「観光化」は、そのネガティブな影響も含めさまざまな矛盾や綻びを抱えながら進展してきたし、またそのことは数々指摘されてもきた。

例えば、大衆に観光が普及するマスツーリズムは、観光活動の大衆化を促しもする。一九六〇年代には、すでにブーアスティンの「疑似イベント」論のなかで、メディアにより形成される観光地のイメージを表層的に追い求める大衆的な観光客の姿が描かれている（Boorstin 1962=1964）(3)。また、原著第一版が一九九〇年に出版されたアーリによる『観光のまなざし』（Urry 1990）でも、「ロマン主義的まなざし」と「集合的まなざし」という観光客による観光地への視線の対比が行われている。前者が孤独を好むエリートによる文化資本に裏打ちされたまなざしであるのに対し、後者は、他者と同じ場所を見たいと願うマスツーリストの祝祭的かつ集合的な消費とされている(4)。

そして、グローバル化がさらに加速し始める二〇〇〇年代に入ると、パッケージツアーやLCC、旅行予約サイト等の安価な商品や仕組みによって、マスツーリズムは第三世界も含む世界の隅々にまで次第に浸透していく。観光の大衆化に伴い生じたさまざまな葛藤や軋轢が、社会的な問題として指摘されだしたのもこの時期である。観光客が大量にある地域や社会を訪れ、観光活動を継続することによって、地域住民の生活環境や自然環境が侵害される現象は「オーバーツーリズム」と呼ばれている。また、そのダメージを軽減させるために、自然環境を資源として活かし学びながら負担の少ない観光を志向するエコツーリズムや、適正規模で地域や社会に責任ある観光形態をとるサステイナブルツーリズムなど、観光開発の持続可能性が模索されてきた。

「観光化」という言葉から想起しがちな、必然的、一元的、不可逆的な強い流れと並走しながら、その背後ではさまざまな綻びや葛藤が生じている。むしろ、現代の観光の活性化を考えるうえで必ずしも十分な光が当てられているとはいえないそれら「観光化」の影の側面についても、検討する必要があるのではないだろうか。

## 「脱観光化」という視座――縮小、停止、方向転換

ここまで指摘してきた「観光化」と並行して生じる葛藤や綻びについて、本書では「脱観光化」というオリジナルな用語を導入し、対象化していく。「脱観光化」とは、観光の縮小と停止、そして方向転換を含む多様な現象を包括的に表す用語である(5)。

先述のオーバーツーリズムに関しては、地域住民や自然環境の受け入れ許容度を超えた観光の規模を縮小したり、一時的あるいは恒久的に停止を選択したりする対応が「脱観光化」の典型例として挙げられる。例えば、先述のエコツーリズムやサステイナブルツーリズムなどは持続可能性を求めるがゆえの観光の縮小である。また、本書第7章で紹介するフィリピン・ボラカイ島では、約三〇年にもわたる観光開発による環境汚染の長い歴史の末に、観光客に対して島を「閉鎖」するという措置が講じられた。まさに、「脱観光化」の停止の特徴的な事例だといえる。

観光の規模は比較的適正でも、開発や運営が失敗して観光が継続できない場合、あるいは住民の強硬な反対運動が発生した場合など、観光を完全に停止せざるを得ない場合も予想される。須藤は、ハワイ諸島で観光開発がもっとも遅れていたモロカイ島で一九八〇年代に生じた、大規模資本に対する地元住民の反対運動を紹介している。観光開発は経済的に利潤をもたらし雇用を促進するが、住民にとっては奪われる土地と誇りがなにより重要である。反対運動の結果、観光開発業者はモロカイ島から次々と撤退し、観光は大幅に縮小していったという（須藤 2008：165–170）。

これら明白な負の要因によって生じる「脱観光化」に加え、予期せざる要因によって観光活動が別の文脈へと方向転換していくケースもある。観光の文脈内にとどまる縮小や停止と異なり、「脱観光化」による方向転換では、観光以外の文脈へと事態が展開することが特徴である。また方向転換の契機となる予期せざる要因も、必ずしも観光のネガティブな影響によって生じるものではなく、さらに方向転換の帰結によっては地域や社会のあり方自体にも変容が生じうる。

予期せざる要因の例として、例えば今後の地域と観光のあり方を考えるために、住民や行政職員が地域についてあらためて考え語り合う場などが想定される。その過程でさまざまな立場からの意見交換がなされ、これまで大部分が気づいていなかった地域の新たな資源を発見し、それが観光のみならず地域の活動や交流にも生かされていくような場合である。その結果生じうる別種の活動には、地域の歴史をよりよく知るために郷土史家主催で住民による自主的な勉強会が開催されたり、芸術祭に触発された住民が地域内でアートの制作と自主展示を行うことなどが考えられる。

また方向転換によって、地域内部の文脈の転換だけでなく、従来の観光とは異なる外部者との交流や関係が構築されることもある。門田（2019）では、観光地に赴き、フィールドワーク実習報告会で地域の魅力について熱心に議論する学生たちの姿が描かれている。観光を通じた外部者と地域との交流であるが、学習やボランティアのために地域を訪れる人々は自分たちを観光客とは認識していない。それは観光という「枠」を逃れ出ようとする、「観光を超える観光」の実践者たちであると門田はいう。

「脱観光化」による方向転換は、意図せざる要因による文脈の転換により、地域内部での、また地域と外部の新たなつながりや関係性を生み出しうる。それは、地域社会のあり方自体を反省的に見直す契機ともなるだろう。

ここまでに示した観光の縮小、停止、そして方向転換の事例は、決して少なくはない。しかしこれまでは、持続可能な観光開発やオーバーツーリズムという「観光化」寄りの観点から事例を扱う研究が大半であった（藤稿 2018：村山 2020：阿部編 2020：高坂 2020 など）。本書では、それらを一括して「脱観光化」と銘打ち、対象化する。

## 「観光化」と「脱観光化」の関係

ところで、これまで優勢であった「観光化」を否定するかのような「脱観光化」という観点を強く打ち出すことは、この二つの流れが正反対の方向に進む対極的なものであるということを意味しない。また従来の「観光化」の議論に対して、「脱観光化」という異論を示し正面から対抗する意図もない。

むしろ、本書の執筆者たちは各自の事例とその理論化を通じて、「観光化」と「脱観光化」は分かつことのできないコインの表裏のような関係にあるという視座を共有している。コインの表裏であるということ、それはつまり観光をめぐる諸現象は、ある一方から見れば「観光化」の様相を示すと同時に、他方から見れば「脱観光化」の流れとして読み解くことができるということである。それは、観光の活性化が必ずしも一元的に「観光化」を示すのではなく、縮小や停止、方向転換という「脱観光化」をつねに内包していることを表す。

比喩的に理解するならば、一つの図像からウサギとアヒルを同時に読み解くことができるウィトゲンシュタイン的なアスペクト知覚をイメージするといいだろう（Wittgenstein 2009=2020）。さらに、より積極的な意図として、本書の図像にウサギを見ていた人物がアヒルも読み解けることに気づくようなアスペクト転換を促すものとして、「脱観光化」論を世に問いたい(6)。

また、「観光化」と「脱観光化」の二つの様相は、観光の活性化が進行する過程での社会的な状況に応じて、一方から他方への揺れや偏りがみられるものでもある。観光は社会と関係しながら社会に影響を与え、また社会の状況下に位置づけられ進行する現象である。

例えば、経済産業省によってクールジャパン戦略が打ち出された二〇一〇年以降、日本へのインバウンド観光客は増加の一途をたどり、二〇一五年には旅行収支が黒字化し、雇用の創出などポジティブな「観光化」の側面が注目された。しかしその後、二〇一八年刊行の『平成30年度版観光白書』では「オーバーツーリズム」という言葉が定義つきで紹介され(7)、同時期には国内外の著名な観光地で観光客への対抗的な行動が起こったり、受け入れを制限したりする動きもみられた。数年前と同じインバウンドがむしろネガティブ要因として認識され、観光の縮小や停止といった「脱観光化」が要求されるという状況が生じたのである(8)。

さらにその二年後の二〇二〇年に入ると、新型コロナウイルス感染症の流行により世界規模で観光が停止する事態が生じた。観光客の増加による利益も被害も語られることなく、全世界は想像すらできなかった「誰も観光しない」という事態の前にただ立ち尽くした。本書の立場からは、コロナ禍に生じたグローバルな観光停止とは、社会的状況の変化により「脱観光化」が極限まで進展した事態であると読み解けるだろう。

社会的状況が予測不可能なほど目まぐるしく変化する過程で、表裏一体の「観光化」と「脱観光化」がときに一方に傾き、ときに他方に大きく現れながら、観光と社会の不可分な関係も現在進行形で変容している。これまでの一元的、必然的、かつ不可逆的な「観光化」という偏った見方を相対化し、「観光化」と「脱観光化」が同時進行する社会のあり方を描き出す必要があるのではないだろうか。

## 3　観光の現在進行形、そしてその先へ

本書は、表裏一体の「観光化」と「脱観光化」という視点から、観光のあり方、また観光と社会の関係の現在形をとらえる試みである。またその先に見据えるのは、新型コロナウイルスの終息後に訪れるであろう、新たな観光

と社会が織りなすポストツーリズム的状況である。

以下本節では、現在進行形で現れつつある観光の新たな動向を列挙し、いったい何が生じているのか、そしてそれはどのような社会的状況に根差したものであるのか、考察の材料としたい。

## 観光による連帯と分断

先述の通り、アーリはすでに一九九〇年に「ロマン主義的まなざし」と「集合的まなざし」という対比によって、文化資本の高いエリートとマスツーリストとの分断を指摘していた（Urry 1990）。その後、マスツーリズム全盛の時代を経由し、より個別でより特化した観光がなされる現代においては、観光客の連帯と分断もさらに顕著となっている。ある志向を持つ人々による観光活動――あるいは「脱観光化」する活動――は、別種の人々と共有することができず、ときに自分たちの集団以外を排除する結果となる。

例えばそれはシンプルに、経済的な貧富の格差によって区分されるものである。飛行機による移動では、エコノミーとビジネスといった区分、またマイレージによる会員種別など享受できるサービスが、より豊かな者へ、またより頻繁に利用することができる者へと流れていく傾向が指摘できる。贅沢さや快適さだけではなく、想定外の災害や事故の際の予約変更など、豊かな者とそうではない者の間には各種の境界線が刻まれることになる。

富裕層をターゲットとした観光形態も少なくはない。高級クルーズ船によるツアーでは、多くの時間を船内で過ごし、定められた寄港地の周辺以外では船を降りることもない。船内の客室のグレードによるゲスト間の区分はもちろんのことながら、寄港地の地域住民との間にも境界線が引かれている。同様に、大資本が観光地に参入した高級リゾートでも、ゲストは活動時間の多くをリゾート内で費やし、地域のローカルな飲食店や商店での消費は行われにくい。しかし他方で、給仕や客室清掃などの低賃金労働は地域住民によって担われており、大資本による囲い込みと搾取のシステムが成立している。

また、観光に関して高い理想を掲げた人々が、結果的にその他のマスツーリストを排除するケースもみられる。

マスツーリズムへの反省やためらいから、適正範囲で観光を継続する人々や、可能な限り活動を縮小する人々が、一方で意識を共有する人々と連帯するが、他方では理解しえないそれ以外の人々を排除するような場合である。

エコツーリズムやサステイナブルツーリズムなどを推進し参加する人々にとって、地域や住民にとって持続可能な範囲を超えて過剰な負担を強いる観光は、決して許容することができない。同じく観光の領域にかかわりながらも、自分たちの掲げる理想に反するホストとゲストをともに批判し、排除する立場をとる。

さらに、観光への反省的立場から「脱観光化」へと向かう人々にとって、観光活動自体が許容できない場合もある。スウェーデンに始まり世界中に広がったフライトシェイムと呼ばれる社会運動は、環境問題への関心に基づき、二酸化炭素を必要以上に排出する飛行機による移動を控えようと訴える。運動の担い手にとって、人気の高い世界中の観光地に大挙して訪れる観光客は、環境負荷の大きい移動で地球温暖化を促進する、自分たちとは環境意識を共有しえない仮想敵である[9]。

新型コロナウイルスの感染拡大以降、感染対策を十分に講じたうえで観光を含む移動を行うことが推奨されている。それを象徴的に示すのは、ワクチン接種を証明する書類やアプリの提示が求められる状況である。二〇二三年時点では、多くの国が入国に際し複数回のワクチン接種を入国の条件としている。また、日本国内で実施されている各種の観光復興支援事業では、観光客が割引を受けるために宿泊チェックイン時にワクチン接種証明の提示が必要とされた[10]。

ワクチン接種は基本的には個人の選択にゆだねられているとはいえ、「ニューノーマル」で自由かつ快適に観光を楽しもうとすれば、接種はかなりの必要条件となってくるだろう。ウイルスにできる限り感染しないように、また他人にうつすことのないように、十分な対策を講じた証としてワクチン接種証明は象徴的な価値を持ち、またその価値を共有する人々の意識は、そうではない人々を意図せずに批判し排除することにつながる。

現代の観光にみられる経済や思想による集団間の分断は、その多くが構造的に成立しているため、当事者が善意であったり、まったく意図していなくても避けがたい。そのように個別に思考し行動する人々による事後発生的な集合を、「リベラルな共同性」と呼びうるだろうか。ある階層や集団に属していたり、何らかの理想を共有していることで、自分たちと近しい人々による共同性が形成され、そうではない他者との隔たりや葛藤が生じうる。[11]また観光による「リベラルな共同性」はマスツーリズムに、あるいは観光自体に批判的であり、「脱観光化」へと進むという傾向も指摘できる。

## グローバルな観光の脆弱性とレジリエンス

二〇二〇年より感染が拡大した新型コロナウイルスによって、私たちは今、観光現象を再考する貴重な機会に直面している。もちろん、それ以前にも二〇〇二年のSARSや二〇一二年のMERSなど、感染症による移動や観光の制限は断続的に生じてきた。大震災を幾度も経験した日本では、災害も観光活動の阻害要因となることはよく知られている。しかし、これほどまでに世界中の人々が等しく観光をほぼ全面的に停止し、またそれぞれが対策を講じながら観光の再開に向けて進んでいく過程を共有することになるとは、誰も予想していなかっただろう。

未曽有の「観光化」の流れがオーバーツーリズムにより飽和点に達し、「脱観光化」が焦点化するまさに絶妙な地点で、新型コロナウイルスはまったく別の力で観光を休眠させてしまった。そこから「観光化」が再開しようとする地点で私たちは何を観察し、何を思考しているのだろうか。

まず、前世紀より成長し続ける観光を見慣れてしまったがゆえに、気づかなかったことがある。それは、観光とはじつはとても脆弱な条件の上に成立している現象であるということだ。新型コロナウイルスと同様に、二〇二二年から現在まで進行中のロシアによるウクライナ侵攻も、観光の脆弱性を認識させる要因となっている。紛争地域への渡航リスクはもちろんのこと、ロシアと欧米の分断により観光客の流れが局地的に停止し、また航空網も広域にわたり影響を受けている。[12]その他、航空費の高騰や為替レートの変動など、観光は経済的要因からも大きく影響を受ける。

それら、観光活動を下支えしていたグローバルな移動や経済のネットワークは平常時に安定成長するが、抑制要因が生じるときには急激な縮小や停止を余儀なくされる(13)。その意味では、観光とはその成立条件に、すでに「脱観光化」の契機を内包していたともいえるだろう。

他方で観光には、その脆弱性にもかかわらず、つねに新たな形で再開するレジリエンスが備わっていたことを、私たちは新型コロナウイルスによって学んだ。その頑強さは観光の産業としてのシステムが支えるものであり、また旅立つことを求める観光客の欲望のなせる業でもある。

新型コロナウイルス感染症流行当初から二年目にかけては、「ステイホーム」という新たな生活様式が強く求められ、移動の制限や自粛の呼びかけなどがなされた。その渦中で労働や教育のオンラインによるコミュニケーションが普及し、観光においてもオンラインツアーが話題になったのは記憶に新しい。身体を伴う移動が当たり前だった観光に、身体を伴わない形式が普及していったのである。

自らの身体は移動できないが、Zoom 等の Web 会議ツールを通じて自宅からオンラインで観光を経験する。それにとどまらず、事前に目的地の名産品やお土産を注文し、オンラインツアーの途中に飲食や制作の体験をする「お取り寄せ観光」も人気を博した。さらには依頼者の代わりにぬいぐるみを観光地に持っていき、そこでぬいぐるみの記念写真を撮影する「ぬいぐるみツアー」業者など、身体を伴わない観光の無限の可能性が模索されている。

これらの身体を伴わない観光の増加は、もちろん新型コロナウイルスによる移動制限で注目されたのだが、それ以前から一部はすでに実施されていたものであり、また感染終息以降も継続していくことが予想される。

そして、感染が次第に収束しつつある本稿執筆時では、身体を伴う観光がさまざまな条件付きで再開されてきている。先述のワクチン接種証明の活用に加え、マスク着用や消毒、手洗い、検温など「新しい旅のエチケット」が観光庁によって示され(14)、観光業者も自宅近郊を観光する「マイクロツーリズム」の商品を打ち出した。国外の観光地でもニュージーランドとオーストラリアが「トラベルバブル」の締結により、感染拡大を防ぎながら域内での観光を促進する方策を試みている。

ヨーロッパや北米では、すでに渡航制限を撤廃している国も数多く、今後は感染の終息に向けて対策を講じながらの開放が模索され、身体を伴わない観光も継続しながら、身体を伴う観光が再びスタンダードとなっていくのであろう。これほどまでに大きなダメージを受け、縮小や停止の状態にあった観光が、再度「観光化」に向けて進んでいく現象を観光のレジリエンスとここでは呼びたい。

しかしその再開は、新型コロナウイルス以前のようなグローバル規模でのボーダレス状況を前提としたものではなく、さまざまな脆弱性に対して注意深いものとなるだろう（門田 2021a, 2021b）。本書の視座からは、「観光化」と「脱観光化」が表裏一体で同時進行するその先の未来に、脆弱性とレジリエンスの双方を内包した新たな観光のあり方が開かれている、と位置づけられる。

## 「善きもの」としての観光の可能性

ここまで見てきただけでも、オーバーツーリズム、環境破壊、社会的な分断など、観光の負の影響は枚挙に暇がない。それら負の影響に正面から向かい合い、「観光化」の背後にある「脱観光化」にも光を当て、双方を見据えることが本書の一つの役割である。

しかしながら、観光を完全に否定し、アンチツーリズムの運動に加担することは本意ではない。むしろ観光の正負の影響を正当に評価したうえで、来たるべき新たな観光のあり方を展望することを志向したい。その際に、観光がいかに「善きもの」[15]であるのか、またありうるのかをまなざす視座が必要である。

橋本和也による「異郷において、よく知られているものを、ほんの少し、一時的な楽しみとして、売買すること」（橋本 1999：280）という有名な観光の定義は、とくにそれがあくまで一時的なもので、資本主義的な活動であるという限定を確認しながら、人々が好奇心を満たし、楽しみを探求するという可能性も言いえている。

観光は消費活動であると同時に、未知のものを求める人々の原初的な欲望に基づいた活動である。一時的であるとは、継続的ではないと同時に、非日常的かつ聖なるものであることを示唆してもいる。日常を超え出る時間と空間で、他者や未知の事象を幸せや喜びのうちに追い求めていく。

人間の思想や行動の根幹に触れるものとしてあらためて見直すとき、私たちは観光をいかに「善きもの」として位置づけ直すことができるだろうか。個人にとって、また社会にとって観光が「善きもの」でありうるとはどういうことか。観光自体がその内に抱えている思想的なポテンシャルとはいかなるものだろうか。観光を冷静かつ批判的に見直す視点を保ちながら、同時に今後の観光によって個人や社会が「善きもの」へと変わりうる可能性を探りたい。

まず観光とは、観光地でホストとゲストがかかわる活動である。地域住民が生活している空間に別の地域から観光客が訪れる。そこで生じる出会いは想定しえなかった効果をさまざまに生じさせる。

地域社会に外部から他者が訪れる伝承について、民俗学ではまれびと論や異人論として盛んに議論がなされてきた。そこでは、来訪者が歓待されたり、反対に殺害されたりするなど、地域住民がさまざまな形で対応したり交流する姿が描かれている（小松 1995：上野 2022）。地域に経済的な利益をもたらす観光客は歓待され、過剰な訪問はオーバーツーリズムだと忌避される。観光客は現代のまれびとや異人のようなものだろうか。

しかし、外部に完全に閉じた地域社会を想像することはできない。不可避の外部者といかなる関係を構築し、どのように相互の利益としていくか。そのような観点から、「観光まちづくり」という議論は多くなされてきた（橋本 2018）。

観光まちづくりとは、地域住民主体で行われる、地域振興と観光振興を並行する活動である。そこでは、住民が外部者である観光客と交流することによって新たな知見を獲得し、それが地域のためにも観光のためにも活用されていく。地域住民主体ということで内発的であり、同時に観光の持続可能性も志向している。

興味深い点は、望ましいとされる観光客と地域住民のかかわり方である。従来の観光、とくにマスツーリズムにおいては観光客は経済活動を通じて観光産業従事者を中心としたホストと関係を持つ。しかし観光まちづくりでは、必ずしも観光産業にかかわらない地域住民も含めたホストとゲストとの直接の交流から、地域の資源を見出し、誇りを持ちながら活用し、地域と観光の双方の進展を狙うのである。それは、農業やものづくり、また民泊など、体験型の観光において特徴的である[16]。

マスツーリズム批判からアンチツーリズムという流れにおいては、予想できない観光客の外部からの流入とその負の影響を恐れ抑制しようという地域の反応がみられた。しかし、「観光まちづくり」は、少なくともその理念において、地域住民が主体となって観光客と顔の見える関係を構築し、観光を積極的に活用する「善きもの」へと向けた活動だといえる。

しかし、そのように意図的に観光客との交流を活用するのではなく、事後的にしか知りえない偶発性を前提として、観光客との関係から連帯や共同性を導くような思想も提唱されている。

哲学者の東浩紀は、「郵便的マルチチュード」という概念を用いて、観光客が偶然に生み出してしまうつながりや関係の可能性について述べている（東 2017）。東によれば、観光客とはある場所に定住する村人ではなく、移動し続ける旅人でもない。観光客は自分の住む場所を確保しながら、ときおり旅に出かける。

彼らは自分の都合で気ままに旅先を訪れ、訪問先の住民と、また観光客同士で、コミュニケーションする。それは何らかのつながりを目的とした行動ではない。観光客には連帯に向けた理念などなく、地域住民の交流への期待とも関係なく、自分の都合で観光するのみである。

しかし、その行動は観光地に予想外のノイズをもたらす。東はそれを郵便のメタファーを用いて誤配と呼ぶ。観光客の群れがそこで紡いだ関係やコミュニケーションの束は、既存の秩序や規制を組み替え、あとからみればそこに社会を書き換える連帯らしきものが生じていたかのようにみえる、かもしれない。

だが繰り返せば、観光客は連帯に向けた理念やイデオロギーを共有しているわけではない。観光客の個別の活動が事後的に、偶発的に、つながりや関係として浮かび上がる。この不確実で曖昧な連帯のようなものこそ、偶然に生じるかもしれない「郵便的マルチチュード」である。

「マルチチュード」はもともとハートとネグリによって、グローバルな主権としての〈帝国〉の内に立ち現れ、その仕組みを逆用して抵抗する人々の群れとして描かれていた（Hardt and Negri 2000=2003）。しかし、「郵便的マルチチュード」は、対抗するべき敵も理念も共有してはいない。あくまで誤配に基づく偶発的な連帯が事後的に生じるのみである。

現代社会における観光や観光客の思想的価値を強調する束に同意しながら、本書ではむしろ「観光化」と「脱観光化」が同時進行する具体的な現場において、偶発的なつながりや関係性が生じうる可能性に注目している。その可能性のために、観光による負の影響はつねに個々人のネガティブな経験になるとは限らず、あるいはネガティブであったとしてもそれが意外な経験や関係、そしてその後の人生へと開かれていくこともある。

例えば、観光地での出会いは長期間の、ときに生涯にわたるパートナーシップへとつながる可能性がある。観光をきっかけとする恋愛は、観光地がなければ、また観光客がいなければ絶対に出会わなかった人々のつながりのわかりやすい例だろう。

恋愛に限らず、観光地で生じうる無数の出会いは、多種多様なつながりや関係性へと展開しうる。そして出会った人々は、お互いを通して異なった世界を知る。しかも、それがマッチングアプリや同じ趣味のサークル活動での出会いと異なるのは、いつどこで、誰とどのように出会うのかが完全に偶発的であるということだ。

地域と観光双方の振興を目指す「観光まちづくり」の実践であれ、偶発的に生じる「郵便的マルチチュード」的連帯の思想であれ、どうやら観光による「善きもの」とは、観光の現場で生じるホストとゲストを含むコミュニケーションから築かれうる連帯や共同性のポテンシャルにあるのではないだろうか。すると、新たに問うべきは、観光によって現代の社会的な分断や閉塞の状況を打開することは可能か否か、ということだろう。(17)

## 4　観光と人類学

本書は、観光と社会のあり方を「観光化」と「脱観光化」から見直すことによって、人類学において観光研究を進める視座自体を更新しようとする。本書の執筆者のほとんどは文化人類学を専門とし、それぞれ国内外で長期間のフィールドワークをした経験を有している。

観光研究において、地域密着かつ長期間の人類学的なフィールドワークは、必ずしも主流であるとは言えない。また、人類学者が記述と分析の志向を強く有するのに対して、ビジネス色の強い観光研究では、実践と応用も研究関心の重要な領域を担っている。人類学は、観光研究にいかに貢献することができるのか。また人類学的な観光研究とはいかなるものでありうるのか。

## 人類学は観光とどう向かい合ってきたか

まず、観光人類学と呼ばれる領域がどのように成立してきたかを確認することから始めよう。一九七〇年代に北米で生まれ（Smith ed. 1977）、日本では一九九〇年代に盛り上がりを見せた観光人類学（山下編 1996；橋本 1999）は、地域社会に根差したフィールドワークを継続するなかで、社会が観光化の前後でいかに変容するかをエスノグラフィーによって明らかにしてきた。

例えば、スミスの研究では、アラスカのエスキモーのフィールドワークを続けていた人類学者が、観光客が次第に増加し、その影響や社会変容を経験しながら記録を続ける様子が描かれている（Smith 1989）。また、橋本和也も、もともとはフィジーをフィールドに植民地化とキリスト教の関係について研究を行っていたが、自らの調査地で次第に観光開発が進む過程を観察していた（橋本 1999）。二人に代表されるように、初期の観光人類学は、もともとフィールドの観光開発以前から別テーマで調査を行っていたことが特徴である。そのため、観光開発本格化の前後での社会変化に注目する傾向が指摘できる。

二〇〇〇年代初頭には、国立民族学博物館の共同研究で、石森秀三らを中心として観光と社会の関係を問う研究が盛んに行われた（石森・西山編 2001；石森・真板 2001；石森・安福編 2003；西山編 2004；Han and Graburn eds. 2010など）。グローバリゼーションが進展するさなかで、二一世紀の「国際観光の量的拡大」やアジア諸国での「観光ビックバン」を予見し、「自律的観光」という観点からヘリテージ・ツーリズム、エコツーリズム、観光とジェンダー、東アジアの観光といったテーマを扱ったこれら一連の研究は、オーバーツーリズムや環境破壊など観光のネガティブな影響を受け止め、社会との関係において観光をとらえる先駆的な研究である。

地域や社会に根差した調査研究を行い、観光が社会に与えるインパクトを的確に見定めることができるという強みを生かして、観光は人類学の研究テーマの一つとして確立されてきたのである。

しかし、現在活躍中の第二世代以降の観光人類学者は、フィールドワークを開始する時点で、すでに調査地が「観光化」の影響を強く受けていたり、成立した観光活動そのものに特化してフィールドワークを行うために、観光が社会に対して与える影響を十分に対象化できない場合がある。

また、近年は「ホスト／ゲスト」や「真正性」など重要であるが古い概念をバージョンアップできておらず、理論的にも停滞は否めない。結果として、現在も観光に関する人類学の事例蓄積は継続しているが、そのデータをうまく活用し分析することができないまま、現代社会における観光の激変にも対応できていないという課題を抱えている(18)。

本書は、二〇〇〇年代までに展開した観光人類学の利点を引き継ぎつつ、現状の停滞を打開するために組織された国立民族学博物館における共同研究の成果である。

### 隣接領域の観光研究――社会学と経営・マーケティング

人類学に隣接し、観光研究を強力に推進する領域(19)としては観光社会学がまず挙げられる。遠藤と堀野によれば、社会学においては比較的軽視されてきた観光が、二〇〇〇年代の観光の急成長によって現れた「ツーリスティックな社会」において、無視できない対象となってきたという（遠藤・堀野編 2010）。彼らによって編まれた『観光社会学のアクチュアリティ』には、虚構／真正性、快楽、イメージ、都市、パフォーマンス、持続可能な観光、文化財、お土産、エコツーリズムなど、非常に多様なテーマが含まれており、この領域の間口の広さと概念装置の充実が見て取れる。

また、先述のモビリティ研究では、移動から社会をとらえる視座を提供している。そのなかで、観光は社会のあり方を変更するような重要なモビリティとして扱われている。移動という観点から、身体を伴う移動と伴わないそれを包含するモビリティ研究は、観光研究の展開にも重要な影響を与えるだろう。

これら観光社会学やモビリティ研究が、観光の人類学の停滞に比して、大きく変容する現在進行形の観光を対象として取り込み、またそれを読み解くための豊かな理論や概念を練り上げていることは明白である。ただ、社会学的な観光研究の特徴として、観光現象から社会をとらえなおすという志向が強いゆえに、個別具体事例の蓄積に乏しく、事例を扱う際にも理論化や一般化へと進む傾向を示していることは否めない。このことは、社会学の観光研究においてはゲストが主な対象となっていることに表れているだろう。

それに対して、長期間の地域密着型フィールドワークを行う人類学は、観光地に居住し滞在するホストについての情報を多く収集することとなる。ホスト側から見た観光地が、ゲストの来訪や交流によっていかに変容するかという問いを掲げた「ホスト／ゲスト」論が人類学から生み出されてきた理論であることは、ある意味必然的である。人類学は「ホスト／ゲスト」をまだ手放すわけにはいかない[20]。

人類学と同じく観光研究において地域に根差した個別事例研究を豊富に蓄積している領域に、観光経営学や観光マーケティングがある。観光をビジネスとしてとらえ、市場に参入する企業や行政、ＮＰＯ等が、顧客である観光客にいかに財とサービスを提供するか、その需要と供給を読み解く。その視点は、観光をホストとゲストの相互作用とみる人類学者のそれと近しいものである[21]。

またその際に、特定の観光地のビジネスにおけるケーススタディーは成功例も失敗例もよく参照される（森下編 2016）。とくに地域振興と観光振興を同時に推進する「観光まちづくり」の文脈においては、観光に限らず地域全体の状況を把握する必要もあり、地域に密着して個別事例を重視する点でも人類学の営みと類似している。

しかしながら、観光経営学も観光マーケティングも、産業としての観光の急成長を背景として、観光にかかわるビジネスや政策・法制などを研究対象とする領域として確立してきた。それゆえに、観光地の価値の創造や利潤の獲得といった実践的な志向が強く、また観光のもたらす負の影響や社会との関係を考慮に入れたとしても、観光のビジネスとしての成功や産業としての発展を基本的に目的としている（小沢 2011）。

観光において、同じくホストとゲストの関係を重視し、地域密着型の事例研究を蓄積する観光経営学やマーケティングであるが、その差異に注目するとき、それでは人類学は、市場経済に限らない人間関係の豊かさや利潤にはつながらない価値をいかに扱っていくのかという問いが明らかになる。それはまさに、本書で観光が社会的に「善きもの」である可能性を問うことでもある。

## 観光の人類学の刷新のために

本書のもととなった共同研究は、現代社会における観光の活性化を適切にとらえることができない人類学的観光研究の停滞への危機感から出発した。求められているのは、観光の現在形を実証的に捕捉し、分析することである。またそのために新たな視座や方法論の開発も必要である。そこで共同研究では、すでに繰り返し述べたように、「観光化」と「脱観光化」という補助線を引くことで、あらためて現代社会に向き合う観光の人類学を練り上げてきた。

その過程では、観光研究における人類学の位置づけや役割を更新する必要性も浮かび上がってきた。例えば、従来の観光研究において、人類学は異文化を対象とする学問として、観光活動における異文化理解に資するという役割を与えられがちであった。世界各地の観光研究において、人類学者のエスノグラフィーが地域の文化を理解するための教科書的役割を果たしてきたことは想像に難くない。しかし、人類学は観光研究にさらに豊かな知見を提供できるのではないだろうか。

また、観光と文化との関係においては、当初観光が文化の変容や破壊の要因となるというエントロピックな見方があり、その後の近代化論やグローバル化論で「脱埋め込み」された伝統や文化についての知見がより深まるなかでも、観光と文化の関係については、あまり積極的には論じられてこなかった。唯一、山下晋司の一連の議論において、観光と文化の関係にみる「生成の語り」（山下編 1996；山下 1999）が議論されてきた。またその過程では、人類学における文化概念の失効とも呼びうる状況も生じ、観光研究における文化の専門家としての人類学という立場も確立されることはなかった。

右に挙げたように、社会学が観光と社会の関係にさまざまな概念装置を用いながら幅広く注目していたこと、また経営学やマーケティングがビジネスとしての観光がもたらす利潤に実践的な関心を抱いていたことに比して、人類学は観光に対していったいどのような視座を打ち出すことができるのだろうか。

もちろん、地域密着型のフィールドワークにより、地域の状況を全体的に把握する方法は依然有効である。そして、それゆえに短期滞在のゲストのみならず長期滞在するホストの情報を入手し、二者の交流や関係に注目することができるという初期の「ホスト／ゲスト」論もまだ色褪せてはいない。

それらを活かしながら、観光を社会と関連づける方向とも、また経済的な利潤や成功を求める方向とも異なった、人類学が提示できる独自な視座とは何であろうか。

観光の現場で生じる個別の現象について、それぞれの研究者が特定地域で長期間のフィールドワークを行い、そこで生じるホストとゲストの関係を注視する。それらの現象は、理論化して観光と社会の関係に組み込む過程で必ず余剰を生じさせる。また経済的のみならず社会的にも、「成功」の事例とするにはあまりにも失敗や葛藤が含まれている。

こういった多量かつ些末な情報を活かすために、「脱観光化」という視座から、必ずしも「観光」に取り込まれないもの、「観光化」とは異なる方向に進んでいくものを描き出していく。それが、本書において「脱観光化」という、一見批判的かつ反省的な視座を導入することの有効性である。

オーバーツーリズムによってあるいは観光の失敗によって縮小や停止へと向かう「脱観光化」は、それ自体は理論化しづらく、また経済的利潤へとつながらない。しかし、なにゆえにある地域の人々は観光を受け入れることができなかったのか、またなぜその観光はうまくいかなかったのかという問いは、人々が真に「善きもの」として求める観光のあり方を逆照射するだろう。

また、方向転換においては、予期せざる要因によって観光活動が別の文脈へと移行しうる。この際に地域内の人々は観光を一度経由して、本来自分たちが求めていた「善きもの」を再確認するだろう。さらに、方向転換で生じる外部者との交流や関係は、自分たちだけでは知ることができなかった「善きもの」を偶発的に招きこむかもしれない。

「観光化」と同時進行する「脱観光化」という補助線を引くことにより、社会理論に組み込むことができず、また経済的利潤も生まない観光現象における些末なノイズのなかに、社会的な「善きもの」を見出す視座を、人類学の観光研究の強みとして打ち出したい。そのような、刷新への意思から本書は編まれている。タイトルとサブタイトルに込められた意図は、「脱観光化」というオリジナルの概念を「観光化」に並置し、その有効性を問いながら「かわりゆく観光と社会のゆくえ」を展望するというものである。

## 5 本書の構成

以下、本書の構成と各章の概要について述べる。

本書の執筆者はそれぞれ、異なった地域や集団を対象としながら、ここまで述べてきた問題意識を共有している。なかでも、観光と社会の関係に関して、観光現象自体の新たな展開に注目しているものを第Ⅰ部「観光現象の新展開」へ、観光によって地域や社会が変容する側面を重視するものを第Ⅱ部「観光が生み出す新たな社会のあり方」へと配置した。しかしいずれの部においても、観光と社会の関係は密接なものであり、力点の差異によって各部は構成されている。

第Ⅰ部は、四章構成である。第1章で岡本は、VTuberとコラボレーションしたコンテンツツーリズムの事例から、「物理空間」と「メディア空間」、そして「コンテンツ空間」の相互作用を通じて「観光化」と「脱観光化」が同時進行する様相を描出する。経営規模を縮小していた志摩スペイン村は、周央サンゴというVTuberとのコラボレーション企画によって来場者が一三万人を超える活性化を果たすことができた。それは、単にVTuberの紹介した土地を訪れる「聖地巡礼」ではなく、VTuberからリスナーへ、またリスナー同士のコミュニケーションの連鎖が、多角的かつ物理的なアクセスを生み出す「祝い」の拡散であった。

第2章で藤野は、台湾における日本統治期の日本軍人を祀る廟への日本人観光客の訪問現象を取り上げる。台湾の神、鬼、祖先という民俗宗教観を背景として、日台間では日本神の廟の位置づけと理解にすれ違いが生じている。その結果、日本人観光客は台湾で日本人が「英霊」として祀られているという認識を抱き、「親日」台湾を象徴する場所として訪問者が増加している。藤野は、日本神を訪問する日本人による龍柱や神輿の奉納という事例を通じて、日本側にとっては「観光化」が、また台湾の文脈においては「脱観光化」の動きが生じていることを指摘する。さらには現在、台湾人に向けた「観光化」が展開しつつあるという複雑な状況をも明らかにしている。

第3章で紺屋は、パラオ老人会と日本人観光客の交流会において、日本による植民地統治期の歴史と記憶を媒介としながら、両者が新たな観光の場を共創するプロセスを析出する。日本時代に公学校で日本語教育を受けた経験のある老人たちは、交流会において一見「親日」と受け取れる語りを披露する。しかし他方で、日本人による暴力や差別的態度への記憶はたしかに保持されており、語りは取捨選択されたものである。それは、パラオと日本の観光交流の歴史のなかで形成されてきた「コロニアル・ノスタルジア」、すなわち新たな世代の日本人を隣人として位置づけなおす技法である。紺屋はそれを、老人たちの歴史語りの「観光化」の過程として分析する。

第4章で鈴木は、タイ・スリン諸島に暮らす少数民族モーケンの、コロナ禍前後における観光業への従事の変化について論じている。漁業を主な生業としてきたモーケンは、一九八〇年代にアンダマン海が国立公園化したのを契機として、観光業に参入するようになった。土産物販売や国立公園事務所での仕事に加え、ボートツアーによるシュノーケリングがアンダマン海の「観光化」としてモーケンの雇用を生み出していった。二〇一〇年代の観光客の急増と、二〇二〇年からのコロナ禍による「脱観光化」をへて、モーケンは再び土産物販売に力を注ぎ始めた。

鈴木は、三人のモーケンへの聞き取り事例から、SNSを活用して新商品を開発し、またときに女性が中心となって活動するモーケンの新たな観光に関わる経済活動は、タイ社会とモーケン社会の間の〈境界人〉によって牽引されていると主張する。

第Ⅱ部は五章で構成されている。第5章で奈良は、中国雲南省の少数民族である回族が、「観光化」の過程で自らのムスリムとしてのアイデンティティを再構築する過程に注目する。奈良の調査地である沙甸区では、中国政府により公共の場での宗教活動への取り締まりが行われるなかで例外的に、モスクやアラビア語、ハラール料理などからなるイスラーム的な景観が形成されている。モスクへの観光ツアーでは、非ムスリムの観光客を招き入れ、ガイドし、説明する回族ボランティアの姿も見られる。政府主導の観光開発の過程で、排他的であった民族間関係が融和的なものへと変容しているのだろうか。しかし、奈良はそこに回族ムスリムがイスラーム復興という異なった文脈を介在させ方向転換する「脱観光化」を見出す。回族にとって観光開発は、アルコール排斥運動やイスラーム宣教のチャンスとなりうる。回族と漢族がランダムに邂逅する場では、いったい何が生じているのだろうか。

第6章で越智は、新潟市「水と土の芸術祭」を事例として、芸術祭やアートプロジェクトが地域振興と観光活性化に果たす役割を考察する。北川フラムを初代アートディレクターとして二〇〇九年に第一回が開催された「水と土の芸術祭」は、市外からの観光客を呼び込むことを標榜する典型的な「観光化」であった。しかし、北川の解任により第二回以降、芸術祭は市民との協働をより打ち出していく。越智は、二つの「市民プロジェクト」の内実や経緯を詳細に分析し、第二回以降、多様な市民がかかわることにより、同じ新潟市民であってもホスト／ゲストいずれにもなりうるようになった点を指摘する。そこでは、住民による地域文化の再発見や関心の高まりも見られ、芸術祭終了後も継続する「市民プロジェクト」は、すでに地域イベントとなることによって「脱観光化」を果たしている。

第7章で東は、観光において現れる連帯や共同性の可能性を、「郵便的マルチチュード」概念の再考から展開する。利那で偶発的な関係性は、時空間を超えた「ノスタルジア」の介在により必然と持続を確保できるだろうか。

そこで東は、フィリピン・ボラカイ島と愛知県南知多町の二つの事例を取り上げる。前者においては、観光開発に伴う環境汚染が「観光化」と「脱観光化」の同時進行を生み出し、コロナ禍における「閉鎖」と「再開」を迎える。後者では、一九八〇年代の最盛期をノスタルジックに眺めながら衰退する観光地に、観光者や移住者といった新たな外部者の参入による大きな方向転換が現在訪れている。つねに外部要因に影響を受け、予想外に変化し続ける二つの観光地は、その間を同じく偶発的に移動する人類学者のフィールドワークと並走しつつ、新たな連帯や共同性を生み出す萌芽となる。

第8章で中村は、ケニアの観光において絶大な影響力を誇るマサイ民族文化観光をマサイとともに担うサンブルを対象とし、一九七〇年代から始まったサンブルの観光業への流入を、とくに一九九〇年からのサンブル社会における社会変容と併せ描き出している。出稼ぎによる観光地での労働は、従来サンブルではモラン（戦士）世代に限定されたものであったが、一九九〇年以降はその文化的規範を逸脱するさまざまな「フェイク」が生じている。しかし他方で、「オリジナル」であったはずのサンブル社会にも学校教育の普及によって大きな変容が訪れ、観光地の「フェイク」が生み出した装身具を流用し華美に着飾ることで、「オリジナル」であることを主張するモランが現れている。中村は、この「フェイク」と「オリジナル」の区分が限りなく識別不能な領域に、「観光化」と「脱観光化」が往還するのだと指摘する。

第9章で福井は、観光によって生じる対立や分断を止揚する社会のあり方を模索する。ヴァヌアツのペンテコスト島では、ナゴルという収穫儀礼がその「バンジー・ジャンプ」的スペクタクルによって、観光資源として大いに注目されてきた。しかし、収益やイニシアチブをめぐり、文化的な権利を主張する者たちの間で各種の対立と分断が生じている。他方で、アネイチュム島のクルーズ観光においては、観光「推進派」と「慎重派」の間でゆるやかな対立は見られるものの、社会が分断してしまうことはない。福井はそこで、「エゲン」というローカルな概念を「シビリティ」の概念と対比する。他者との共約不可能性を前提とするがゆえに差異を顕在化させない後者に対して、前者は自己と他者を架橋しつつ沈黙を保つ「思慮深さ」である。

本書が人類学的観光研究における一つの問題提起であることはすでに述べた。各執筆者は、本共同研究をさらに展開しうる構想をそれぞれ掲げている。それに加え、今後の観光と社会のゆくえについては、終章で福井と奈良が「オーバーツーリズム」と「新型コロナウイルス感染症の拡大」の検討からポストツーリズム的状況について素描している。

### 注

（1）このような問題意識から書かれた著作に、福井（2022）がある。オーバーツーリズムや地域の疲弊など観光の諸問題から出発し、地域と観光をめぐる構造的な格差や不正義を指摘する同書は、今後の観光のあり方として「消費されない観光」によって地域や個人の自由を尊重することを提言している。

（2）「観光化」は一般的にも学術的にも用いられる多義的な用語である。おそらく国内の学術書のタイトルとして「観光化」を用いた最初の著作である須藤（2008）では、明確な定義はなされていないが観光開発や観光地化とほぼ同義である。また須藤（2012：75-79）では、「観光化」は「軽薄な観光地文化」が広がり〈他者性〉の制御や排除にもつながりうるという文脈で用いられている。その他、学術書籍や一般書、インターネット上の文書などでは、「観光化」は観光活性化や観光資源化などと同義に用いられる場合も多い。本書では、それら学術と一般双方の用法を含む、社会や地域に観光が浸透し変化していく動きを「観光化」として位置づけている。

なお、英語圏では“tourization”や“tourismization”、“tourismification”という用語もみられるが、広義の「観光化」を表す場合には“tourism”を用いる場合が多いようである。狭義では“tourism development”や“become a tourist site”のように、より具体的な用法が一般的である。この差異は、日本の「観光」が中国『易経』の「国の光を観る」の一節に起源を持つ翻訳語であるのに対し（千 2016）、“tourism”は接尾辞“ism”をもつ抽象名詞であり、単語自体に主義や特性の意味を含んでいることに起因するのではないだろうか。

（3）ブーアスティンの議論は、その後マキャーネルやコーエンによってエリート意識を反映した一面的な観光客像であると批判されていく。またそこには、観光の「真正性」という鍵概念が大きくかかわってくる。詳細は、高岡（2001）と遠藤（2017）を参照。

（4）第一版から第三版に至るアーリによる二種のまなざしの扱いの変遷については、山口（2017）が詳しい。

（5）右の注（2）に関連して、「脱観光化」の英訳も検討する必要がある。"Detourization"や"Detourism"などが考えられるが、"Anti-tourism"との違いの明確化も含め、今後の課題としたい。

（6）「脱観光化」は、本書で「観光化」からのアスペクト転換をもたらすポテンシャルとして、また広範囲にわたる各章の事例を包括的な視野に収めるため、やや広がりの大きい概念として設定されている。分かつことのできない「観光化」と「脱観光化」から、あるいはそもそも観光から社会全体を見通すという視座の妥当性は、さらに検討を要する課題である。

（7）「特定の観光地において、訪問客の著しい増加等が、市民生活や自然環境、景観等に対する負の影響を受忍できない程度にもたらしたり、旅行者にとっても満足度を大幅に低下させたりするような観光の状況」（国土交通省観光庁編 2018：111）

（8）二〇一五年にユーキャンが実施した新語流行語大賞の年間大賞には「爆買い」が選出され、インバウンドによる特需がクローズアップされた。

（9）門田（2021b）によれば、フライトシェイムはオーバーツーリズムへの批判という意味でアンチツーリズムと通底しており、グローバル資本主義への抵抗と親和性が高い。また、飛行機利用を控える代替としては、環境負荷の小さい自転車や鉄道による近距離観光が提唱されるという。

（10）二〇二三年三月時点では各国緩和の方向に動いており、未接種者でも陰性証明書の提示によって入国可能な場合は多い。しかし、ワクチン接種者に比べ入国時の利便性は著しく低い。同様に、観光復興支援事業でも陰性証明書は有効だが、毎回の旅行前にＰＣＲ検査や抗原検査を受けることは煩雑な作業である。

（11）アーリは、モビリティと社会的不平等の関係について論じている。現代社会では、移動の権利を持つものと持たざるもの者の間で社会的排除が生じるため、将来の世代も含めた公正な配分を議論すべきだという（Urry 2007=2015：275-311）。

（12）二〇世紀の二度の世界大戦においては、観光にそれ以上の抑制が生じたことは想像に難くない。しかし、当時の観光産業の規模を考えると、それが現在のように認識されていたとは考えづらい。工藤（2011）は日中戦争から第二次世界大戦までの期間、旅行の自粛が求められるなかでも、人々が旅行活動を継続してきたことを明らかにしている。

（13）岡本は、日本のアウトバウンド観光客がアメリカ同時多発テロ（二〇〇一年）とイラク戦争（二〇〇三年）で激減し、インバウンド観光客がリーマンショック（二〇〇九年）と東日本大震災（二〇一一年）でやはり激減したことを指摘しながら、観光客の増減は為替レート、災害・感染症、戦争や紛争などの影響を大きく受けると述べている（岡本 2018：

4-8)。

(14)「観光庁：新しい旅のエチケット」(https://www.mlit.go.jp/kankocho/traveletiquette/index.html 2022.12.29.)

(15) 本書における「善きもの」には、一義的には観光の負の側面が強調されるなかで、幸せや喜びまた他者や未知とのつながりに結びつく明るい道筋への願いが込められている。しかしそれは同時に、観光における善悪の規範を導入するのとは異なり、善悪や自己と他者、本書においては「観光化」と「脱観光化」といった二項対立を超えた統一へと向かう活動(cf. 西田 2012)としてより洗練されうる観光のあり方を志向している。

(16) 観光まちづくりの推進の過程で、観光その他の目的によって訪れ地域住民と交流する「交流人口」や、定住でも訪問でもなく多様な形で地域と関わる「関係人口」、さらに交流や関係から何かを創り出す「創発人口」という言葉が生まれた。とくに、「関係」と「創発」の人口は定住していなくても、訪れることがなくても、観光まちづくりの担い手となりうる。

(17) 松田は現代社会の諸問題に向かい合う技法として、「集合的創造性」に注目している(松田編 2021)。それは、生産や目的のための共同体ではなく、無縁のものたちによる暫定的で創発的な共同性である。観光における偶発的なつながりや関係性が、社会的な分断や閉塞を乗り越えうる可能性を探る本書とも深くかかわる視座である。

(18)「観光人類学3.0」を唱え、近年精力的に観光研究を刷新し牽引する市野澤潤平の一連の業績は、本書と共通する焦りと問題意識を抱えている。本書ではその最新の成果についてうまく取り入れることができなかったのが課題として残る(市野澤・碇・東編 2021：市野澤編 2022：市野澤 2023)。

(19) 観光研究には、ほかにも多種多様な領域があり、すべてをここで扱うことはできない。なかでも、特定の空間に注目する観光地理学の立場と観光人類学との差異についての検討は重要課題だが触れられない。

(20) もちろん、初期の観光人類学における「ホスト／ゲスト」論をそのまま手放しで礼賛しようというのではない。石野は、「ホスト／ゲスト」論を詳細に検討し、その理論的貢献を評価しながら、ホストとゲストの関係が「転移」したり「流動的」でありうること、またそもそもホストやゲストとして「名付ける」営為自体の問題点を指摘している(石野 2017)。それら課題に取り組むためにも、観光の現場における人類学的フィールドワークを蓄積し、理論的洗練のためにいかに活用するかが問われている。

(21) 観光経営を論じる岡本は、安村(2001)を参照しながら、ホストとゲストの関係を観光の本質としている(岡本編 2013：3)

## 文献

東浩紀、二〇一七、『ゲンロン0——観光客の哲学』ゲンロン。

阿部大輔編、二〇二〇、『ポスト・オーバーツーリズム——界隈を再生する観光戦略』学芸出版社。

石野隆美、二〇一七、「「ホスト／ゲスト」論の批判的再検討」『立教観光学研究紀要』一九：四七-五四頁。

石森秀三・西山徳明編、二〇〇一、『ヘリテージ・ツーリズムの総合的研究（国立民族学博物館調査報告二一）』国立民族学博物館。

石森秀三・真板昭夫、二〇〇一、『エコツーリズムの総合的研究（国立民族学博物館調査報告二三）』国立民族学博物館。

石森秀三・安福恵美子編、二〇〇三、『観光とジェンダー（国立民族学博物館調査報告三七）』国立民族学博物館。

市野澤潤平編、二〇二二、『基本概念から学ぶ観光人類学』ナカニシヤ出版。

市野澤潤平、二〇二三、『被災した楽園——二〇〇四年インド洋津波とプーケットの観光人類学』ナカニシヤ出版。

市野澤潤平・碇陽子・東賢太朗編、二〇二一、『観光人類学のフィールドワーク——ツーリズム現場の質的調査入門』ミネルヴァ書房。

上野誠、二〇二二、『折口信夫「まれびと」の発見——おもてなしの日本文化はどこから来たのか?』幻冬舎。

遠藤英樹・堀野正人編、二〇一〇、『観光社会学のアクチュアリティ』晃洋書房。

遠藤英樹、二〇一七、『ツーリズム・モビリティーズ——観光と移動の社会理論』ミネルヴァ書房。

岡本健、二〇一八、『巡礼ビジネス——ポップカルチャーが観光資産になる時代』角川新書。

岡本伸之編、二〇一三、『よくわかる観光学1——観光経営学』朝倉書店。

小沢健市、二〇一一、「ツーリズム・ビジネス——観光産業の仕組み」山下晋司編『観光学キーワード』有斐閣、八九-一一一頁。

門田岳久、二〇一九、「「枠」を出る現代の観光」——「おもてなし」の呪縛を超えるために」『地域文化』一二八：一〇-一五頁。

門田岳久、二〇二一a、「虚構のボーダーレス——パンデミック下の国境管理と日常に関するオートエスノグラフィー」『立教大学観光学部紀要』二三：三八-五四頁。

門田岳久、二〇二一b、「遍在化する観光——フライトシェイム運動から近所の再発見まで」『RT』一：一六-二四頁。

工藤泰子、二〇一一、「戦時下の観光」『京都光華女子大学紀要』四九：五一-六二頁。

高坂晶子、二〇二〇、『オーバーツーリズム――観光に消費されないまちのつくり方』学芸出版社。

国土交通省観光庁編、二〇一八、『平成三〇年度版観光白書』日経印刷。

小松和彦、一九九五、『異人論――民俗社会の心性』筑摩書房。

須藤廣、二〇〇八、『観光化する社会――観光社会学の理論と応用』ナカニシヤ出版。

須藤廣、二〇一二、『ツーリズムとポストモダン社会――後期近代における観光の両義性』明石書店。

千相哲、二〇一六、「『観光』概念の変容と現代的解釈」『商経論叢』五六（三）：一一一八頁。

十代田朗編、二〇一〇、『観光まちづくりのマーケティング』学芸出版社。

高岡文章、二〇〇一、「観光研究におけるD・ブーアスティンの再定式化――『本物の』観光をめぐって」『慶應義塾大学大学院社会学研究科紀要』五三：六九―七八頁。

西田幾多郎、二〇一二、『善の研究』（改版）岩波書店。

西山徳明編、二〇〇四、『文化遺産マネジメントとツーリズムの現状と課題（国立民族学博物館調査報告五一）』国立民族学博物館。

橋本和也、一九九九、『観光人類学の戦略――文化の売り方・売られ方』世界思想社。

橋本和也、二〇一八、『地域文化観光論――新たな観光学への展望』ナカニシヤ出版。

福井一喜、二〇二二、『「無理しない」観光――価値と多様性の再発見』ミネルヴァ書房。

藤稿亜矢子、二〇一八、『サステナブルツーリズム――地球の持続可能性の視点から』晃洋書房。

松田素二編、二〇二一、『集合的創造性――コンヴィヴィアルな人間学のために』世界思想社。

松場登美、二〇二一、「「世界遺産登録で地獄を見た」――一万人が押し寄せた人口四〇〇人の町で何が起きたか」『President Woman Online』(https://president.jp/articles/-/50763, 2023.01.25)。

村山慶輔、二〇二〇、『観光再生――サステナブルな地域をつくる二八のキーワード』プレジデント社。

森下晶美編、二〇一六、『新版観光マーケティング入門』同友館。

安村克己、二〇〇一、『観光――新時代をつくる社会現象』学文社。

山口誠、二〇一七、「『観光のまなざし』の先にあるもの――後期観光と集合的自己をめぐる試論」『観光学評論』五（一）：一一一―一二五頁。

山下晋司編、一九九六、『観光人類学』新曜社。

山下晋司、一九九九、『バリ——観光人類学のレッスン』東京大学出版会。

Boorstin, Daniel J., 1962, *The Image: A Guide to Pseudo-events in America*, Atheneum.（星野郁美・後藤和彦訳、一九六四、『幻影の時代——マスコミが製造する事実』東京創元社。）

Elliott, Anthony and Urry, John, 2010, *Mobile Lives*, Routledge.（遠藤英樹監訳、二〇一六、『モバイル・ライブズ——「移動」が社会を変える』ミネルヴァ書房。）

Han, Min and Graburn, Nelson eds., 2010, *Tourism and Glocalization: Perspectives on East Asian Societies* (Senri Ethnological Studies 76), National Museum of Ethnology.

Hardt, Michael and Negri, Antonio, 2000, *Empire*, Cambridge, Harvard University Press.（水嶋一憲ほか訳、二〇〇三、『帝国——グローバル化の世界秩序とマルチチュードの可能性』以文社。）

Sheller, Mimi and Urry, John eds., 2004, *Tourism Mobilities: Place to play, places in play*, Routledge.

Smith, Valene L. ed., 1977, *Hosts and Guests: The Anthropology of Tourism*, University of Pennsylvania Press.

Smith, Valene L., 1989, "Eskimo Tourism: Micro-Models and Marginal Men," Valene L. Smith ed., *Hosts and Guests: The Anthropology of Tourism*, 2nd ed., University of Pennsylvania Press, 55-82.

Urry, John, 1990, *The tourist gaze: Leisure and travel in contemporary societies*, Sage Publication.

Urry, John, 2007, *Mobilities*, Polity Press.（吉原直樹・伊藤嘉高訳、二〇一五、『モビリティーズ——移動の社会学』作品社。）

Wittgenstein, Ludwig, 2009, *Philosophische Untersuchungen*, Revised 4th ed., Wiley-Blackwell.（鬼界彰夫訳、二〇二〇、『哲学探究』講談社。）

# 第Ⅰ部　観光現象の新展開

# 第1章　身体的な移動と精神的な移動が出合う「空間」

## ――VTuberとコンテンツツーリズムの現場から

岡本　健

### 1　「精神的な移動」の存在感

観光研究は、物理的な身体の移動以外の「移動」も扱いうる。その「移動」は、メディアの発達とともに顕在化し、多くの人にとって直感的に理解可能になってきた。その背景には、一九九〇年代後半から存在感を増してきたインターネット（以下、ネット）とその接続端末が、劇的なスピードで発展、普及していったことによる情報空間の急拡大がある。ネットを通じて、人々は以前に比べて低コストでテキスト、画像、音声、動画など、大量の情報を送受信することが可能になった。それにより、人間が情報通信機器を用いてアクセス可能な情報の総量は膨大になり、好むと好まざるとにかかわらず、その社会的なインパクトは大きくなっている。

こうした、いわゆる「情報社会」を背景にした観光行動の特徴について、筆者は二〇〇八年ごろから研究を開始した。具体的には、「アニメ聖地巡礼」および「コンテンツツーリズム」について、現地調査、質問紙調査、文献調査、関連するメディアやコンテンツについての調査などを実施してきた。[1]そうして得られた研究成果から、情報社会における旅行者とそれを取り巻く空間概念を図示した（図1-1）（岡本 2018b）。

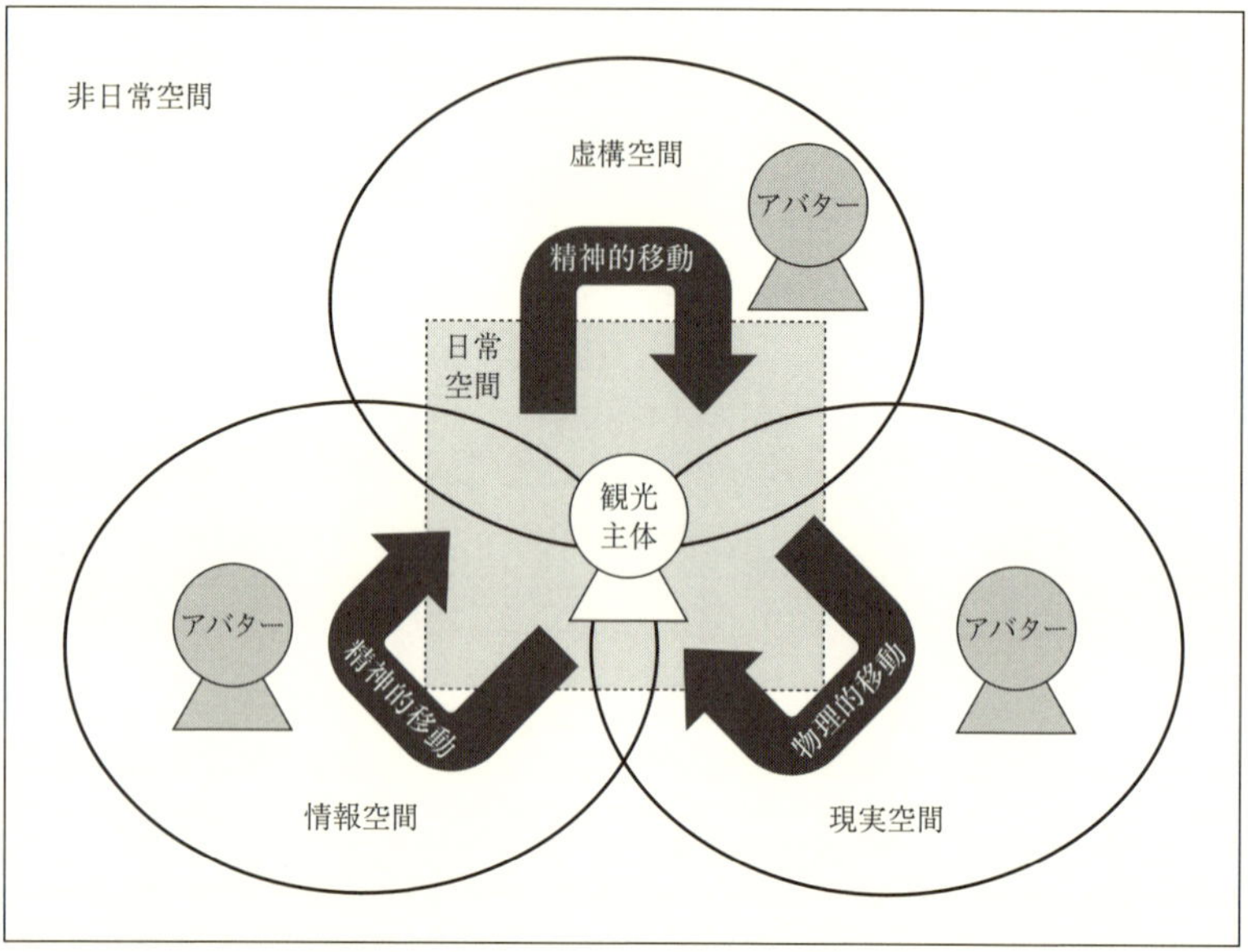


**図１－１**　現実空間・情報空間・虚構空間における物理的・精神的移動

出典：岡本（2018b：215）より

そこでは、身体が存在する空間を「現実空間」と名付け、実際に物理的に存在するわけではないがネットで接続できると感じる空間を「情報空間」、そしてコンテンツを体験することで思い描くことができる空間を「虚構空間」とした。そのうえで、観光主体が現実空間上を移動することを「物理的・身体的な移動」、情報・虚構空間上の移動を「精神的な移動」と表現した。具体的事象から観光行動のあり方のモデルを描き出すことにより、観光概念をアップデートして、観光研究において「精神的移動」がもっと盛んに扱われる必要があると主張した（岡本 2018b）。

その後、二〇一九年末ごろから新型コロナウイルス感染症（Covid-19）のパンデミックが生じた。期せずして起こった世界的な感染症の蔓延によって「精神的な移動」の存在感は、いやがおうにも増すこととなった。

ここで確認しておきたいのは、そもそもコロナ禍以前は、世界的に人の移動が急増していたことである。国連世界観光機関（UNWTO）発表の「国際観光客到着数」では、一九九〇年に四億三五〇〇万人だった世界の観光客数が、二〇一八年には一四億人を超えていた。日本にしぼっても、二〇〇三年に小泉純一郎首相（当時）によって「観光立国宣言」が出されて以降、とくに海外から日本への旅行、すなわち「インバウンド」を増やそうとさまざまな施策が打たれ、訪日外国人観光客数は急増していた。コロナ禍前は、一つの地域にキャパシティを超える観光客が訪れることでさまざまな問題が起こる「オーバーツーリズム」が問題にされていたほどであった（岡本 2022）。

新型コロナウイルスの蔓延は、こうした、人々が国や地域を超えて物理的に移動する「移動社会」とでも言える状況が招いたものでもある。人から人へと感染するウイルスは、「移動社会」そのものを「メディア」として、世界中に拡散していった。それゆえ、感染拡大を抑制するためにとられた対策は、人の「移動」や「集まり」を制限することであった。感染を拡大する「メディア」の機能をなるべく停止に近づけようとしたのである。これによって、観光や各種イベントといった物理的な移動や参集を伴う活動は大打撃を受けた（岡本 2022）。その結果、先ほど挙げた国際観光客数は二〇二〇年に四億人、二〇二一年に四億二〇〇〇万人まで落ち込んだ。これは、先ほど挙げた一九九〇年の数値以下の水準であった。

世界的な物理的移動の抑制に伴って活性化した移動が「精神的な移動」である。それは、「Netflix」や「Amazon プライム・ビデオ」といった定額制のコンテンツ配信サービスであるサブスクリプションサービスへの加入数の増大や、デジタルゲーム、アナログゲーム、プラモデル等の売り上げが好調であったことからうかがえる。(2) 感染防止の観点から他者との物理的距離をとる「ソーシャルディスタンス」を要請され、「不要不急の外出」を避けるべく「おうち時間」の過ごし方を模索するなかで、これらの遊びが人々に選ばれたのだ。

例えば、任天堂から二〇二〇年三月二〇日に発売された『あつまれ　どうぶつの森』（以下、『あつ森』）は、コロナ禍において大ヒットを飛ばしたゲーム作品の一つである。『ファミ通ゲーム白書２０２１』に掲載された「２０２０年　家庭用ゲームソフト販売本数ＴＯＰ10」によると、『あつ森』のパッケージ版とダウンロード版を含めた年間推定販売本数は九〇二万二六〇本で第一位であった（角川アスキー総合研究所編 2021）。続いて第二位はＫ

ＯＮＡＭＩの『桃太郎電鉄～昭和　平成　令和も定番！～』（以下、『桃鉄』）であり、売上本数は一六二万八一八本であった。[3] 第一位と第二位の売り上げには大きなひらきがあるが、『あつ森』が「日常」を楽しむゲームであり、『桃鉄』は「移動」を楽しむゲームであったことからは、作品の内容的にも、コロナ禍におけるステイホームという「非日常的な移動の制限」時の「観光目的地」に適していたことがうかがえる。[4]

つまり、物理的移動が制限された世界のなかでも、コンテンツの体験やインターネットを介した交流、すなわち精神的移動は盛んになされていたのである。身体の物理的移動や、他者との接触を回避せざるを得なくなった現実空間に代わって、情報空間、虚構空間の存在感が増すことになった（岡本 2022）。

## 2　esports・メタバースの台頭による情報・虚構空間の拡大

コロナ禍で強制的に現実空間上の移動が制限されたことによって、コロナ禍前から話題になり始めていたさまざまな事柄が前景化した面もある。例えば esports がそうだ。一般社団法人日本ｅスポーツ連合（JeSU）のウェブページによると、「ｅスポーツ（esports）とは、「エレクトロニック・スポーツ」の略で、広義には、電子機器を用いて行う娯楽、競技、スポーツ全般を指す言葉であり、コンピューターゲーム、ビデオゲームを使った対戦をスポーツ競技として捉える際の名称」と説明されている。[5]

esports の全体像を示そうと試みているいくつかの書籍を見ると、二〇一八年は esports にとって重要な出来事が複数起こったため「esports 元年」と呼ばれていることがわかる（但木編 2019：黒川 2019：岡安 2019：日経クロストレンド編 2019 など）。これらの書籍によると、例えば、二〇一八年にジャカルタで開かれた第一八回アジア競技大会では、デモンストレーションではあったが esports が取り入れられた。この大会には日本人選手も参加し『ウイニングイレブン２０１８』[6] では優勝を果たした。二〇一八年一月には、アメリカの対戦格闘ゲームイベント「Evolution」の日本版である「EVO Japan」が開催され、五〇〇〇人以上の参加者が集まった。他にも、日本プロ野球機構（NPB）の主催で『実況パワフルプロ野球』[7]シリーズを用いた「eBaseball パワプロプロリーグ」が開催され、毎日新聞社とサードウェーブ[8]の共催で「全国高校eスポーツ選手権」が開催された。さらに、先述のJeSUが発足したのも二〇一八年であった。具体的に起こった事象を列挙してみると、まさに esports 元年と呼ばれる様相を呈していたことがわかる。

esports は、フィジカルスポーツの一部とは違い、プレイ時に選手同士の身体的接触がなく、また、配信環境さえ整えられれば、観客は必ずしも試合が行われる場に一堂に会する必要がない。そのため、フィジカルスポーツの試合、コンサートや舞台などのライブエンターテイメントが軒並み中止や延期を余儀なくされるなかで、esports の大会には予定通り開催されるものもあり、多くの観客がそのライブ配信を楽しむ様子が見られた[9]。

他にも、二〇二一年一〇月にフェイスブック（Facebook）が社名を「メタ（Meta）」に変更したことで「メタバース」という語が注目を集めた（武井 2022：松村 2022）。メタバースに関する書籍は、概説書から専門書までさまざまなものが出版されているが、ここでは複数の書籍で言及されている現象を取り上げ、「メタバース」への理解を深めたい。

メタバースという語が初めて登場したのは、一九九二年にニール・スティーヴンスンが発表したSF小説『スノウ・クラッシュ』においてであると言われている。同作は、「Second Life」[10]の創設者であるフィリップ・ローズデールや、「Oculus」[11]の創業者パルマー・ラッキーに影響を与えた（松村 2022）。メタバースとは、『60分でわかる！メタバース超入門』によると、「3DCGの技術でバーチャルな世界を構築した上で、人々がさまざまな交流や経済活動を含めたいろいろな活動ができるしくみ」である（武井 2022：10）。

メタバースの具体的事例としてオンラインゲーム『フォートナイト』が挙げられる。同作は Epic Games によって開発、運営されているサードパーソン・シューティングゲームで、二〇一七年にサービスがスタートした。最大一〇〇人のプレイヤーが同時対戦する「バトルロイヤルモード」や、さまざまなパーツを組み合わせて構造物を作成する「クリエイティブモード」などがある。

この『フォートナイト』の世界のなかで、音楽ライブが行われたこともある。二〇一九年には人気覆面ＤＪのマシュメロ、二〇二〇年四月にはアメリカの人気ラッパーであるトラヴィス・スコット、同八月には米津玄師がゲーム内でライブを開催し、トラヴィス・スコットのライブでは同時接続数が一二三〇万人を超えたと言われている（武井 2022：新 2022）。『フォートナイト』は銃を撃ちあってバトルロイヤルを行うためだけの場ではなく、明らかに「人々がさまざまな交流や経済活動を含めたいろいろな活動ができる」メタバースになっているといえよう。

このように、情報空間、虚構空間への精神的な移動は、映像技術、情報通信技術の発展と普及、そしてコロナ禍という世界規模の感染症パンデミックによって存在感を増してきている。さらに、そうした精神的移動を目に見える形で実現するものとして「アバター」もまた、体験者によるリアリティを増す際に果たす役割が大きくなっている。

## 3　空間概念をさらにアップデートする

観光は、そもそも、「メディア」による影響を受けて移動するという営みである。実際に移動する前に、メディアで観光目的地に関する何らかの情報を得てから、その場所に出かけていく。

それゆえ、観光研究では、メディアとのかかわりについての研究は多い。観光研究の必読書になっているダニエル・ブーアスティンの『幻影の時代』（Boorstin 1962=1964）や、ジョン・アーリの『観光のまなざし』（Urry 1990=1995）においても、メディアは観光というシステムを成立させる際に重要な役割を担うものとして扱われていた。

日本においても、例えば山口誠は『ニッポンの海外旅行』において、メディアの変遷を追いながら、日本の若者の海外旅行のあり方を分析している（山口 2010）[12]。具体的には、小田実『何でも見てやろう』（一九六一年）、ガイドブック『地球の歩き方』（一九七九年）、沢木耕太郎『深夜特急』（一九八六年）、テレビ番組『進め！電波少年』で行われた「猿岩石」によるヒッチハイク企画（一九九六年）などを扱っている。また、観光とメディアに関するさまざまな論考を収録した『観光メディア論』（遠藤・寺岡・堀野編 2014）では、絵画や写真、新聞、雑誌、映画、モバイルメディア、インターネット、テーマパーク、観光客そのものなどが「メディア」として分析されている。

また、メディアを流れる「コンテンツ」そのものも、実に多様である。例えば、コンテンツツーリズムを縦断的かつ横断的に見ることを目指した拙稿「コンテンツツーリズム史の構築」（岡本 2023b）では、観光の動機となるコンテンツとして、神話、短歌、文学、小説、映画、音楽、テレビ番組、ドラマ、マンガ、アニメ、ゲームなどを挙げており、多岐にわたっている。そのなかで虚構空間が想定できるのは、必ずしもインターネットやデジタルコンテンツによるもののみではない。

さらに、「現実」なるものはしばしば人間の主観によってその意味を変化させる。これもまた、VRゴーグルなどのデジタルメディア機器や、世界観が緻密に作りこまれたデジタルコンテンツがなくとも可能なことである。

例えば、「呪術」がこれにあたる。東賢太朗は現代フィリピンの地方都市において呪術に関するフィールドワークを行った。その成果『リアリティと他者性の人類学』（東 2011）では、アスワン（妖術師）、メディコ（呪医）などの、超自然的、呪術的な力を発揮すると言われている人々と、それを取り巻く人々とのかかわりが生々しく記述されている。人々は、直接、間接に「アスワン」や「メディコ」にかかわるさまざまな言葉を仕入れ、信じたり信じなかったり信じたくなかったりしつつも、どこかで「呪い」を恐れ、「病治し」や「占い」を信じ、それに触れる前とは世界の認識が変化する様子が報告されている（東 2011）。呪いがかけられると、物理的になにかが変化したわけでなくても「嫌な感じ」がし始めたり、昨日と同じものを見ても「不安な気持ち」にさいなまれたりする。それは、フィリピンの地方都市の人々のみならず、西洋科学的な教育を受けた執筆者自身にも及ぶため、決して土着信仰に染まった人々に限った話ではない（東 2011）。

このように「現実」のとらえ方（リアリティ）は、人によっても異なるし、同じ人であっても状況によって異なってくる。そのように考えると「現実空間」という呼び名は適切ではないように思われる。(13) それというのも、人間の認識によって構築された空間は、情報空間、虚構空間をも含むことになるからだ。そこで、本章では、人間の身体が存在する空間を、「現実」という認識によってとらえられた結果の前段階として、「物理空間」と呼ぶことにしたい。

「情報空間」と「虚構空間」についても整理しておこう。これらはいずれも物理空間のようにそこに存在するわけではなく、メディアやコンテンツを通して「想定できる」空間のことである。メディアとコンテンツの関係性について述べた拙稿「メディアの発達と新たなメディア・コンテンツ論」では、「メディア」と「コンテンツ」の特徴を次のように整理している。すなわち、「メディア」は「情報を伝えるなかだちとなるもの」であり、「コンテンツ」は「情報がなんらかの形で創造・編集されたものであり、それ自体を体験することで楽しさを得られうる情報内容」である（岡本 2016）。

この整理をふまえると、これまで「情報空間」と呼んできたものは、「メディア空間」と呼ぶのが妥当だろう。この際の「メディア」は、先に指摘した通り、デジタルメディアのみならず、人に情報を伝える媒体であればすべてを含む。つまるところ、観光ガイドブックを読んで取り上げられている場所への旅行を想像する行為や、人から話を聞いてその場所のことを思い浮かべる行為もまた、「メディア空間」への精神的移動ととらえることができる。当然ながら、例に挙げたものはすべて同じ性質のものではない。「メディア空間」への精神的移動は、そのメディアがどのようなものなのか、メディアに触れた人々がそれをどのようにとらえるのか、といったことに大きく依存する。

また、これまで「虚構空間」と呼んできたものは「コンテンツ空間」と呼ぼう。そもそも「虚構」という語には、「作りごと」や「嘘」「捏造」といったような負のイメージを背負わせていたわけではなく、ニュートラルな意味で用いてはいたが、「コンテンツ空間」のほうが、より誤解を招きにくい表現になっているだろう。「コンテンツ」は単なる「情報」ではなく、「それ自体を体験することで楽しさを得られうる」ものだ（岡本 2016）。そして、なにが「コンテンツ」となるかは、コンテンツの体験者の認識によって異なる。同一の「コンテンツ」であっても、ある

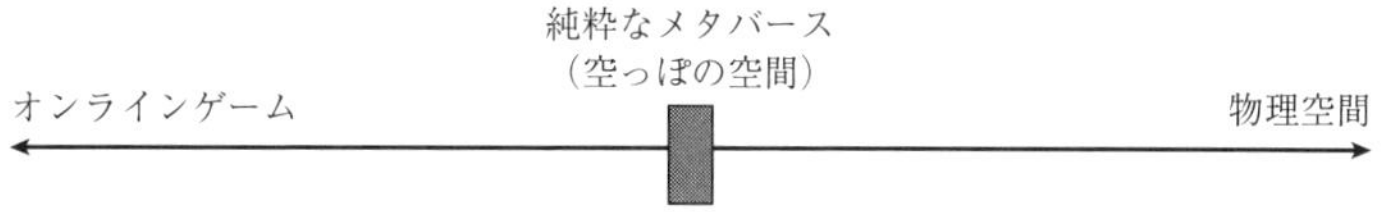


| | オンラインゲーム | メタバース | 物理空間 |
|---|---|---|---|
| 世界観 | 強固、かつ詳細 | なるべく緩い設定 | 現実のまま |
| 物　語 | 大きな物語を準備<br>物語に沿って<br>イベントが展開 | 特になし<br>ユーザーが作り出す | 現実の経済、人間<br>関係（ソーシャル）、<br>社会、など<br>無限の要素 |
| キャラクター（人）の役割 | 世界、物語のなかで最初から定義 | 特になし　ユーザーの関係の中で発生 | 不明（実存） |

**図１－２**　オンラインゲーム、メタバース、物理空間

出典：三宅（2022：25）より筆者作成

人にとっては魅力的であり、ある人にとっては魅力的ではないことがあり得る。また、場合によっては、個々のコンテンツが「物語」や「世界観」を構築する材料を提供する。コンテンツを体験することによって、そのコンテンツに関する想像的な空間が成立することがある。例えば、小説を読みふけっているうちに、キャラクターたちや世界観が自立し始めるという体験はないだろうか。映画に集中しているうちに、その世界に入ったような気持ちになったことは無いだろうか。これがまさに「コンテンツ空間」へと精神的に移動する状態である。

　情報通信技術の発達により、「メディア空間」、「コンテンツ空間」は、可視化されはじめてもいる。たとえば三宅陽一郎は、「メタバースによる人の意識の変容」のなかで、物理空間、メタバース、オンラインゲームを比較しながら図１－２のように説明している（三宅 2022）。

　この図は、右側に私たちの身体が存在する「物理空間」を配置し、左側に「オンラインゲーム」の空間を配置し、その左右の特徴から、中心にある「メタバース」空間を説明したものだ。図の上部に「純粋なメタバース（空っぽの空間）」とあるように、図での「メタバース」は、世界観や物語、キャラクターの役割の自由度が高いものが想定されている。つまり、本章の用語でいうと、情報のやり取りがなされる「メディア空間」に近い性質であろう。

「コンテンツ空間」は、三宅の議論における「オンラインゲーム」に近い性質を持つ。世界観が提示され、そこには物語があり、キャラクターの設定や役割もある。映画、アニメ、マンガ、ゲーム、小説、映画、ドラマなどで描き出される世界だ。ただし、図の上に外向きの矢印が記されていることから、この空間はそれぞれが独立しているというより、連続性のなかに配置されるものであろう。図1-1では、それぞれの空間を表す円は重なり合っており、完全に断絶されたものではない。

残るは「アバター」である。先に挙げた図1-1においても「アバター」はすべての空間に書き込んである。ただし、「アバター」概念そのものに関しては「それぞれの空間を移動する際に、自らの身体ではないが自らの身代わりとして機能する物質や情報のことを指す」（岡本 2023b）と説明するにとどまっており、より深い議論はなされていない。そこで本章では、「アバター」が人気を博すコンテンツであるVTuber、およびVTuberによるコンテンツツーリズムの事例を分析することによって、アバターと物理空間、メディア空間、コンテンツ空間がどのように相互作用しているのかについての知見を得たい。それでは、まず、VTuberとはどのようなものなのか、整理しておこう。

## 4　VTuberとはなにか

VTuberとは、バーチャルYouTuberの略称であり、さらに縮めて「V」や「Vの者」と呼ばれることもある[14]。『バーチャルYouTuberはじめてみる』によると、バーチャルYouTuberは、「2Dや3DのCGキャラクターと音声を組み合わせた動画をYouTubeに投稿する配信者の呼称。バーチャル（Virtual）を略して「VTuber」と呼ばれることもあります。ニコニコ動画などに代表されるネットカルチャーやマンガ・アニメ・ゲームを好きな人たちとの親和性が高く、多種多様なエンターテイナーやクリエイターが参加する〝自由な遊び場〟として大きな盛り上がりを見せています[15]」と説明されている（スタジオ・ハードデラックス編 2018：2）。

『バーチャル YouTuber 名鑑２０１８』には、一〇〇〇人以上の VTuber が紹介されている（にゃるら監修 2018）。なかでも「疑いようのないバーチャル YouTuber の頂点」と評されているのは、二〇一六年一二月一日に「世界初のバーチャル YouTuber」としてデビューしたキズナアイである。二〇一六年に活動を始めた「キズナアイ」は、二〇一八年三月には日本政府観光局（ＪＮＴＯ）ニューヨーク事務所によって、訪日促進アンバサダーにも起用されており、観光ともかかわりがある。『バーチャル YouTuber 名鑑２０１８』では、キズナアイに続いて、バーチャル YouTuber 四天王として「輝夜月（かぐやるな）」「ねこます」「ミライアカリ」「電脳少女シロ」が紹介されている（にゃるら監修 2018）。

VTuber とはアバターを用いた YouTuber であり[16]、そのコンテンツは「動画」と「配信」に分けることができる。「動画」コンテンツは、事前に作成された動画をアップロードしたもので、ユーザーは自由に視聴することができ、コメントをつけることもできる。「配信」は、YouTube の場合は YouTubeLive と呼ばれるサービスを利用して実施される。生放送であり、ユーザーはチャット欄にリアルタイムに書き込みを行うことができる。VTuber とユーザーが相互作用可能なメディアとしては、「YouTube」の他、「ニコニコ動画」「Twitter」「VRChat」などがある[17]（スタジオ・ハードデラックス編 2018）。VTuber が提供する主なコンテンツは、ゲームをしながら話をする「ゲーム実況」、既存の楽曲やオリジナル楽曲を歌う「歌ってみた」、日々の体験などを話す「雑談配信」などである。さまざまなメディアを使ってコンテンツを創出するアバターであると言えよう。

VTuber には、企業 VTuber と個人 VTuber がいる。企業 VTuber とは、「企業が出資する形で運営している」VTuber（マシーナリーとも子&リブロワークス 2018）であり、いわゆる「プロ」である。個人 VTuber とは、個人で環境を整備して運用しているものであり、野良 VTuber や個人勢と呼ばれることもある。企業 VTuber もその規模や収益は大小さまざまであるし、個人 VTuber と言っても、環境整備から運用まで一人で実施している場合と、演者とスタッフで構成される場合があり、そのあり方はかなり多様だ。

短期間で絶大な人気を集めた企業 VTuber に「壱百満天原サロメ（ひゃくまんてんばらさろめ）」（以下、「サロメ嬢」）がいる。サロメ嬢は、VTuberグループ「にじさんじ」所属のVTuberで、二〇二二年五月二四日に初配信をおこない、六月七日には初配信から二週間でYouTubeチャンネルのチャンネル登録者数一〇〇万人を達成した。二〇二三年九月二八日には、総務省がSNSにおける誹謗中傷対策動画を公開したが、その際、サロメ嬢が起用された[18]。二〇二三年一一月一六日二二：〇〇の時点で二万四八〇六回再生されている。

サロメ嬢の大きな特徴の一つは「お嬢様言葉」で、彼女が人気を博した初期のコンテンツは、『バイオハザード7　レジデントイービル』（二〇一七）および『バイオハザード　ヴィレッジ』（二〇二一）のゲーム実況配信であった。『バイオハザード』とは、一九九六年にCAPCOMから発売され大ヒットしてシリーズ化したデジタルゲーム作品で、ホラーアドベンチャーゲームである[19]。サロメ嬢は、ゲームと向き合いながら、その独特な言い回しや対応で視聴者を楽しませるとともに、自身のキャラクターを形作っていった。その様子を日々楽しみにする視聴者に注目され、メディア空間上に人々を集わせたのである。

つまり、VTuberは、YouTube等のプラットフォームであるメディア空間を通じて、アニメ、マンガ、ゲームといったコンテンツが創り出すコンテンツ空間を視聴者と共有しながら、その面白さや魅力を伝える役割を果たすとともに、それらに対する自身の反応を見せることで、自身のコンテンツ性（キャラクターや世界観）を視聴者に伝え、共同で構築する「メディア的機能」を持っている。

こうした現象を調査するにあたって、研究者はどのような姿勢で臨む必要があるだろうか。筆者は、VTuberそのもの、そして、VTuberの視聴者に対する理解を深めるため、自身もVTuberとして活動するとともに、他のVTuberの視聴者となって生活してみることにした[20]。いわばアバターとともに、物理空間、メディア空間、コンテンツ空間のフィールドワークを行ったのである。VTuber「ゾンビ先生」として、二〇二一年七月二五日に『バイオハザード』の「ゲーム実況」配信でデビューして以来、「ゲーム実況」や「講義配信」、「雑談配信」などの活動を続けている。

ゾンビ先生として活動しながら、他のVTuberの生配信を視聴していたときのことである。配信開始に合わせて「こんにちは！」と簡単な挨拶をチャット欄に書き込んだところ，他の視聴者から「ゾンビ先生もよう見とる」という書き込みが相次いだ。はじめはなんのことかわからず，何か邪魔をしてしまったのではないか，警戒させてしまったのではないか，と申し訳なく思ったが，そうではなかった。

この書き込みが行われる背景には以下の状況があった。人気 VTuber のチャット欄には，たくさんの視聴者による書き込みが随時投稿される。そのため，書き込まれたコメントはどんどん画面上方に流れていってしまい，配信者（VTuber）はそれを見逃してしまう可能性がある。そうすると，配信者が来客に気づかず，あいさつの機会を意図せず逸してしまうおそれがある。そこで，常連の視聴者たちは「○○もよう見とる」と書き込むことによって，自分が「推し」ている配信者に対して，「来客」を知らせ，失礼のないようにしたい，という意図があったのだ（岡本 2023a）。視聴者が VTuber の「活躍」を応援したい，支えたい，という態度の現れと見ることができよう。しかも，「直接的な応援」では終わらず，状況を俯瞰でみた応援の仕方である点が興味深い。

筆者が VTuber「ゾンビ先生」として配信をしているときも，チャット欄に視聴者からなにか書き込みがあるととても嬉しく，実況や講義の声に思わず力がこもった。チャット欄の書き込みにもさまざまな文化があるが，たとえば「w」「88888」「gg」といった記号による反応がある。「w」は「笑い」をあらわす記号で，面白いことが起こったときに書き込まれ，その面白さによって w の数が増えていく。「88888」は「ぱちぱちぱち」と拍手をしていることを意味する。ゲームでステージをクリアしたり，話のなかでおめでたいことがあったりすると書き込まれる。「gg」は good game の略で，ゲームでよいプレイをきめたり，勝敗に限らずよい試合だったときなどに，配信者を讃える際に用いられる。Twitter で他の VTuber の書き込みを見ていても，視聴者による動画へのコメントやライブ配信時のチャット欄への書き込みが多いことに幸福を感じる VTuber やゲーム実況者は多い（岡本 2023a）。

VTuber と視聴者は，それぞれに，相互作用を楽しんでいる。VTuber は声を発し，チャット欄に集う視聴者に呼びかける。視聴者たちは，VTuber の発話や行動に合わせて，チャット欄に思い思いの言葉を書き込み，盛り上げる。配信の場合はリアルタイムで，動画投稿の場合は時間差がある。いずれにせよ，一対多のコミュニケーションを楽しむことが、VTuber文化の大きな特徴の一つである。

しかし、VTuber活動を続けていると、このような優しい関係性が見られる一方で、VTuberの活動の継続がネット上の相互作用によって妨げられる様子も目にした。攻撃的なコメントやチャットが書き込まれ、コメント欄やチャット欄が「荒れる」ことによってモチベーションの低下を招いたり、より極端な場合は「炎上」状態となって、活動を無期限停止したり、引退を余儀なくされる場合が見られた。山口真一『ソーシャルメディア解体全書』によると、二〇二〇年にTwitter上で発生した「炎上」の件数は一四一五件であり、三六五で割ると、一日あたり約四件の炎上が起きている計算になる（山口 2022）。VTuberも、情報発信のためのツールとしてTwitter（現X）を用いているケースが多く、「炎上」の対象になってしまうこともある。

こうして見てくると、VTuberは、物理空間の人間がアバターの姿をとり、TwitterやYouTubeを通じてメディア空間に赴き、テキストや画像、ゲームプレイや雑談、歌などのコンテンツを通じて、同じくメディア空間上に集った人々と相互作用を行って注目を集めていく存在だ。VTuberは、アバターそのものがコンテンツ化、ないし観光資源化しているとも言えよう。メディア空間上に存在するアバターそのものが楽しまれ、そして人々の注目を集めて、その来訪を促している。

## 5　志摩スペイン村とVTuberのコラボイベント

### 志摩スペイン村の概要

本節の事例の現場となった志摩スペイン村の歴史的概要を整理しておく。志摩スペイン村の歴史は、鍛冶博之「テーマパーク経営と日本社会への影響」にまとめられている（鍛冶 2012）。

鍛冶によると、志摩スペイン村は、「1988年に制定されたリゾート法に伴い策定された「三重サンベルトゾーン構想」の中核的施設として、三重県磯野町の協力を得ながら建設され」た（鍛冶 2012：431）。リゾート法とは、「総合保養地域整備法」の通称である。[21]「三重サンベルトゾーン構想」は、「宮崎・日南海岸リゾート構想」および「会津フレッシュリゾート構想」とともに、リゾート法の第一号指定にあたる。

志摩スペイン村は一九九四年四月二二日に開園した。開園一年目の動向は、「驚異的」であったと表現されているように（鍛治 2012：432）、一年間の来園者数は四二六万五五〇〇人を記録したという。これは、年間来場者見込数として設定されていた三〇〇万人を大幅に上回る数であった。また、パーク内での消費単価も、予想していた六八〇〇円を上回って約八一〇〇円であった（鍛治 2012）。

ところが、その後、入場者数は減少していく。一九九五年度は三〇一万人、一九九六年度には二四〇万人、二〇〇〇年度には二〇〇万人を割り込んで一九二万人となった。その要因として挙げられているのが以下の六点である。①競合するレジャー施設、②立地条件の悪さ（移動時間の長さ）、③不十分な非日常空間の演出、④日本人のスペインに対するイメージ、⑤日本人の伊勢志摩に対するイメージ、⑥時代背景（鍛治 2012）。実際、閑散期には閉園時間を早めるといった工夫により、できるだけランニングコストを減らそうとしている様子がうかがえた。このことから、当初は観光地として人気を博していたが、規模を縮小していく脱観光のプロセスにあると言ってよいだろう。

## VTuber「周央サンゴ」とのコラボ

志摩スペイン村がメディア空間上で注目を集め、多くの人々が来訪する出来事が起きた。VTuber「周央サンゴ（すおうさんご）」とのコラボイベントを開催したのである。ここでは、その経緯や影響を示しながら、VTuber によるコンテンツツーリズムの特徴について考えてみたい。

周央サンゴは VTuber グループ「にじさんじ」に所属する VTuber である。二〇二〇年七月三〇日に YouTube チャンネルを開設し、二〇二一年二月二三日にはチャンネル登録者数一〇万人を突破した。[22] 周央サンゴは、二〇二一年一二月一一日に「【おつかれさんご】ゆるゆる定期雑談！ヤバ！第50回！↑50はさすがにやりすぎw【周央サンゴ】」[23]と題されたライブ配信で、全体は一時間七分一四秒あるなかで、一〇分二六秒から五一分四八秒まで、志摩スペイン村に来訪したことを紹介した。「あ、この話がしたくてさ今日は！今日はこの話がしたくて！え〜、今日のお話、もう、したかったお話ナンバーワンですね。パルケエスパーニャ最高の話です」[24]からはじまり、配信時間の六割近くを使って話題にした。その後、二〇二二年五月七日に「【おつかれさんご】ＧＷＳＰ（スペイン）ゆるゆる定期雑談！第62回！【周央サンゴ】」[25]と題されたライブ配信で、全体は一時間五三分二四秒あるなかで、九分一二秒から一時間四一分三〇秒まで、一時間半以上にわたって志摩スペイン村について話した。このときは、配信時間全体の八割近くを使って話題にし、「値段設定が全てバグっている上に、人と交通の便だけが無い最高のテーマパークパルケエスパーニャ志摩スペイン村に行ってください」（一時間四〇分二九秒〜一時間四〇分三六秒）と紹介している。視聴者は、自分が応援している周央サンゴが嬉しそうに話すトークを楽しみながら、そこまで力を入れて推薦するテーマパークの志摩スペイン村とはいったいどのような場所なのか関心を持ったと考えられる。

配信そのものが話題を呼ぶとともに、当該部分を抜き出した「切り抜き動画」が作成・公開され、そちらも話題になり、大きな注目を集め、五月一六日から一七日にかけて、「志摩スペイン村」がTwitterのトレンドに入った。トレンドというのは、Twitter上で短期間に数多くの言及があった言葉を表示する機能である。こうしたかかわりを通じて、二〇二二年一二月二七日には、志摩スペイン村の公式ホームページやTwitterの公式アカウントで「周央サンゴ×志摩スペイン村　コラボイベント開催決定」の告知があり、特設サイトが作られた。これが、コラボイベント「みなさま〜（広報大使）志摩スペインゴ村へ、来て！」の告知であった。

期間中は、下記のようなコラボが行われた。志摩スペイン村の最寄り駅である鵜方駅での等身大パネルの設置と特製ステッカーの配布（写真1-1）、「周央サンゴのわくわくスタンプラリーin志摩スペイン村」（写真1-2）、「周央サンゴと見る空飛ぶドンキホーテ」、「限定コラボメニューの提供」、「限定コラボグッズの販売」（写真1-3）、「ンゴちゃんがプリントシールになっちゃった！」などである。また、周央サンゴは二〇二三年二月一一日から四月二日のコラボイベント期間中に「バーチャルアンバサダー」に就任することになった。

**写真1－1**　志摩スペイン村の最寄り駅「近鉄鵜方駅」の様子

出典：2023年３月19日，筆者撮影

**写真1－2**　スタンプラリーの冊子に描かれたマップ

出典：2023年３月19日，筆者撮影

## 6　コラボの影響とアバターの役割

### 閑散期に新規旅客の集客

まずは、集客効果や経済効果を確認しておこう。ウェブサイト『Business Insider』で記者、編集者を務める吉川慧が執筆し、二〇二三年四月一四日に公開された記事「来場者23万人超…志摩スペイン村×周央サンゴさんコラボ、なぜ大成功した？企業担当が知っておくべき「愛」と「リスペクト」のあり方」(26)に、わかりやすくまとめられている。記事から該当箇所を引用する。「志摩スペイン村によると、イベント期間のうち2月～3月の来場者数は23万6０００人（前年比約１・9倍）。サンゴさんが「世界一うまい」と紹介したチュロスは一日平均で１０００本（例年の約33倍）という驚異の売り上げを記録しました(27)」。

『Business Insider』だけでなく、複数のネットメディアやYouTube動画でこの事例のことが扱われた。マスメディアにも取り上げられ、民放の全国放送、ローカル放送にいくつか取り上げられた後、地元のＮＨＫ津放送局の番組が大きな話題となり、その後、ＮＨＫの全国放送番組である『ニュース７』でも取り扱われた。

イベント期間中は、志摩スペイン村にとって普段は閑散期であった。つまり、この取り組みは、閑散期にこれまでとは異なる層の旅客が大量に訪れるという、観光地にとって望ましい成果を得られたことになる。VTuberの演者が、実際に物理空間上の志摩スペイン村を訪れ、その様子をメディア空間上で共有したことに端を発したものだが、この共有が「コンテンツ」として楽しまれたことは重要だ。単純に、有名なVTuber「周央サンゴ」が紹介したことで人々に情報が伝わり、志摩スペイン村を訪問した、という図式ではとらえきれない。もし、このような単純な図式が成り立つのであれば、二〇二一年一二月時点で大量の旅客の移動が発生するはずである。

この現象をコンテンツツーリズムととらえてみると、「アニメ聖地巡礼」とは大きく異なる点に気がつく。それは、VTuberが「アニメのような物語を持たない点」そして「地域とのかかわりが希薄である点」だ。[28]アニメ聖地巡礼の場合は、アニメのキャラクターたちが織り成すストーリーがあり、アニメの舞台になったというかかわりが存在する。VTuberには、キャラクターの設定はあることが多いけれども、物語は無いか希薄なものがほとんどだ。アニメの聖地巡礼の場合、巡礼者はアニメの物語やキャラクターを通じて地域への「感性的アクセス」を強めていく、つまり、親近感を得ていき、それによって聖地の情報を収集する「情報的アクセス」や現地に行く「物理的アクセス」に至る（岡本 2018c）。

構造的には同じことが起こっているわけだが、VTuberにとっての「コンテンツ」や「物語」とはなんだろうか。VTuberにとっての物語は、「視聴者やコラボ相手との相互作用の積み重ね」であると考えられる。視聴者は日々、ライブ配信や動画視聴を通じて、VTuberとの、そして視聴者同士でのコミュニケーションを行い、そのプロセス全体をコンテンツとして楽しむ。その積み重ねそのものが「各自にとっての物語」として機能していると考えられる。そのなかで、志摩スペイン村が共通の話題として扱われ、かつ、それに志摩スペイン村側が応答してコラボイベントが実施され、VTuberと視聴者が織り成すコンテンツの中に織り込まれ、現実の場所との接続が生まれた。周央サンゴを媒介にして、視聴者の志摩スペイン村への「感性的アクセス」が強くなり、交通アクセスの悪い場所への移動につながったと考えられる。

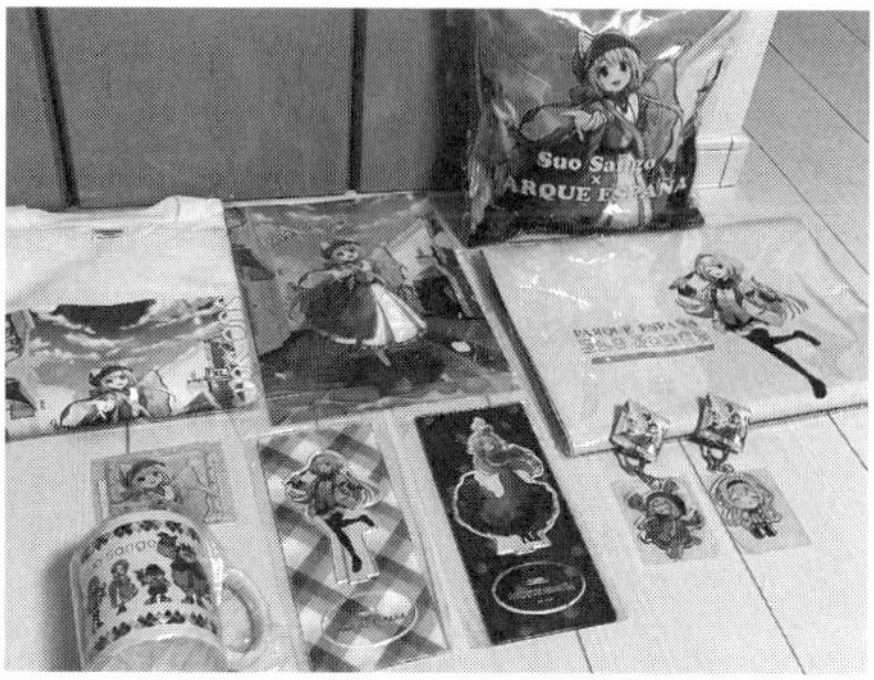

**写真1-3**　多様なコラボグッズ

出典：2023年3月21日，筆者が購入したものを撮影

**写真1-4**　カルメンホールの行列

出典：2023年3月31日，筆者撮影

## SNSによる観光情報の「流通」と「流れ」の真正性

筆者が現地調査[29]を実施し、また志摩スペイン村のスタッフにインタビューを行ってわかったのは、ファンは、単に周央サンゴが紹介した場所に訪れているだけではないことだった。コラボキャンペーンが始まった当初はそれほど注目されていなかった場所に、徐々に周央サンゴファンが向かうようになったというのである。その場所とは、志摩スペイン村内のカルメンホールだ。カルメンホールでは、フラメンコショーを見ることができる。コラボ期間が含まれる二〇二三年二月一一日から一一月三〇日の間は「フラメンコショー『レガード』」が実施されていた。このフラメンコショーは、周央サンゴがとくに強くプッシュしていたものではなかった。スタンプラリーのマップにも記載されていない。

二〇二三年二月一一日（土曜・祝日）よりコラボイベントが始まり、人々が志摩スペイン村を訪れた。そうして訪れた人々のなかに、カルメンホールのフラメンコショーを体験し、その素晴らしさをSNSで発信した人々がいたのだ。イベント期間中、ファンはTwitterでハッシュタグ「#志摩スペインゴ村」などをつけ、スペイン村での体験について発信していた。そのツイートを見た他のファンが拡散したり、行動したり…、という連鎖が発生し、開園一時間でフラメンコショーのチケットが売り切れてしまう事態が発生した（写真1-4）。カルメンホールのフラメンコショーは、ファンによってその価値が見出だされ、広まっていったのである。これはすでに周央サンゴによる直接的な影響の範囲を超えているといってよいだろう。

整理すると、まずは周央サンゴの持つメディア的機能によって、視聴者とスペイン村の情報的アクセス、物理的アクセスが強まった。これによってスペイン村を訪れた視聴者がスペイン村の中にあるカルメンホールでのフラメンコショーを体験し、感性的アクセスが強まり、その体験をメディア空間に発信した。それによって、今度は他の視聴者とカルメンホールがつながった。つまり、メディア的機能そのものがVTuberから視聴者に伝播したと考えることができよう。その結果、スペイン村が保有する観光資源のなかでも、とくに本格的なスペイン文化に、旅客がアクセスすることにつながっている。じつは、このショーでフラメンコを踊っているダンサーたちは、本場のスペインでオーディションを行って選抜されたダンサーたちであり、志摩スペイン村にあって、真正性の高い文化表象なのだ。

コンテンツツーリズムに限定したことではなく、さまざまな消費の場面や広告コミュニケーションの中で「あざとい仕掛け」が嫌われるようになっている。実際に、ファンがそうした「仕掛け」を感じることによって、批判が噴出し、炎上する現象が散見される。例えば、『100日後に死ぬワニ』という作品をめぐって起こったことは象徴的だ（岡本 2021b）。本作は、一日一回Twitterに投稿されるマンガだった。ほのぼのとした絵柄の擬人化したワニが、同じく擬人化された周囲の動物たちと関わりながら日常を過ごす様子が淡々とTwitterにアップされ、それは拡散され、次第に人気を博し、多くのユーザーが日々見守っていた。ところが、その後、ユーザーによる「これは大手広告会社がしかけたキャンペーンなのではないか」という「見方」が提示され、これが爆発的に拡散される。その結果、いい意味でバズっていた「人気作品」は一転して否定的な意見をぶつけられ始め、炎上し、その人気を失ってしまった（岡本 2021b）。これは「作品そのもの」の評価とは別の水準で、「展開」の本物性が評価されていることを意味する。こうした作品の評価と同様、観光コミュニケーションもまた、さまざまな水準で読み取られるのである（岡本 2021a）。

周央サンゴのケースについては、事前に志摩スペイン村から依頼があったわけではなく、個人として訪れ、現場で体験したことをYouTube配信としてコンテンツ化していた。志摩スペイン村も公式Twitterで周央サンゴのつぶやきに反応するなど、メディア空間上での関わりを重ね、そのうえで、公式タイアップが成立した。このような形で、視聴者側からもコラボの流れが可視化されているように見えており、それも含めてコンテンツ空間を形成していたことが「流れ」の真正性をもたらし、「あざとい」ではなく、「応援したい」取り組みとして理解されたと考えられる。つまり、周央サンゴが周囲と織り成す物語に参画し、ともに楽しむとともに、メタ的に「そのプロセス」の良さをもコンテンツとして楽しむ多層的な構造を持つコンテンツになっていると言える。

## 7　新たな空間における「真正性」「祝祭性」

本章の事例は、経営を縮小していたテーマパークにメディア空間からコンテンツが供給された結果、テーマパークが再活性化したものとみることができる。つまり、脱観光化に向かっていたものが、別の文脈から再び観光化されているのだ。そう考えると、脱観光化と観光化は、観光化から脱観光化への一方通行のものや、観光化と脱観光化を単純に繰り返すものばかりではなく、物理空間、メディア空間、コンテンツ空間とのさまざまな相互作用を通じて移ろっていくものであると言えよう。

VTuberは「アバター」として、「人とコンテンツをつなぐ」「人と情報をつなぐ」「人と場所をつなぐ」役割を担っていた。そのときに前面化してくる「真正性」は、歴史的、地理的な関連や正統性というよりも、「展開の真正性」であった。

また、本章の事例で明らかになったのは、VTuberが、物理空間に赴いて得た経験をメディア空間でユーザーに届け、そこにコンテンツ空間を生じさせている点だ。技術的には、映像素材さえあれば、そこにアバターを重ねたり声をあてたりすることで、演者が物理空間に行かずとも、類似のコンテンツを作り上げることは可能になっている。しかし、やはり、今のところ演者は物理空間を体験することが重要であるようだ。人気VTuberの動画や配信、イベント実施のやり方を見ていると、現場性やリアルタイム性がかなり重視されている。これはおそらく、そこから紡ぎだされる「体験の真正性」を感じられる言葉が、人々に訴えかける力を持っているからであろう。

本章の事例では、メディア空間上で醸成された「ゆるやかなつながり」を共有した人々が、物理空間上に集うことによる「祝祭性」を見ることができた。普段は閑散期であるテーマパークに大量に人々が集った。その現場では、「同じものが好きな人たち」がお互いにそれぞれをなんとなく意識しながら、共在する空間が出来上がっていた。

SNSは人々の情報拡散を助け、感情を増幅する。否定的な感情や嫌悪感が爆発した結果「炎上」を起こすこともできるし、面白い取り組みや誰かを応援したい気持ちを増幅させて、「観光化」を促すこともできる。いうなれば、メディア空間に「呪い」を伝播することもできるし、「祝い」を拡散することもできるのだ。人々が幸せになることに資する「「善きもの」としての観光」を作り上げるためにこそ、このメカニズムを活用していきたいものである。

そして、これは今後さらに存在感を増してくると考えられる「メタバース」で起こる事象の分析にも接続可能だ。二〇一七年から個人VTuberとして活動してきたバーチャル美少女ねむによる『メタバース進化論』では、メタバースの定義を、「以下の七要件を満たすオンラインの仮想空間」としている（バーチャル美少女ねむ 2022）。

① 空間性：三次元の空間の広がりのある世界
② 自己同一性：自分のアイデンティティを投影した唯一無二の自由なアバターの姿で存在できる世界
③ 大規模同時接続性：大量のユーザーがリアルタイムに同じ場所に集まることのできる世界
④ 創造性：プラットフォームによりコンテンツが提供されるだけでなく、ユーザー自身が自由にコンテンツを持ち込んだり創造できる世界
⑤ 経済性：ユーザー同士でコンテンツ・サービス・お金を交換でき、現実と同じように経済活動をして暮らしていける世界

⑥アクセス性：スマートフォン・PC・AR／VRなど、目的に応じて最適なアクセス手段を選ぶことができ、物理現実と仮想現実が垣根なくつながる世界

⑦没入性：アクセス手段の一つとしてAR／VRなどの没入手段が用意されており、まるで実際にその世界にいるかのような没入感のある充実した体験ができる世界

これらの要件を完全に満たす空間にアクセスする人々が今よりも増加し、そして、そこで過ごす時間が長くなっていった場合、「日常／非日常」は、「観光／脱観光」は、そして「移動」は、どうなっていくのだろうか。メディア空間、コンテンツ空間と物理空間の相互作用は、より盛んになっていくだろう。このように考えると、今後、観光研究が取り扱いうる現象の範囲が膨大になることがわかる。本書では、全体を通じて「観光／脱観光」を軸にさまざまな事例が取り上げられ、研究成果が披露されている。そこから得られる知見は、過去、現在、そして、未来の観光を見る多様な視点を提供してくれるだろう。

注

（1）岡本健（2013, 2015, 2018a, 2018c, 2019など）を参照のこと。

（2）プラモデルが「精神的な移動」とかかわるのは、松井広志の言うように「模型」もまたコンテンツを伝えるメディア的な機能を持つからである（松井 2017）。

（3）ちなみに、三位は『リングフィット　アドベンチャー』（任天堂、一五九万一三六六本）、四位は『ファイナルファンタジーⅦ　リメイク』（スクウェア・エニックス、一三二万二三一〇本）、五位は『ポケットモンスター　ソード・シールド』（ポケモン、一二〇万五四一九本）であった。このランキングのなかで、四位はPlaystation4用のソフトであったが、それ以外はすべてNintendoSwitch用のソフトで占められていた。

（4）『あつまれ　どうぶつの森』のコミュニケーション指向的な特徴については、松井広志の「失われた日常を求めて」（松井 2021）に詳しい。

（5）「eスポーツとは――一般社団法人日本eスポーツ連合オフィシャルサイト」（https://jesu.or.jp/contents/about_esports/ downloaded at 2023.05.04）
（6）コナミデジタルエンタテインメントから発売されたサッカーゲームの名称。略称は「ウイイレ」。
（7）コナミデジタルエンタテインメントから発売された野球ゲームシリーズの名称。略称は「パワプロ」。
（8）ゲーミングＰＣをはじめとする esports およびゲーム関連機器の販売会社。
（9）ただし、esports においても厳密な試合になると公平なプレイ環境が求められる。選手同士の物理的距離が離れれば離れるほど、回線速度等の技術的問題をはじめとして、さまざまな点でプレイ環境の公平さが保たれないため、選手は会場に集う必要があり、物理的空間への参集が完全に不必要なわけではない。また、大規模な大会になると入場料収入が得られなければ成立しないものもあり、esports がコロナ禍の影響をまったく受けなかったわけではないことには、注意が必要であろう。
（10）二〇〇三年にリリースされた老舗のメタバース。
（11）ＶＲヘッドマウントディスプレイ「Oculus Quest」の開発元。二〇一二年に設立され、二〇一四年に Facebook に買収された。Facebook が社名を Meta に変更したため、現在「Oculus Quest」は「Meta Quest」に名称変更されている。
（12）その他、メディアとのかかわりを論じた観光研究の成果は数多く存在する。「観光」「ツーリズム」「メディア」などの語がタイトルもしくはサブタイトルに入っている書籍を挙げると、例えば以下のようなものがある。『観光メディア論』（遠藤・寺岡・堀野編 2014）、『アニメ聖地巡礼の観光社会学』（岡本 2018a）、『いま私たちをつなぐもの』（山田・岡本編 2021）、『コンテンツツーリズム』（山村・シートン編 2021）。
（13）ただし、岡本（2018b）では、『生物から見た世界』（ユクスキュル・クリサート 2005）を参照しながら、「現実空間の認識が、人によって多様であることには注意が必要である」「人間とその他の動物では当然異なっているし、同じ人間であっても、属する文化や社会、これまでの経験などのバックグラウンド、あるいは、認知、意味づけの仕方によって目の前に見える現実は変化する」と記しているように、まったく無自覚だったわけではない。
（14）VTuber に関しては、岡本・山野・吉川編（2024）に詳しい。
（15）ニコニコ動画をめぐるネットカルチャーの特徴については、濱野智史『アーキテクチャの生態系』（濱野 2008）、佐々木俊尚『ニコニコ動画が未来をつくる』（佐々木 2009）などに詳しい。ここでは紙幅の都合上詳述しないが、現在の状況に至るまでのメディア空間の変遷やコンテンツの連続性の把握は、現代的なメディア・コンテンツを調査するうえで重要であることは指摘しておきたい。

(16) YouTuber や YouTube 動画と観光の関係性については、たとえば「観光伝道師の役割を果たすユーチューバーたち」（菊地 2021）、「YouTube 動画による「旅の体験」の共有」（松本 2022）などの論考がある。

(17) ただし、これは VTuber によって使用するメディアが異なるため、必ずこのすべてが使えるとは限らない。

(18) 『ITmedia News』「総務省、VTuber「壱百満天原サロメ」とコラボ　SNSでの中傷対策呼びかけ」（https://www.itmedia.co.jp/news/articles/2309/28/news130.html　二〇二三年九月二八日公開、二〇二三年一一月一六日確認）

(19) その後、二〇〇二年に実写映画化されたものが大ヒットし、こちらもシリーズ化され、これがゾンビ映画の二〇〇〇年代の急増の一因と考えられる（岡本 2017）。フルCG映画、ノベライズやコミカライズ、ドラマなどさまざまなメディアミックス展開が行われ、二〇二三年には新作のフルCG映画『バイオハザード　デスアイランド』が公開された。

(20) その動機やプロセス、手続きに関する詳細は、岡本（2023a）を参照のこと。

(21) リゾート法に関しては、『リゾート列島』（佐藤 1990）、『総合保養地域整備法の研究』（前田・横山・正岡・伊藤 1999）などに詳しい。

(22) 二〇二三年五月三一日に確認したところ、YouTube チャンネル「周央サンゴ /SuoSango【にじさんじ】」のチャンネル登録者数は四六万九〇〇〇人、動画や配信の総再生回数は四四二八万七八一六回であった。

(23) 二〇二三年五月二八日に確認したところ視聴回数は一二万八一三二回、高評価が四四八七ついていた。

(24) パルケエスパーニャとは志摩スペイン村の一部を成すテーマパーク部分をさす。志摩スペイン村は、他にホテル志摩スペイン村、ひまわりの湯、を含んだ複合リゾートである。

(25) 二〇二三年五月二八日に確認したところ視聴回数は二六万二五六八回、高評価が八三四三ついていた。

(26) 吉川慧「来場者23万人超…志摩スペイン村×周央サンゴさんコラボ、なぜ大成功した？企業担当が知っておくべき「愛」と「リスペクト」のあり方」『BUSINESS INSIDER』（https://www.businessinsider.jp/post-268602　二〇二三年四月一四日公開　二〇二三年五月二八日閲覧）

(27) インターネットの記事の信頼性については、さまざまな点から慎重に検討する必要があるが、VTuber のような現在進行形の文化に関する情報については、ウェブの記事が情報ソースとして重要な場合が多々ある。引用した記事の場合、「志摩スペイン村によると」という文言から当事者に取材を行っている点、また、Twitter で、吉川氏がつぶやいた記事に関するツイートを、志摩スペイン村公式ツイッターが引用リツイートし、「とても丁寧に記事にしていただきありがとうございます」と付していることから、記事の内容に関して、当事者と齟齬が無いと思われるため信用がおけると考えた。

(28)　一方で、「ご当地VTuber」などの、地域と密接に関連するVTuberが存在することには注意が必要である。ただ、VTuberとして活動するうえで、具体的な現実空間上の場所との関係は必須ではない。本章の事例では、周央サンゴと志摩スペイン村に、そもそも関係は無かった。

(29)　期間中の二〇二三年三月一九日および三月三一日に志摩スペイン村にてフィールドワークおよびスタッフへのインタビュー調査を実施した。

## 文献


東賢太朗、二〇一一、『リアリティと他者性の人類学――現代フィリピン地方都市における呪術のフィールドから』三元社。

遠藤英樹・寺岡伸悟・堀野正人編、二〇一四、『観光メディア論』ナカニシヤ出版。

岡本健、二〇一三、『n次創作観光――アニメ聖地巡礼／コンテンツツーリズム／観光社会学の可能性』北海道冒険芸術出版。

岡本健編、二〇一五、『コンテンツツーリズム研究――情報社会の観光行動と地域振興』福村出版。

岡本健、二〇一六、「メディアの発達と新たなメディア・コンテンツ論――現実・情報・虚構空間を横断した分析の必要性」岡本健・遠藤英樹編『メディア・コンテンツ論』ナカニシヤ出版、三一-二〇頁。

岡本健、二〇一七、『ゾンビ学』人文書院。

岡本健、二〇一八a、『アニメ聖地巡礼の観光社会学――コンテンツツーリズムのメディア・コミュニケーション分析』法律文化社。

岡本健、二〇一八b、「多様な「空間」をめぐる多彩な「移動」――ポスト情報観光論への旅」『ポスト情報メディア論』ナカニシヤ出版、二〇九-二二八頁。

岡本健、二〇一八c、『巡礼ビジネス――ポップカルチャーが観光資産になる時代』KADOKAWA。

岡本健編、二〇一九、『コンテンツツーリズム研究〔増補改訂版〕――アニメ・マンガ・ゲームと観光・文化・社会』福村出版。

岡本健、二〇二一a、「観光をめぐるメディア・メッセージ――「ブランド」の視点からの観光コミュニケーション分析」小西卓三・松本健太郎編『メディアとメッセージ』ナカニシヤ出版、七七-九一頁。

岡本健、二〇二一b、「アニメ・マンガのソーシャルな体験」松井広志・岡本健編著『ソーシャルメディア・スタディーズ』北樹出版、七一-八一頁。

岡本健、二〇二二、「巻頭言――コロナ禍におけるコンテンツツーリズム」『コンテンツ文化史研究』第一三号、四‐七頁。

岡本健、二〇二三a、「YouTuber、ゲーム実況者、VTuber などの複合的で複雑な現代文化を研究する際に有用な研究手法の提案――コロナ禍におけるVTuber「ゾンビ先生」による情報空間のフィールドワーク」『近畿大学総合社会学部紀要：総社る』一一巻、二号、一五‐三〇頁。

岡本健、二〇二三b、「コンテンツツーリズム史の構築――アニメ聖地作品の量的変化およびアニメ・マンガ・ゲームと観光・旅行とのかかわりの質的変化から」『コンテンツ文化史研究』第一四号、四八‐八七頁。

岡本健、二〇二四、「VTuber　コンテンツツーリズムの観光メディアコミュニケーション――周央サンゴ×志摩スペイン村コラボイベント「みなさま～（広報大使）志摩スペインゴ村へ、来て！」を中心に」『近畿大学総合社会学部紀要：総社る』一二巻、二号、一七‐三二頁。

岡本健・山野弘樹・吉川慧編、二〇二四、『VTuber 学』岩波書店。

岡安学、二〇一九、『みんなが知りたかった最新ｅスポーツの教科書』秀和システム。

鍛治博之、二〇一二、「テーマパーク経営と日本社会への影響――志摩スペイン村の場合」『同志社商学』六三巻、五号、七九一‐八一三頁。

角川アスキー総合研究所編、二〇二一、『ファミ通ゲーム白書２０２１』角川アスキー総合研究所。

菊地映輝、二〇二一、「観光伝道師の役割を果たすユーチューバーたち――チャンネル登録者数が５４８万人の「東海オンエア」」増淵敏之・安田亘宏・岩崎達也編『地域は物語で10倍人が集まる』生産性出版、八二‐一〇〇頁。

黒川文雄、二〇一九、『ｅスポーツのすべてがわかる本』日本実業出版社。

佐々木俊尚、二〇〇九、『ニコニコ動画が未来をつくる――ドワンゴ物語』アスキー・メディアワークス。

佐藤誠、一九九〇、『リゾート列島』岩波書店。

新清士、二〇二二、『メタバースビジネス覇権戦争』ＮＨＫ出版。

スタジオ・ハードデラックス編、二〇一八、『バーチャル YouTuber はじめてみる』河出書房新社。

武井勇樹、二〇二二、『60分でわかる！メタバース超入門』技術評論社。

但木一真編、二〇一九、『1億3000万人のためのｅスポーツ入門』ＮＴＴ出版。

日経クロストレンド編、二〇一九、『ｅスポーツマーケティング――若者市場をつかむ最強メディアを使いこなせ』日経ＢＰ。

にゃるら監修、二〇一八、『バーチャル YouTuber 名鑑２０１８』三才ブックス。

バーチャル美少女ねむ、二〇二二、『メタバース進化論――仮想現実の荒野に芽吹く「解放」と「創造」の新世界』技術評論社。

濱野智史、二〇〇八、『アーキテクチャの生態系――情報環境はいかに設計されてきたか』ＮＴＴ出版。

前田繁一・横山信二・正岡秀樹・伊藤浩、一九九九、『総合保養地域整備法の研究』晃洋書房。

マシーナリーとも子&リブロワークス、二〇一八、『スマホだけでもＯＫ！ VTuber のはじめかた』洋泉社。

松井広志、二〇一七、『模型のメディア論――時空間を媒介する「モノ」』青弓社。

松井広志、二〇二一、「失われた日常を求めて――「パンデミック」におけるコミュニケーション指向のビデオゲーム」『マス・コミュニケーション研究』九八巻、一九‐三二頁。

松村雄太、二〇二二、『図解ポケット　メタバースがよくわかる本』秀和システム。

松本健太郎、二〇二二、「YouTube 動画による「旅の体験」の共有――コンテンツ／プラットフォームとしてのその役割」、松本健太郎・塙幸枝編『コンテンツのメディア論――コンテンツの循環とそこから派生するコミュニケーション』新曜社、一八七‐二一五頁。

三宅陽一郎、二〇二二、「メタバースによる人の意識の変容」『現代思想　特集：メタバース――人工知能・仮想通貨・VTuber：進化する仮想空間の未来』第五〇巻、第一一号、二〇‐三四頁。

山口真一、二〇二二、『ソーシャルメディア解体全書――フェイクニュース・ネット炎上・情報の偏り』勁草書房。

山口誠、二〇一〇、『ニッポンの海外旅行――若者と観光メディアの50年史』筑摩書房。

山田義裕・岡本亮輔編、二〇二一、『いま私たちをつなぐもの――拡張現実時代の観光とメディア』弘文堂。

山村高淑・シートンフィリップ編・監訳、二〇二一、『コンテンツツーリズム――メディアを横断するコンテンツと越境するファンダム』北海道大学出版会。

ユクスキュル・ヤーコプ・フォン、クリサート・ゲオルク（日高敏隆・羽田節子訳）二〇〇五、『生物から見た世界』岩波書店。

Boorstin, Daniel J., 1962, *The Image: A Guide to Pseudo-events in America*, Atheneum.（星野郁美・後藤和彦訳、一九六四、『幻影の時代――マスコミが製造する事実』東京創元社。）

Urry, John, 1990, *The tourist gaza: leisure and travel in contemporary societies*, Sage Publication.（加太宏邦訳、一九九五、『観光のまなざし――現代社会におけるレジャーと旅行』法政大学出版局。）

# 第2章　台湾の日本神を訪ねる日本人と台湾社会

## ——観光化がもたらす信仰実践の変容

藤野陽平

### 1　民俗宗教にみる日本神

文部省唱歌の「故郷」に描かれるような田園風景、古民家をリノベーションした民泊施設、戦前の建築物を利用した博物館などが、観光の目的地となるのは珍しいケースではなく、日本国内の各地で見られるだろう。どうやらヒトが旅先で感じる旅情の一部は、こうしたノスタルジアと結びついているようだ。今では失われてしまった「あの頃」はヒトに甘酸っぱい郷愁を感じさせ、なんともいえない心地よさをもたらす。同じコーヒーを飲むにしても、殺伐とした職場で飲むのと、戦前の赤れんが建築内に造られた喫茶店で飲むのとでは、味わいがまったく違うと感じられるのはそのためだろう。

こうしたノスタルジアを求める観光実践のバリエーションとして、大帝国日本の植民地であった地を訪れ、戦前の古きよき日本を探し求める帝国観光とでも呼ぶべきものがみられる。親日的とされる台湾は、現代の日本人にとってその対象となっている。旧総督府の建物を利用している総統府、公会堂であった中山堂、日本統治期からの博物館である国立台湾博物館などのように、日本統治期に建てられた建築物がリノベーションされ、さまざまな用途

**写真２－１**　霊聖堂に今ものこる火葬場の炉と，祀られる骨壺

出典：筆者撮影

で再利用され、日本人も多く訪問している。なかには第７代台湾総督で、死後は遺言に基づき台湾に埋葬された明石元二郎の墓や、烏頭山ダムの建設を指揮した八田與一の関連施設など、日本統治期に台湾で活躍した人物の関連施設をめぐる観光も人気があるようだ。

そうした文脈で近年日本人観光客を集めている場所の一種に、旧植民地時代の日本人を神として祀る施設が挙げられる。本章ではそうした場所で祀られる日本人の神を日本神と呼ぶこととする。近年、日本人がそうした宗教施設の存在を知り、「帝国軍人が神となっているとは、やはり台湾は日本統治について好意的だ」と考えて、参拝する人がいる。

しかし、後述するように、台湾で日本統治期の日本人が神として祀られていることは、台湾が親日的であることとは次元が異なるのだ。にもかかわらず、今日、台湾を訪れる日本人ツーリストのうち一定数の人々がこうした場所を訪問し、戦前の日本による植民地統治は誤りではなかったという思い込みを強化させて日本へと戻って来る。

そこで本章では、従来、観光の目的地ではなかった日本神を祀る台湾の施設に日本人観光客が参拝するようになったという観光化が、どのように現地の信仰のあり方を変化させているのかについて紹介する。そのうえで、観光化した日本神がどのように脱観光化しているのかについても触れることとする。

日本神をめぐるツーリズムを紹介する前に、現地での日本神の位置づけを確認しておきたい。日本神が祀られる場所を訪問してみると、台湾人にとって不吉な場所に位置していることが多い。例を挙げるとすれば、吉原将軍という日本神を祀る台南市郊外の慶隆廟は墓地の中に位置しているし、屏東県東港の霊聖堂は日本統治期に使用されていた火葬場の炉を転用したものであり、放置されていた遺骨を収めたという骨壺も安置されている（写真２－１）。

今日では地域の神としてある程度大きな廟に発展している高雄市の保安堂も、漁師の網にかかった人骨を祀っている場所であるし、台南市の飛虎将軍廟も日本軍のパイロットが墜落死した場所である。

台湾では、不慮の死を遂げた人の祟りを避けるために建てられた廟を陰廟と呼び、そこに祀られる神は陰神とされる。他方で、陰神ではない一般的な神は正神としてカテゴライズされる。陰神が祀られる施設は事故の現場や墓地、死体の発見場所といったように人の死と関連していることが多い。不気味な場所、不吉なものを嫌がる台湾人にとって、祟りに遭わないように特段の用事でもない限り極力訪問を避けたいと思う場所である。陰神となるのは、事故死者、水難死者、戦死者といった天寿を全うできなかったとみなされる横死者で、祟りを避けるために小さな祠のようなものが建てられる。台湾南部の郊外に行けば、こうした施設は数えきれないほど存在しており、なかには戦死した日本軍人も含まれ、大多数の日本神とはそういうものである。

こうした世界観を理解するには台湾漢人の他界観を理解する必要がある。漢人の他界観についてはすでに多くの人類学的調査が行われており、神・鬼・祖先という存在が報告されている。渡邊（1991）は、ウルフらの議論を発展させてこのように考える。神とは、祀ればプラスの影響があり、祀らなくてもマイナスの影響はないものである。鬼とは、祀ってもプラスの影響はないが、祀らないとマイナスの影響があるものである。祖先とは、祀ればプラスの影響を、祀らないとマイナスの影響を与えるものである。そして鬼が神になったり、祖先が鬼や神になったりと、カテゴリーを超えて移動するという。

台湾では、人は死ねば全員、鬼になると考えられている。亡くなって鬼になっても自宅の床で家族に看取られ、天寿を全うし男系子孫によって祀られると、鬼から祖先という存在になり極楽で暮らすことができる。しかし天寿を全うすることができず、祀ってくれる男系子孫がいない場合には孤魂野鬼という鬼になるとされる。この孤魂野鬼はあの世で衣食住に困窮しているので、この世の人々に供物を捧げてもらえるように働きかけ、それが叶えられないと祟るとされ、非常に恐れられている。そこで人々は、この孤魂野鬼を低位の神として祀ることで、その祟りを避けようとする。この低位の神が陰神である。(1)

陰神となると、一応、神ということになるので、供物を捧げお参りすれば、人々の願いを叶えてくれる。広く「有応公」や「万善公」などの名で呼ばれる陰神であるが、シャーマンを通じて具体的な名前が判明することもある。男性であれば将軍や元帥など、女性であれば夫人や姑娘などの名前が付けられる。有応公はその名の通り、「求めが有れば必ず応じてくれる」神とされているが、実際に人々が、ありとあらゆる願いを有応公に対して頼むかというと、そういうことは稀である。健康でいたいとか、受験に合格したいとかいった一般的な願いは、位の高い正神に持ち込まれる。有応公への代表的な願いといえば、現地で「彩券」と呼ばれる購入者が番号を選ぶスタイルの宝くじの当選番号を教えてほしいというものである。正神は、宝くじをはじめ、ギャンブルに関する願いは聞いてくれないとされるので、いかなる願いも求めれば応じてくれる有応公などのやや怪しげな陰神に相談するのである。ただし、陰神は、神とはいえ正神ではなく、神と鬼との中間のような存在で、いまだ祟りをなす存在でもある。有応公に宝くじの番号を訊ねてそれが叶えられた場合、願いを叶えてもらった信者はそれ相応のお礼をしなくては、どんな恐ろしいことが起きるかわからない。

一九八〇年代に台湾で宝くじが大流行し、多くの台湾人が有応公に祈願し、中には高額当選を的中させることもあった（多くの人が祈願すれば、当然確率の問題で当選する人も出るであろう）。すると小さな祠であった施設に還願として多額のお布施が捧げられ、ある程度の規模の廟に建て替えられる。高額当選が噂になり、霊験があらたかと噂になるとさらに多くの人が押し寄せる。当選番号を言い当てる陰神のなかには戦死した日本軍人も含まれ、それが今日では日本神の廟ということになる。例えば日本人にとって現在もっとも有名な日本神である飛虎将軍も、宝くじの高額当選者を出し、その人が多額のお布施をして祠から廟へと建て替えられている（『東京新聞』二〇〇〇年一月三一日付、藤野 2022）。

台湾の民俗宗教における考え方を理解すると、台湾での鬼は、日本で言う幽霊とか亡霊といったものに近いということがわかるだろう。日本語の餓鬼という概念が台湾の鬼に近いかもしれない。このように同じ漢字文化圏であるがゆえに誤解を生じさせている。この誤解について、二〇二二年九月二三日に東アジア恠異学会第一三八回定例研究会として行われた三尾編（2022）の書評会で、コメンテーターの南郷晃子が異文化不理解、異文化誤解と評したが、まさにそうした現象が起きている。

日本でのイメージとは異なり、台湾で鬼といえば、異常死をしたり、祀る子孫がいなかったりなどの理由により、地獄で苦しむ孤魂《ここん》をさす。また、台湾の神の世界は伝統的な中国の官僚組織に準えられるものであり、男性であれば帝の字が、女性であれば王母や聖母、后といった字が与えられている神が上位である。それに対して、日本で最高権力者とされる将軍は台湾では上位の神々の部下という位置づけにすぎず、陰神の尊称としてしばしば使われる。こうした文化的ギャップがあるため、台湾人には祟りをもたらす鬼や陰神であったはずの将軍や元帥と名付けられた神の存在を知った日本人が英霊と誤解しやすい。そのため台湾では、この日本神なる民俗宗教の観光化という現象が生じている。

## 2　創られた親日台湾言説上の日本神

では、どのようにして台湾の日本神に観光のまなざしが向けられるようになったのかを振り返っておきたい。この数十年の間に日本から台湾への観光のまなざしは大きく変化している。そのあり方を『地球の歩き方』の一九八七年版から二〇一七年版まで（『地球の歩き方』編集室編 1987-2017）を例に見てみよう。『地球の歩き方』の台湾版が初めて刊行されたのは一九八七年のことである。このなかで「台北のプレイスポット」という記事（一一三頁）には「まず、台湾の文化を知ってみたいと思うなら迷わず中国の伝統劇、国劇京劇を見よう。内容はわからなくても豪華な衣装と、独特の化粧を見て二胡など中国楽器による伴奏を聞くとまさに〝台湾に来た〟という実感が味わえる」とあり、台湾の文化＝中国的なものと理解されていたことが明らかである。

そこから二六年後の二〇一三年版には「台湾で慕われている日本人」というコラム（三二〇頁）が掲載され、台湾に日本らしさを探し求める観光が行われる様になっていることが見出される。ここでは上述の八田與一や飛虎将軍、もっとも早い時期の日本神である義愛公（日本統治期の警察官で森川清治郎という実在の人物であるとされる）などが紹介されている。二〇一三年版ではコラムとして扱われていた日本神は、二〇一七年版では飛虎将軍廟（三〇六頁）や紅毛港保安堂（二六九頁）が項目として独立し、観光地として訪問すべき場所としての地位を獲得している。(2)

台湾は親日であるという言説を生み出した要因の一つにインターネットの登場が挙げられる。それにより、それまでのマスメディアと異なり発言の機会が広く一般に解放され、情報が世界中に氾濫するようになったことは、あえて指摘するまでもないかもしれない。それまで学校教育やマスコミによる報道では、植民地とされていた地域は宗主国日本にマイナスの感情を持つと伝えられることが多かったが、インターネットの登場した一九九〇～二〇〇〇年代には、台湾はそうではないという発言がネット上に広がっていく。

台湾では一九八七年に三八年に及んだ戒厳令が解除され、一九八八年には蔣経国総統の死去に伴い、台湾生まれの李登輝が総統に就任して多くの改革を始め、二〇〇〇年には選挙で民進党の陳水扁が総統に就任し、初めて国民党以外の政権が発足した。日本統治期から国民党の一党独裁を経て、自らを何人と考えるのかについての自由が認められたこの時代は、台湾史上もっとも台湾人のアイデンティティを求める風潮が強まった時代だった。

Windows95やWindows98が登場しインターネットが普及したのと、台湾人アイデンティティが急激に広がったのとは同じタイミングであった。この時期に台湾を訪問した日本人のなかには、日本語の上手な戦前生まれの台湾人と話し、彼らが教育勅語を得意げに披露するのを聞いたり、「中国の一部であるくらいなら、日本の植民地でありたい」と日本人のこちらが困惑するような発言を聞いたりした人もいるかもしれない。そうした経験をした人が、それまで保守系のマスメディアでしか伝えられていなかった台湾の事情をインターネットの掲示板やブログに書き込み、その情報が拡散されていった。

こうして一部の保守系メディアだけが発信していた親日台湾というイメージが、インターネットの普及によって拡散されることで、台湾についてあまり知らない人にまでその情報が伝えられていった。

当然ながら、台湾は「親日」という要素だけで理解できるほど単純な社会ではない。そもそも台湾人が好意を持つ「日本」も多義的であろう。日本の植民地期を懐かしむ日本語教育世代の台湾人と、日本のポップカルチャーが好きな若者の日本のイメージは別物のはずだ。現代の台湾のように思想の自由が認められている場所では、日本のことが嫌いな人も当然存在する。さまざまな日本イメージがひとまとめに「親日」とされ、台湾は親日だから日本軍人が神として祀られるのであり、ひいては日本の植民地統治は正しかったという結論を導くというのは論理の飛躍である。

にもかかわらず、日本の言論空間では台湾は親日だという言説が広がり（小林 2000など）、台湾が大帝国日本の遺産の主要なディスティネーションとなり、その文脈で日本神が「発見」され親日のアイコンとなっていく。例えば『産経新聞』（二〇〇三年九月三〇日付）では飛虎将軍が崇拝されていることを紹介し、台湾では日本精神が敬われているといい、日本神は親日の証左のように扱われている。従来から保守系メディアではこうした言説が多かったが、時代とともに保守系マスメディア以外においても日本神が紹介されるようになった。代表的な例として挙げられるのは、テレビ番組「日立世界ふしぎ発見」二〇一七年二月一一日放送の第一四二四回「不思議な神様がいっぱい　開運ワンダーランド台湾」であろう。番組では、陰神としての日本神につきまとう不吉な要素は「心温まるエピソード」に読み替えられている（藤野 2022）。

こうしたメディア発信により、飛虎将軍廟を訪れる観光客が一定数生じている。飛虎将軍廟は参拝客数を数えていないので正確な数はわからない。しかし、参拝客が名前や住所などを記入するいわゆる芳名帳のような「飛虎将軍参拝者名簿」が置かれており、許可を取ったうえで数を数えたところ、二〇一六年三月一六日から二〇一七年三月一六日の一年間に、のべ一四〇〇名ほど、二〇一七年六月一〇日から二〇一八年六月九日の一年間には、のべ一五六〇名ほどが記帳していた。記帳していない人もいることを考えれば、これ以上の日本人が訪れていると考えられ、おおよそ一日に三～四人が参拝していることになる（藤野 2022）。台北の龍山寺、台南の孔子廟のように、観光客の誰もが訪れる宗教施設とまでは言えないが、日本人観光客が訪問する観光地になっているといってもいいだろう。次節以降で日本人の訪問を通じて日本神がどのように観光化しているのか見ていきたい。

**写真2-2**　樋口先鋒を祀る先鋒祠

出典：筆者撮影

**写真2-3**　樋口先鋒の神像

出典：筆者撮影

## *3*　日本神を訪ねる慰霊団

### 樋口勝見先鋒と彼を参拝する日本人グループ

台湾南部の屏東県枋寮に位置する龍安寺に、樋口勝見という旧日本軍人が「先鋒」として祀られている（写真2-2、写真2-3）。廟の関係者が見せてくれたFacebookに投稿された動画には日本人のグループが訪問している様子が映されていた[3]。

動画では、スーツや学生服、なかには軍服を着た数十人の日本人が、神妙な面持ちで参拝し、君が代を歌うなどしている姿が確認できる。このグループは日華（台）親善友好慰霊訪問団という団体で、この団体のホームページによればこの動画が撮影されたのは二〇一八年一一月二四日の様子である。二〇一八年には七三名が参加したことがホームページからわかる。

樋口先鋒の縁起は以下の通りである。一九八五年に海上で漁をしている漁師が連日のように赤い火と青い火が海上をただよっているのを見たという。それからしばらくすると、網に位牌の様なものがかかった。なにやら不吉で気持ち悪いと感じた漁師は、その位牌を海に捨てるのだが、また網にかかってしまう。再度捨てるもまた網にかかったため持ち帰り、観音仏祖にどうすべきか尋ねたところ、位牌の「亡霊」は観音仏祖の元で修業し、先鋒となることを望んでいるのだという。そこで、この寺で位牌を預かり、亡霊はここで修行をしているということになっている。位牌には樋口勝見という名前と住所が明記されていたので、後年、関係者が日本に行った際に探してみると親族がみつかったので、写真などを持ち帰ったそうだ。

　このようにして祀られるようになった樋口先鋒であるが、その位置づけは観音仏祖の弟子で、それほど重要な存在ではない。あくまでこの寺院の主神は観音仏祖であり、ほとんどの参拝客は観音仏祖のいる本殿に参るだけで、樋口が祀られている先鋒祠には参らない人も多く、旧日本軍人が祀られていることを知らない人も少なくない。

　私が初めて訪問した二〇一八年当時は、龍安寺は改修中であったのだが、写真2－4はその完成予想図である。これを見ても、樋口先鋒が祀られる先鋒祠は描かれていない。現地の人々にとって、有っても、無くてもどちらでも構わない程度の存在というところなのであろう。

写真2－4　龍安寺の完成予想図

出典：筆者撮影

　寺の改修に合わせて先鋒祠も改修された。台湾の民俗宗教について多くの動画を公開しているあるYouTuberによれば、改修の理由は、新築される寺の横に金炉と呼ばれる神に捧げる紙幣を燃やすための炉を作ろうとした場所に先鋒祠があったため、後方に移築したのだという[4]。

　そもそも樋口先鋒の祀られる先鋒祠は寺の建物の外に位置している。ある程度の位の神であれば、寺廟の建物内に祀られるのだが、樋口先鋒はまだその段階に至っていないとみなされている。

　このように海難死者の祟りを避けるために祀っている現地社会と、国家のために殉死した英霊として慰霊の対象とする日本人ツーリストたちとでは認識に大きな隔たりがある。

### 慰霊団の訪問先

日華（台）親善友好慰霊訪問団は、ホームページ[5]によると一九九九年か

**表2-1**　「第一次　台湾慰霊訪問の旅」のスケジュール

| 日付 | 3月6日 | 3月7日 | 3月8日 | 3月9日 |
|---|---|---|---|---|
| 訪問先 | 故宮博物院 | 太魯閣峡谷 | 寶覺禪寺、日本人墓地（臺中）（慰霊式）、霊安故郷碑 | 壽山公園 |
| | 忠烈祠（台北） | 梨山 | 鎮安堂飛虎將軍廟（慰霊式） | 澄清湖 |
| | 龍山寺 | 日月潭 | 安平古堡（紅毛城）［初］ | 蓮池潭 |
| | 阿美文化村 | | 東方工商專科學校［初］ 交歓会（許國雄先生） | |
| | | | 夜市（高雄・六合路） | |
| 宿泊地 | 花蓮 | 日月潭 | 高雄 | |

ら台湾各地を訪問しているようである。訪問先などの情報も掲載されているので確認してみよう。まず、一九九九年の三月六～九日に行われた「第一次台湾慰霊訪問の旅」の旅程は表2-1の通りである。(6)

この旅程には、いくつかの点で違和感が残る。まず、旅程にかなり無理があるように思える。というのも、初日に台北から花蓮へ移動して一泊し、翌日は日月潭に移動して一泊、三日目には台中を経て高雄に宿泊している。二〇二四年現在は、台北花蓮間にアジア最長となる一二・九キロメートルの雪山トンネルが開通し、鉄道プユマ号によってアクセスもよくなり二時間程度の移動距離だが、当時は電車なら三時間、バスなら三・五時間ほどかかっていた。しかも、花蓮、日月潭、台中は中部横貫公路を通るルートであるが、あまりいい道ではなく、雄大な自然を楽しむのでもなければ、わざわざここを通りたくはないと思うような道である。日台友好と慰霊を目的とする旅で、花蓮、日月潭をあえてこのルートで訪問する理由がよくわからない。

さらに、ツアーの趣旨から言えば、台湾にある「親日スポット」を中心にめぐる旅だと思うのだが、訪問先の大半は親日スポットとは無関係のいわゆる観光地で、親日スポットには寶覺禪寺、日本人墓地、霊安故郷碑、鎮安堂飛虎將軍廟が該当するが、寶覺禪寺と日本人墓地と霊安故郷碑は同じ場所にあるので、事実上二ヶ所だけである。

くわえて故宮博物院と忠烈祠を訪問している点にも違和感を覚える。故宮博物院で収蔵展示されているものは中国の歴代王朝の宝物である。また、忠烈祠は閲兵の交代などを見学する人が訪れる観光地であるが、中華民国のた

写真2－6　保安堂の龍柱

出典：筆者撮影

写真2－5　紅毛港保安堂

出典：筆者撮影

めに戦い犠牲となった兵を祀っている場所で、抗日戦争の犠牲者、つまり日本軍と戦い命を落とした兵士も祀られている場所である。こうした場所には、台湾は中国の一部で、すでに日本の領土ではないというメッセージが込められている。

次に二〇〇八年の一一月二三～二六日の「第一〇次 台湾慰霊訪問の旅」をみてみよう（表2－2）(7)。第一次と比べて、親日スポット訪問が増加し、台湾は中国の一部と示すようなスポットはなくなり、観光地も士林夜市を訪れているだけである。移動も台北、台南、台中、台北とスムーズに移動できるコースだ。

さらに一九八九年一一月二二～二六日に行われた第二一次台湾慰霊訪問の旅(8)は表2－3の通りである。第一〇次の旅に見られた親日スポットめぐりという傾向を踏まえている。つまり、日本で親日というイメージが構築され徐々に強化されていった二〇年ほどの台湾イメージの変化を反映していると言ってもよいだろう。

## 保安堂と龍柱

日本神の関連施設でフィールドワークをしていると、あちこちでこの団体が訪問した跡を見出すことができる(9)。そのなかでもっとも目立つものは、高雄市内にある紅毛港保安堂（写真2－5）に奉納された龍柱（写真2－6）であろう。龍柱とは文字通り龍が彫られた柱であるが、柱の横には以下のような文章もある。

**表 2-2**　「第十次　台湾慰霊訪問の旅」のスケジュール

| 日付 | 11月22日 | 11月23日 | 11月24日 | 11月25日 | 11月26日 |
|---|---|---|---|---|---|
| 訪問先 | 高砂義勇隊戦没英霊紀念碑（慰霊式） | 保安堂（慰霊式） | 烏山頭ダム（烏山頭水庫）八田與一・外代樹ご夫妻墓所（慰霊式）八田與一紀念館 | 寶覺禪寺　日本人墓地（臺中）（慰霊式）霊安故郷碑（慰霊祭） | 中華民國外交部 |
| | 芝山公園（慰霊式） | 東方工商專科學校 | 鹽水國民小學［初］八角樓［初］ | 交歓会（臺灣中日海交協會） | 交歓会（臺日文化經濟協會） |
| | | 奇美博物館　交歓会（許文龍 | 交歓会（黃明山・葉美麗ご夫妻）［初］ | 南天山濟化宮（献花式） | |
| | | 鎭安堂飛虎将軍廟（慰霊式） | | 夜市（臺北・士林區） | |
| | | 交歓会（何怡涵・陳清華ご夫妻） | 貞愛親王殿下登陸紀念碑 | | |
| | | | 富安宮［初］ | | |
| | | | 交歓会（臺灣臺日海交會） | | |
| 宿泊先 | 台北 | 台南 | 台中 | 台北 | |

**表 2-3**　「第二一次　台湾慰霊訪問の旅」のスケジュール

| 日付 | 11月22日 | 11月23日 | 11月24日 | 11月25日 | 11月26日 |
|---|---|---|---|---|---|
| 訪問先 | 芝山公園（慰霊式） | 烏山頭ダム（烏山頭水庫）八田與一・外代樹ご夫妻墓所（慰霊式）八田與一紀念館　殉工碑（献花式）八田與一紀念公園 | 東龍宮（慰霊式）祭文 | 寶覺禪寺　日本人墓地（臺中）（慰霊式）霊安故郷碑（慰霊祭）祭文 | 明石元二郎総督墓所（献花式） |
| | 交歓会（臺灣日本關係協會） | 鎭安堂飛虎将軍廟（慰霊式）祭文 | 富安宮（慰霊式）祭文 | 交歓会（臺灣臺日海交會） | 交歓会（臺日文化經濟協會） |
| | 交歓会（慰霊團） | 保安堂（慰霊式）祝詞 | 交歓会（講古伯聯誼協會）［初］ | 南天山濟化宮（献花式）祝詞 | |
| | | 交歓会（蓬38號艦英靈返郷團） | | 交歓会（黃文雄先生） | |
| 宿泊先 | 台北 | 高雄 | 台中 | 台北 | |

日本国福岡にある日華（台）親善友好慰霊訪問団は、「大東亜戦争で散華された台湾同胞の英霊三万三千余柱の顕彰」と「台湾の皆様との家族（兄弟）交流」を主な目的として平成十一年より毎年十一月に台湾各地を慰霊訪問してきた。

平成二十一年に○○○○団長と巡り合い、第十一次訪問団に参加し、高雄の○○○○支部長の先導で保安堂に参詣したところ、この廟が大日本帝国海軍の軍艦の艦長を御神体とされていることに深く感銘を受け、この度の御遷宮にあたり、日本人としての応分の貢献を発意し、龍柱二本を奉納させていただいた。

平成二十二年

民国九十九年　十一月吉日

住所　○○○○

○○○○株式会社代表取締役会長

日華（台）親善友好慰霊訪問団常任顧問

○○○○

保安堂の歴史について原（2022）をもとに簡単に振り返ってみよう。保安堂は、一九二三年に漁師が海で拾った人骨を浜辺の簡素な施設に祀ったところ、漁師に大漁が続いたため、人々が「郭府元帥」として祀り始めたことに由来する。一九三一年には身寄りのない無縁死者を「宗府元帥」として祀り始め、一九四六年には海で拾った頭蓋骨を「海府尊神」として祀り始めた。一九五三年時点では後方に墓がついている建築で、人骨や無縁死者を祀る陰廟としての性格が強いものであった。一九七四年になると、蘇という人物が夢で海府尊神のお告げを聞き、夢の通り亀の卵を掘り当てるということがあり、祠が拡張された。

ここまでは台湾によくある陰廟のエピソードの一つだが、一九九〇年に童乩《タンキー》と呼ばれるシャーマンから「海府元帥は日本人で三八の数字がつく軍艦の艦長だった」という託宣が下ったことで、日本神を祀る施設へと意味づけが

**写真２－７**　保安堂に祀られる海府元帥

出典：筆者撮影

変貌していく。その後、この神がどのような人物であったのかを突き止めようとする作業が始められ、三八がつく軍艦で、撃沈され艦長や船員が死亡しているケースを探し始めたところ、信徒が沖縄護国神社で第三八震洋隊の記念碑を発見したという。[10] その頃、童乩が海府元帥の名前を「オオタ」と名乗ったため、廟では沖縄戦で戦死した海軍少将の大田実[11]が海府元帥ではないかという説が広がる。しかし、彼は陸上部隊を指揮し海上で戦死していないため、原が調査を行った二〇一七年頃には、海府元帥＝太田実説は強く支持されていなかったという。

ところで、龍柱が日本人から奉納されたのは二〇一〇年のことで、当時の重要な出来事として二〇〇七年から二〇一三年に保安堂が遷堂している点がある。これは廟が位置していた紅毛港と呼ばれる村全体が高雄港の工業地区化による開発の対象となったためである。遷堂に伴い廟が建て替えられ、海府尊神は海府元帥と名前が変わり、日本風の神像（写真２－７）になった。このとき以降、廟内に絵馬や日本式の神輿や鳥居などが設けられた「日本風」の廟となっていく。

さて、二〇一八年頃には海府元帥が乗っていた軍艦は震洋隊ではなく哨戒艇だとされていた。というのも震洋隊とは海上の特攻用のボートだから、船が小さすぎ、今日では「三八がつく軍艦」とは三八哨戒艇であるというのが廟としての見解とされる。そして、三八哨戒艇の艦長の「高田又男」が海府元帥であるとされ、海上法会を開き漂う船員の魂を引き上げて日本に帰りたいと言う魂を鎮めている（原 2022）。

**写真２－８**　飛虎将軍廟

出典：筆者撮影

**写真２－９**　飛虎将軍の神輿

出典：筆者撮影

## 4　神輿の奉納と祭りへの参加

### 飛虎将軍への神輿奉納

次に紹介したいのは、とある日本人のグループが飛虎将軍廟（写真２－８）に日本式の神輿（写真２－９）を奉納し、その神輿を担ぐために定期的に現地の祭りに参加するという事例である。ウェブサイトによると「講演会、シンポジウム、セミナー等の開催、各種イベントの企画、制作及び運営、ＣＤ、ＤＶＤ及び出版物の制作販売、地域活性化事業」を行う有限会社を中心としたグループとのことだ[12]。

二〇一四年に、この企業が企画し五〇名ほどの日本人が参加した台湾の親日的な場所をめぐるツアーの際に飛虎将軍廟に立ち寄ったことが、神輿を奉納することになったきっかけだという。

飛虎将軍廟の当時の委員で日本語が堪能なホテル経営者の郭氏は、以下のように振り返る[13]。地元の祭りで神々の練り歩きに参加するには神像を神輿に乗せなくてはならないのだが、当時飛虎将軍は神輿を持っていなかった。廟で神輿を作ろうかという話もあったのだが、飛虎将軍は日本人からの奉納を望んでいたところ、二〇一四年五月、このグループが飛虎将軍廟を訪問した。

一行が宿泊するホテルを経営する郭氏が一行に自己紹介をする際に「みなさんこんばんは、郭と申します」という挨拶に続いて、「飛虎将軍のお神輿をお願いします」という言葉が口から出たのだという。郭さんによれば、自分は初対面の人にそんな高価なものをねだったりするような性格ではないと思っていたので、「変な言葉が出てきた」と振り返る。翌朝も「みなさん、来週お神輿のことについて返事をください」と念を押すような言葉を口走ってしまったそうだ。すると、二週間から一ヶ月ほどしたある日、郭さんに連絡が入り、本当に神輿を寄付してくれることになったのだという(14)。この「変な言葉」について郭氏は、自分はシャーマンではないので自信はないが、飛虎将軍が私を通じて語りかけたという可能性があるのではないかとは考えている。

神輿を奉納することが決まったのち、このグループは各地で募金活動を開始した。そしてほぼ一年後の二〇一五年三月には神輿が完成し、奉納された。驚異的なスピードで進められたと言っていいだろう。

神輿を奉納してから約一ヶ月後の四月三〇日に、奉納したグループの日本人一〇〇名ほどが《海尾大道公生平安行腳遶境》という祭りに参加した。この《海尾大道公生平安行腳遶境》とは、海尾という地域で信仰される大道公という神の誕生日を祝うための練り歩きをする祭りという意味だが、大道公とは別名を保生大帝という中国福建省出身の神で、台湾でも非常に有名で人気のある神様である。劉枝萬（1994：126）によれば、一九八三年時点で台湾には保生大帝を主神とする廟が一六五あり、台湾民俗宗教の神々の中でも八番目に多いという。旧暦三月一五日が保生大帝の誕生日とされ、台湾中の保生大帝を祀る廟で祭りが催される。飛虎将軍は保生大帝のもとで修行する弟子とされているので、保生大帝の誕生日を祝う祭りの練り歩きに参加する。

### 祭りに参加する飛虎将軍の神輿と日本人グループ

《海尾大道公生平安行腳遶境》は毎年旧暦三月一五日頃に行われるが、コロナ禍以前には三年に一回は大祭とされ、大祭に合わせて日本人グループが参加していた。私は二〇一八年の大祭の際に、調査のために飛虎将軍廟を訪問していたので、一部このグループと行動をともにすることができた。

二〇一八年の大祭には、私たち研究者グループを除くと六三名の日本人が参加した。二泊三日のツアーで、参加者は法被を持参してそれを飛虎将軍廟に奉納し日台友好を促進しようという企画であった。

ここでは私が同行できた範囲でのこのグループの参加の様子を報告したい。朝五時頃、ホテルから大型バスで飛虎将軍廟まで移動し、神輿の出発前にいくつかの芸能の奉納が行われた（五時三〇分頃）。まず、高雄市の冠麗舞踏団による「跳鼓陣」という踊りが奉納され、次に抜刀道を学ぶ台湾人の演武が披露され、その後、参加者は廟内に入り三礼ののち、「君が代」と「海ゆかば」を斉唱する。再び三礼ののち、各々奉納した法被を受け取る。その間、祭りの参加者は首からかける「喧嘩札」と呼ばれる木製の札を線香の煙に潜らせたり、「飛虎将軍参拝者名簿」に記帳したりする。神輿の前で集合写真を撮り、跳鼓陣に先導され出発する。

六時頃、飛虎将軍廟を出発し、保生大帝が祀られる朝皇宮まで「わっしょい、わっしょい」と掛け声をあげながら神輿を担いで移動する。台湾の神様の誕生を祝う祭りでは、廟の主神が分霊してきた元々の廟（これを母廟と呼ぶ）に里帰りするので、朝皇宮の母廟である台南市内の良皇宮まで神輿を担いでいく。しかし、日本人参加者らは、すべての行程で神輿を担ぐのではなく、七時四五分頃に朝皇宮を出発したところで、いったんアルバイトで雇用された台湾人参加者に神輿を預けてホテルに戻る。

それから神輿は、初日の目的地である台南市中心部に位置する良皇宮の近くまで六・六キロほどの道のりを移動する。その場所は宿泊先のホテルのすぐ近くであるため、日本人参加者はホテルで休憩しながら神輿が到着するのを待つ。一〇時頃に神輿到着の知らせを受けるとホテルを後にし、一二時三〇分頃、廟の直前で台湾人参加者と日本人参加者が担ぎ手を交代する。

つまり、セレモニーがあったり、人が集まっていたりする場所などでは日本人参加者が担ぎ、単に移動するだけのときには台湾人参加者が担ぐということになっており、日本人と台湾人が協力して飛虎将軍の神輿を担ぐというわけではない。言語の問題もあるのだろうが、日本人参加者と台湾人参加者との交流はほぼみられない。また、本祭典は練り歩きだけでも二日、その他の儀礼まで合わせると四日かけて行われるのだが、日本人参加者は四日のうち一日だけ参加して帰国する。私が話した数人の参加者は、翌日もパレードがあるということすら知らなかった。

台湾人の神輿の担ぎ手にインタビューしたところ、日本が好きとかいうこととは関係なく、単に神輿を担ぐのが好きな人が集められているとのことであった。担ぎ手たちは廟がアルバイト代を支払って雇用している人々であり、全員が地元の人というわけでもないし、とくに飛虎将軍を信奉しているから神輿を担いでいるというわけでもない。担ぎ手らにどうして飛虎将軍の神輿を担いでいるのかと聞いてみたところ、単にお祭りや神輿を担ぐのが好きだから、他の廟の祭りでも神輿を担いでいるという人が多く、飛虎将軍を信仰しているからではなく、ましてや日本の植民地統治に感謝しているからでもなかった。

一七時から一時間半ほど夕食の時間をとった後、祭り初日のクライマックスとなる安富街樺谷夜市へと移動し、日本人参加者たちは夜市に集まった人々へアンケートを行っていた。

「東日本大震災熊本地震の際に台湾は物心両面で支えてくれました。日台永遠の友情のために、私も心からいろいろな人たちと協力して努力していきたいと思っています…」

Q一　貴方は日本が好きですか？それとも嫌いですか？

Q二　好きと答えた人は日本の何が好きですか？どちらも当てはまらないという人は何が原因でしょうか？嫌いと答えた人は日本のどこが嫌いですか？

Q三　好きな日本人はいますか？名前を書いてください。

Q四　日本に向けてメッセージをお願いします。どのような内容でも構いません（例　日本頑張れ！台湾を応援して！等）

夜市に突如として法被姿の日本人の集団が現れ、数人ずつのグループに分かれてニコニコしながら、北京語で書かれた「日本が好きですか？」という趣旨のアンケートに協力するよう求めてきたのである。現地の人々は、困惑した表情を見せつつも比較的友好的に応じていた。祭りは夜八時頃、神輿を納めて終了となった。

翌朝九時頃、一行はホテルから大型バスに乗って帰路に着くが、バスに乗り込む前に、ホテルのロビーで日本に対して好意的な回答が多かったというアンケートの結果が読み上げられる。参加者らは、読み上げられる回答を聞いて盛り上がっていた。

このように、日本神が祀られる施設を目的地とした日台友好ツアーとは、ガイドや通訳、ホテルの経営者らツアーのお膳立てをする関係者以外の台湾人は不在のまま進められているものであった。

こうした日本人グループの日本神に対する観光を批判することが本章の目的ではない。観光とは、橋本和也による「異郷において、よく知られているものを、ほんの少し一時的な楽しみとして売買するもの」という定義の通り（橋本　1999：2）、こういうものなのだろう。むしろここで議論したいのは、従来は陰神であり、近所の人以外に知られることもなかった小さな地域の祈りの場でしかなく、観光旅行の目的地とはなり得なかった日本神の廟が、ガイドブックに掲載され、日本人の台湾観光スポットの一つとなり、人によってはリピーターにもなっているという現象がなにを引き起こすかである。

## 5　観光化がもたらす日本神信仰の変容

この現象を台湾の民俗宗教の文脈に位置づけてみたい。もともと日本神とは、戦死した日本軍人の記憶をベースに、発見された人骨や怪奇現象を、シャーマンが日本軍人に結びつける託宣を下したことをきっかけに起こる宗教現象で、日本神が祀られる場所といえば本来の台湾の文脈では不気味で不吉な場所とされていた。そうした日陰者的な存在の日本神が、宝くじの当選番号を言い当てた飛虎将軍のように、あるいは廟の建つ地域が再開発され小さな祠が廟と呼ばれる施設に建て替えられた保安堂のようなケースも生じている。

廟に祀られている日本神はむしろ稀なケースであり、日本神を祀る施設の大多数は、今なお小さな祠の状態である。台湾で大日本帝国の軍人を神として祀ることができるようになったのは、民主化の進んだ一九九〇年代以降のことである。上述のように台湾の親日スポット観光が盛んになっていく時期が二〇〇〇年前後であり、両者が重なることで一部の廟になっている日本神が観光地になっていった。

日本神を訪問した日本人参拝者は、日本酒や日本のタバコ、靖国神社のお守りといったさまざまな供物や記念品を供える。とくに飛虎将軍の廟内には、奉納された飛虎将軍のイラストや戦闘機の模型が飾られている。また保安堂には龍の柱が、飛虎将軍廟には神輿が奉納された。

すでに述べたように、台湾の民俗宗教では、鬼は子孫に正しく祀られることで祖先にもなりうるし、地域で祀られることで陰神となり、霊験があらたかでより有力な神に認められれば正神にもなり得る。問題は、こうした変化がどのように起き、それがどのように表象されるのかということである。

陳梅卿（2022）は、鬼から陰神を経て正神へと変化する際に、神の形が墓のような型から位牌型を経て神像へと形が変化するという事例を紹介し、墜落死した日本人が神として祀られている台南の施設を総合的に分析した。陳によれば、日本神の中でも正神として地域の神になるケースから、陰神のまま留まっているケース、その中間に位置するようなケースなど多くのバリエーションがあるという。付け加えておきたいのは、こうした変化は神の形だけではなく、廟の建物や装飾などにも現れるということである。シャーマンとのやりとりなどを通じて地域で陰神として祀られるようになると、位牌が作られ、それに応じた建築物、装飾も作られる。さらに陰神が正神となる際に、文字が書かれただけの簡素な位牌が、より手の込んだ神の姿をした神像になり、その神の像に相応しい建築や装飾にグレードアップされる。

台湾には多くの廟があるが、劉枝萬（1994：128-132）が地域の発展に合わせて廟が大きくなっていく様子を七つの段階で説明したように、ごく単純に言ってしまえば、廟が大きければ、そこに祀られる神の位も高いということになる。建築に加えて、神の像があるか、建築物がどれほどの規模かといったことでも神の位が表現され、廟の規模が大きくなり装飾が豪華になればなるほど、位の高い神だと考えられる。

本章で紹介した日本神の観光化の事例は、この変化とは逆の動きを見せた点で興味深い。つまり、台湾では、龍

**写真 2-10**　義愛公の神像

出典：筆者撮影

**写真 2-11**　日本舞の様子

出典：筆者撮影

の柱や神輿というものは現地の感覚からすると豪華なもので、陰神である日本神には不釣り合いなものだが、そうした正神が持つべきものが奉納されることを通じて、陰神であったはずの神の位が上昇したと考えられる。具体的な事例は次節で述べるが、日本人観光客の存在が、陰神であった日本神を正神へと引き上げた。まさに観光化を通じた神の変化という現象が起きている。

## 6　現地の文脈に取り込まれる日本神

日本神の観光化は、神の地位を上昇させるという現象を引き起こした。本章では、台湾の民俗宗教に位置づけられていた日本神が観光化していく過程を中心的に描いてきたが、本書序章でも述べられているように、観光化はコインの両面のように脱観光化と同時に起きるものである。観光化された後の日本神の廟が現地社会にとってどのような場所になっているのかをみていくことで、日本神の脱観光化の側面を紹介しておきたい。

保安堂を調査した原によれば、神を祀る宗教的な場所としてだけでなく、日本語ボランティア、日本観光の誘致、日本の歌、日本文化愛好家のための場所としても利用されるようになっており、さながら日本文化センターのような場所であるといい、日本文化享受の場としての意味合いがあると指摘する（原 2022）。

保安堂以外にも似たような例は広く見られる。嘉義県で義愛公（写真

2-10）を祀る富安宮の「開基佰年義愛公祈安巡禮大典」という義愛公が神になって一〇〇周年を祝う祭り（二〇二三年五月二一日）では、東石之美というグループが「日本舞」と称するパフォーマンスを行っていた（写真2-11）。このグループに参加するのは、富安宮のある東石郷近郊の嘉義県各地在住の同じ舞踏の講師に習う人々であるという。「日本舞」と呼ばれているが、浴衣を着て演歌や東京音頭に合わせて踊るスタイルは、日本舞踊というより盆踊りのようなもの（盆踊りとも異なる）で、この講師による独自の振り付けであるという。

義愛公は神になって一〇〇年の歴史があるために、現地化が進んでいる。富安宮のある東石郷から移住した人々が移住先に義愛公を分霊させるケースが見られ、富安宮以外にも一〇ヶ所以上に義愛公が祀られている。「開基佰年義愛公祈安巡禮大典」も台湾人だけで執り行われ、参加していた日本人は、私たち研究者グループの四名以外には確認できたのは一名だけであった。義愛公の分霊先である嘉義市の富義宮の責任者によれば、義愛公は日本人であったかもしれないが、神になれば国籍は関係なく、神の持つ義愛の精神こそ重要だという。

富安堂と並び現地化が進んでいる日本神は、やはり飛虎将軍であろう。保生大帝の祭りの際に台湾人の抜刀道のパフォーマンスが披露されることはすでに述べたが、それ以外にも、地域の小学校の教材には飛虎将軍の伝説が掲載されているし、布袋劇という神に捧げる人形劇の題材にもなっている。また、上述の日本人グループが神輿を捧げたことにより、飛虎将軍廟の神輿が保生大帝の誕生日のパレードに参加するようになったのであった。とはいえ、神輿を捧げた日本人グループが参加するのは三年に一度の大祭のときだけある。逆にいえば大祭以外の二年は台湾人だけで神輿を担いでいるのであり、練り歩きに参加するようになったことには日本人の関与があったが、その後は日本人の関与抜きで新たな宗教実践を始めている。こうしたイベントや宗教実践は台湾人をターゲットとしたものので、日本人参拝客を招き入れようとするものではないという意味で、明らかに観光化とは異なる。

日本人の手から離れて現地化するのとは異なる動きも見られる。最たる例は演説中に銃撃を受け死去した安倍晋三元首相の銅像が保安堂に造られ、二〇二二年九月二四日に除幕式が行われた一件であろう。安倍元首相が生前に述べていた「台湾有事は日本有事」というフレーズは台湾で広く知られており、ファンも多い。保安堂関係者には

**写真２-12**　田中将軍を祀る東龍宮

出典：筆者撮影

**写真２-13**　東龍宮を歴史的な場所として訪れる台湾人グループ

出典：筆者撮影

政治に関連する人が多く、日本神を全面に押し出して親日をアピールする傾向が日本神を祀る施設の中でも突出して強い。日本神ばかり重視する態度は主神である郭府元帥を蔑ろにしているように映るようで、他の日本神を祀る施設からこうした保安堂の態度には冷ややかな視線が送られていることが多い。とはいえ、安倍元首相の銅像の設立は反響が大きく、これまで高雄市長などを歴任しカリスマ的人気を誇る陳菊観察院院長（当時）ら多くの台湾人が訪問し、その様子はマスコミを通じて日本にも伝えられた。観光化とも現地化とも異なる政治化とでもいうような動きが見られる。

安倍元首相の銅像が設けられたというニュースは日本でもインパクトを持って受け止められ、保安堂を訪問したいという日本人観光客が増加しており、さらなる観光化にも結びついている。訪問者には、自民党の世耕弘成参議院議員[15]（二〇二二年一二月二七日訪問）や、自民党の西南局幹部役員（二〇二三年五月）[16]のような政治家も含まれており、安倍昭恵氏も二〇二三年七月に訪問し、観光化と政治化が同時に発生している。

台湾人を対象としたいっそうの観光化も生じている。南部屏東にある枋寮に田中綱常という日本人を田中将軍として祀る東龍宮（写真2-12）がある。この廟の廟主に田中と名乗る日本軍人の霊が憑依したことをきっかけに祭祀が始まったのだが、廟の関係者らによって田中綱常という人物について歴史の掘り起こしが行われている。田中綱常についての情報を精力的に収集し、ついに廟の一階に田中綱常の記念館を開設するまでになっている。

田中綱常は一八七一年の台湾出兵に兵士として参加し、その後も澎湖列島行政長官や台北県知事などを歴任した台湾にゆかりの深いエリートではあるものの、ほとんどの日本人にとって名前すら聞いたことのない人物であろう。そんな田中についての歴史が台湾南部屏東で掘り起こされ、日本人を祀る廟という独特な場所に歴史理解を促す施設も開設されている。このような施設ができることで、田中将軍を祀る東龍宮は日本神を訪問したいという日本人だけでなく台湾人にとっても、地域文化を理解するための目的地となっている。例えば、筆者は現地調査を行っていた二〇一九年九月に、地元の歴史を学ぶ屏東の住民のスタディツアーが東龍宮を訪問するのをみたことがある。参加者は、田中綱常や彼がこの廟で祀られるようになった経緯についての宮主による説明に、熱心に耳を傾けていた（写真2-13）。

確かにYouTubeでは台湾人向けの観光地紹介の動画でも東龍宮が紹介されており、[17] 台湾人にとっても訪問すべき場所の一つとなっていると言える。このように日本人観光客によって観光化された日本神が、台湾で現地化することにより、地元の人間にとっても観光地とされ始めている。

こうした日本神の現地化や政治化、台湾人による観光化は脱観光化の中でも「方向転換」に含まれるものであろう。しかし、序章で「郵便的マルチチュード」という概念をひいて説明しているほどには、無責任な観光客という存在でもない。三年に一度の大祭には飛虎将軍の神輿を担ぎに訪台する人々や、慰霊団として毎年訪台する人々のようにリピーターがいる。この人たちの訪問によって、確実に継続的なコミュニケーションが生じている。

日本神の施設は継続的に日本人ツーリストを受け入れているので、アンチツーリズムとしての脱観光化の動きは見えないが、誤解した日本人ツーリストを受け入れることで神の地位を押し上げ、不吉な神から地域の守り神へと変容させ、そのことが観光とは異なる地域のコモンとしての廟という意味を生み出したのは、戦略的な脱観光化の事例と考えられるだろう。誤解に基づいた訪問であれ、地域住民にしてみれば祟りを引き起こしかねない危うい場所が浄化され、憩いの場として生まれ変わるという「善きもの」への観光化の側面も有している。

## 7　日本神にみる観光化と脱観光化のダイナミクス

ここまで台湾の日本神の観光化の事例を紹介してきた。日台双方の誤解に基づきながらも、日本神を祀る施設が日本からの観光のディスティネーションとして成立していること、そして日本人観光客が、台湾の文脈では不釣り合いに高価な供物を日本神へ捧げた結果、従来の台湾の民俗宗教とは異なる経緯で神の位が上昇するという現象が起きていること、その結果、日本神の持つ不浄さが薄められ、地域の人々から避けられるような場所ではなく集いの場所となり始めていることを指摘した。

本章では、日本人による観光実践に焦点を当てたために、逆方向の台湾から日本への移動に関しては紹介できなかった。最後に簡単だが、日本神に関連する台湾から日本への移動の事例を紹介し、論を閉じたい。二〇一六年九月に飛虎将軍（杉浦茂峰）は出身地水戸市へ里帰りをした。廟の関係者によって飛虎将軍の像が水戸市まで運ばれたのだ。田中将軍を祀る東龍宮の関係者も田中綱常の足跡をたどる日本への旅を繰り返しているし、それ以外の日本神を祀る施設でも、個人が特定されれば関係する土地へ足を運んでいる。熊本県民テレビの報道によれば、保安堂で祀られる海府元帥こと高田又男の息子を廟の関係者が訪問したという(18)。

飛虎将軍像が里帰りしたように、移動するのは人間だけではない。保安堂に祀られる海府元帥も、シャーマンを通じて部下たちとともに日本に帰りたいと望んでいるというし、日本に帰りたいと望んでいるという日本神は少なくない。ここでなにもオカルト的な話をしたいというのではない。大切なのは、台湾人たちが魂の声を真摯に聞こうという態度で臨んでいることに注目すべきということである。

本章では日本神の観光化の背景としてインターネットの登場や台湾の民主化や台湾アイデンティティの強まりといった現代的な背景を紹介した。この事例を考える際には当然ながら、戦前の帝国日本の記憶という要素が欠かせない。そして、戦争を通じて死者の声を聞くという台湾の民俗信仰における死者と向き合う姿勢がその根底にあることを指摘しておきたい。

## 注

（1）なお、神や廟のカテゴリーはこれ以外にもある。例えば小島は福建省の地方志を丹念に読み込み、廟には正祠と淫祠とがあるとしたうえで、正祠は「朝廷の指示で地方官衙が祭ることになっている祠廟」で、淫祠はそれに対応するので「「朝廷の指示で地方官衙が祭ることになって」いないもの」（小島 1991：89）と指摘する。このカテゴリーで言えば、陰神が祀られる廟は淫祠ということになり、正祠に祀られるということはないだろう。ただし、正神が祀られている廟でも朝廷の指示がない場合は淫祠ということになり、神の由来が鬼であるかどうかを基準とするここでの正神、陰神とでは、重なる部分がありながらも、異なる部分も存在する。そのため正祠と淫祠のカテゴリーは本章にとって大いに参考になる。

（2）この問題に関しては藤野（2018）でも議論したので、詳細はそちらをご覧いただきたい。

（3）歡迎日本慰靈團蒞臨龍安寺參訪！（https://www.facebook.com/missposta/videos/2207503202852616/ 二〇二三年六月一九日閲覧）

（4）「樋口將軍！枋寮龍安寺　金光閃閃日本神來啦！二次大戰時期的樋口將軍！」（https://youtu.be/-gbw30iQRA8?si=yUZnCjctFsiXB_aw 二〇二四年七月五日閲覧）

（5）https://nippon-taiwan.org/achievement/history/（二〇二一年四月一四日閲覧）

（6）https://nippon-taiwan.org/achievement/history/?id=1（二〇二一年四月一四日閲覧）

（7）https://nippon-taiwan.org/achievement/history/?id=10（二〇二一年四月一四日閲覧）

（8）https://nippon-taiwan.org/achievement/history/?id=21（二〇二一年四月一四日閲覧）

（9）一例を挙げるとすれば、田中将軍を祀る東龍宮を参拝した際の様子が「《水果新聞》二〇一六一一二四　屏東東龍宮祭祀田中將軍　日本慰靈團前來參拜」（https://youtu.be/HboUthC3oac 二〇二三年二月二五日閲覧）にある。飛虎将軍廟については「二〇一四日台親善友好慰靈訪問團　參拜飛虎將軍廟　三」（https://youtu.be/wTIQoYtByE4 二〇二三年二月二五日閲覧）、義愛公を祀る富安宮については「義愛公 東石副瀨富安宮 日本王爺在嘉義！一個受人尊敬的日本警察」（https://youtu.be/Kekc0VC5xkU 二〇二三年二月二五日閲覧）で見ることができる。

（10）ただし、実際の沖縄護国神社にはそのような記念碑は存在していない。

（11）大田実は海軍司令部壕で自決した海軍少将で、自決の直前に海軍次官宛で送った電報の存在が伝えられ、今では見学ができる旧海軍司令部壕跡の施設で大きく解説されている。
（12）https://kurofunet.com/nakamura/company（二〇二一年四月一六日閲覧）
（13）この部分は（藤野 2022）の要約である。詳細はそちらをご覧いただきたい。
（14）神輿を奉納した本人も当時のことを自身の YouTube チャンネルで振り返っている。「台湾へ御神輿奉納！大歓迎される！【中村文昭公式】」（https://www.youtube.com/watch?v=FppBHQ0SgJQ）。注（11）同様、この部分の議論は藤野（2022）に詳細に掲載したので、ここではその内容をまとめるにとどめる。
（15）https://youth.jimin.jp/news/205797.html（二〇二三年六月二一日閲覧）
（16）https://www.roc-taiwan.org/jp_ja/post/92644.html（二〇二四年七月五日閲覧）
（17）例えば「《一起輕旅行》尋找屏東小鎮之美 二〇一八-〇三-二四」（https://youtu.be/ALB_zwBMyYI 二〇二三年六月二二日閲覧）という動画で屏東で訪問すべき場所として東龍宮が取り上げられている。
（18）「【戦後七七年】台湾で神になった日本人　神様の息子と再会」（https://youtu.be/OjKaCzP-2J8 二〇二三年六月二二日）

## 文献


小島毅、一九九一、「正祠と淫祠——福建の地方志における記述と論理」『東洋文化研究所紀要』一一四。

小林よしのり、二〇〇〇、『新ゴーマニズム宣言スペシャル・台湾論』小学館。

『地球の歩き方』編集室編、一九八七～二〇一七、『地球の歩き方　台湾』ダイヤモンド社。

陳梅卿、二〇二二、「台南市内における日本人の神々——主に航空事故に起因する事例から」三尾裕子編『台湾で日本人を祀る——鬼（クイ）から神（シン）への現代人類学』慶應義塾大学出版、二一三-二六三頁。

橋本和也、一九九九、『観光人類学の戦略——文化の売り方・売られ方』世界思想社。

原英子、二〇二二「台湾の日本神をめぐる信仰と観光——高雄の保安堂における歴史の選択と新たな展開」三尾裕子編『台湾で日本人を祀る——鬼（クイ）から神（シン）への現代人類学』慶應義塾大学出版、八七-一〇六頁。

藤野陽平、二〇一八、「旧帝国日本の博物館をめぐる交差するまなざし——国立台湾博物館とサハリン州立郷土博物館との比較から」『世親日本語文研究』一〇、一-三三頁。

藤野陽平、二〇二二、「英霊と好兄弟のあいだ——メディア言説、現地の実践、新たなコミュニケーション」三尾裕子編『台湾で日本人を祀る――鬼（クイ）から神（シン）への現代人類学』慶應義塾大学出版会、四三‐八五頁。

三尾裕子編、二〇二二、『台湾で日本人を祀る――鬼（クイ）から神（シン）への現代人類学』慶應義塾大学出版会。

劉還月、一九九四、『台灣民間信仰小百科（廟祀卷）』臺原出版。

劉枝萬、一九九四、『台湾の道教と民間信仰』風響社。

渡邊欣雄、一九九一、『漢民族の宗教――社会人類学的研究』第一書房。

# 第3章　南洋のコロニアル・ノスタルジア
## ――パラオ老人会と日本人観光客の交流を事例に

紺屋あかり

### 1　植民地の歴史をめぐる旅

観光におけるホスト／ゲストの関係については、これまで、自己と他者、日常と非日常、余暇と労働といった対立的な概念を軸とする分析視座が用いられてきた（Smith 1989=2018）。しかし近年では、ゲストがホストに転じる事例や、観光開発をめぐる推進派／慎重派、当事者／周縁者といったホスト側の複雑な主体性が観察されるなど、従来の二項対立の枠組みでは捉えきれなくなっている（市野澤 2022：6–11）。

本章が対象とするような、植民地時代を経験したパラオと日本の二国間の観光においても、ホスト／ゲストの関係を二元論的に捉えられない複雑さがみられる。これまでも、植民地においては、支配する側とされる側はいずれも一枚岩な存在ではないことが指摘されてきた（栗本・井野瀬編 1994：14）。さらにポストコロニアル以降、植民地時代の経験や記憶は、次世代へと時代を超えて、また当事者以外の人たちにも語り継がれている。つまり、今日においてパラオと日本間の観光の現場を分析することは、植民地統治を経験した当事者の視点に限定されず、植民地の歴史を双方向的・多元的な視座から再検討する試みであるといえる。

パラオの観光と植民地経験は密接に結びついている。山下は、ポストコロニアル時代に観光という形で現れた日本型オリエンタリズムに着目しながら、パラオの観光開発に日本人が深く関与してきたことを指摘している（Yamashita 2000：457；山下 2009：143）。

パラオのリゾート観光は、一九七〇年代に日本人ダイバーらによって、まずはアジアへと開かれていった。パラオのリゾート化に一役買ったのは、日本人ダイバーをはじめ、かつての南洋群島に安らぎを求めてやってきた日本人移住者たちであった。彼らの多くは戦後の高度経済成長期を支えた世代で、退職後に「南の楽園」を目指してパラオに移住してきた。しばらくするとパラオに日本料理を提供する食堂が開業され、後にダイビングショップや日本人を対象とする旅行会社も設立された。リゾート観光化に先駆けて海外渡航が自由化された一九六〇年代以降には、パラオで戦死した日本人兵士の遺族たちが慰霊巡礼や遺骨収集のために島を訪れていた（中山 2014：442）。慰霊団の受け入れには、ニッケイ（nikkei）と呼ばれる日本人とパラオ人を両親とする混血児たちのサポートがあり、サクラ・アソシエーション（通称サクラ会）[1]が受け入れの窓口となってきた（飯高 2009：8-10）。慰霊団の目的は、激戦地で戦死した遺族の弔いであったが、受け入れ体制が整っていくと、遺骨収集にも取り組まれるようになった。日本の敗戦から八〇年近くが経過した現在は、ホスト／ゲストともに高齢化が進み、サクラ会のメンバーも孫へと世代交代している。

一九九〇年代になると、パラオの戦跡をめぐるペリリュー島半日観光ツアーや、日本委任統治領期[2]の建造物などを見て回る周遊ツアーが旅行会社によって企画されるようになった。ツアー旅行によって、慰霊団だけでなく、それまでパラオとのかかわりを持たなかった日本人観光客もパラオを訪れるようになった。本章が分析対象とするのは、パラオ老人会と日本人観光客とが日本統治時代について語り合うための交流会である。

パラオ老人会とは、パラオ政府芸術文化局（Bureau of Arts and Culture 以下、文化局）が管轄する福祉支援組織である。かつては老人会、サクラ会のどちらにも属するメンバーがいたが、先述したように現在のサクラ会はすでに世代交代している。老人会はパラオのコロール島中心部にコミュニティセンター（Old Age Center）を構えており、ここが観光客との交流会の場となっている。

老人会と観光客が交流するきっかけとなったのは、二〇一五年の天皇・皇后のペリリュー島慰霊訪問であった。これ以降、日本人のパラオへの関心は高まっていった。二〇一五年以前はボランタリーに老人たちが日本人観光客の対応をしてきたが、日本人観光客の訪問件数の増加を受けて、老人会を管轄する文化局の職員が交流会のスケジュール調整や日本人観光客の受け入れを管理するようになり、草の根レベルの交流が次第に観光資源化していった。

交流会に参加する日本人観光客の年齢は二〇代から七〇代と幅広く、大学生、政治家を中心とするグループなど、参加者も多種多様である。交流会でホスト役をつとめる老人会メンバーには、日本統治時代に公学校で日本語教育を受けた人も多く、流暢な日本語を話す人もいる。そのため、観光客は通訳を介さずに老人たちと会話することができる。日本人観光客は、老人たちとの交流を通じて日本統治時代の歴史や戦争の記憶の一端を知り、まるでタイムスリップするかのように日本委任統治領期を垣間みることができる。交流会は「和やか」に進行し、老人たちは日本人観光客を相手にノスタルジックな歴史語りを披露する。

本章では、パラオ老人会と日本人観光客との交流によって新たな観光の場が生成されていく過程を明らかにする。そして、両者が交流を通して互いにどのような歴史解釈を生み出しているのかについて検討する。

## 2　植民地経験と独立以後の観光

パラオは一九世紀末からおよそ一世紀にわたり、四ヶ国（スペイン、ドイツ、日本、アメリカ合衆国（以下、アメリカ））による度重なる植民地統治を経験してきた。[3] なかでも島の生活を大きく変えたのは、一九一四年から一九四五年までの三〇年以上におよんだ日本委任統治領期であった。それまでのスペイン、ドイツによる統治時代とは違って、日本統治時代ほど、パラオの人たちが「他者」と生活をともにしたことはなかった。コロール島の市街地では車道が整備され、日本人のための家や商店が立ち並んだ。バベルダオブ島にも日本人集落が形成され、集落周辺にはパイナップルの加工工場やボーキサイト採掘場などが設置されていた。目まぐるしく変化する市街地の様子についてある老人は、いくつも連なった商店の軒下を歩けば、傘をささずとも大通りを歩くことができたと当時の賑わいを回顧する。大日本帝国による南洋庁の設置（一九二七年）に伴い在留日本人はさらに増加し、その数は、一時はパラオ人の人口のおよそ三倍に当たる二万人にまで膨れあがっていた。

戦時中から戦後にかけては、さらに日本人の出入りが激しくなった。一九四四年には満州から兵士の転用があり、パラオに日本の陸海軍人が大量に駐留するようになった。当時の駐留軍人の総数は四万二〇〇〇人にのぼる（今泉 2016：140）。しかし、同年にはペリリュー島での米軍との陸上戦闘に先駆けて、日本の民間人引揚げも開始された。このとき、沖縄人をはじめとする民間人四九二〇人が帰国した（今泉ほか編 2016：144-145）。米軍の帰還記録によれば、一九四五年時点ではパラオにはおよそ三万五〇〇〇人、そのうち陸軍一万八四九三人という数の日本人が在留していた。アメリカは当初、戦後すぐに日本人を内地へ帰還させる予定であったが、物資の運搬が優先されたために、しばらくは多くの日本人がパラオに留まっていた。パラオからの日本軍人・軍属の帰国が開始されたのは、一九四五年一〇月からであり、民間人も含めた日本人の帰還が完了するまでには、終戦から一年以上をも要した（今泉ほか編 2016：152-153）。日本の軍人や民間人が帰国した後のパラオは、まもなくアメリカ統治時代を迎えることになる。しかし、この植民地時代にも、日本統治時代の痕跡は至る所に残されていた。戦車や戦闘機、通信電波塔や灯台といった物質的なものだけでなく、同化教育によって日本語を習得した島の子どもたちの経験や、南洋庁に従事したパラオ人たちの記憶のなかにもあった。さらには、日本統治時代には日系パラオ人も誕生しており、戦後パラオ人の母親に引き取られた混血児たちもいた。

一九四六年からパラオはアメリカ信託統治領となった。アメリカ統治時代の前半は、ミクロネシアには軍事的利用価値が見出されず「放任の時代」と呼ばれた。特別な政策も講じないままのアメリカの態度に対して国連が強い批判を向けたことで、アメリカはようやく「アメリカ化」と名づけた民主化政策を開始していく。この「アメリカ化」の時代は通称「ばらまきの時代」とも呼ばれ、アメリカは、民主化を謳いながらパラオの市場経済化を促進していた。一九八〇年代になるとミクロネシア全域で独立運動の声が高まりをみせはじめ、パラオにおいても一九八一年には自治政府が憲法草案を作成するなど、独立に向けた準備が進められていった。そして、他のミクロネシアから遅れをとりながらも、世界最後の信託統治領として、パラオは一九九四年にアメリカからの独立を果たした。(4)

独立以後、パラオ政府は観光業を国家経済を支える主要産業に位置づけ、主に近隣のアジア諸国からの観光客を受け入れてきた。パラオ政府は観光資源としての自然環境の保護活動に力を入れつつ、(5)台湾、韓国、日本などを主な市場として観光産業の振興を図った。近年では観光客数の年間平均は約一〇万人にのぼっており、(6)二〇二二年には国際空港も拡張され、観光客の受け入れ体制はよりいっそう整備されている。(7)そうしたパラオの観光拡大の一部として、日本統治時代の痕跡をめぐる島内ツアーや老人たちとの交流会がある。

## 3　交流会で披露される老人たちの語り

交流会が開かれるパラオ老人会のあるコミュティセンター（以下、センター）はオープンスペースになっており、老人たちの昼食を用意するための調理場や民芸品の販売所も併設されている。センターには、平日の午前九時頃から一五時頃まで二〇名ほどの老人たちが集う。老人たちは、ココヤシの葉でかごバッグを編んだり、日本統治時代以降に慣れ親しまれるようになった花札に興じながらおしゃべりしたりして過ごしている。センターは立ち入り自由で、地元の人が老人を訪ねてくることも多い。

二〇一五年にセンターに新しく文化局の事務所が設置され、職員が常駐するようになった。この頃から職員は、センターを訪れる観光客一グループに対して、交流費用として二〇〇〜三〇〇米ドルの料金を徴収するようになった。交流会は二〇一五年以前から定期的に開催されてきたが、二〇一五年以降は開催回数が増え、それに伴い、職員が観光客のセンターへの出入りを管理するようになった。こうしたお金のやり取りは職員の担当で、老人が直接観光客から徴収することはなく、文化局が老人たちに観光客の支払いの一部を還元するということもない。

老人会を代表して観光客に語りを披露するのは、八〇代（二〇一九年当時）のパラオ人女性マリさん（仮名）[8]である。マリさんは混血児ではなく、したがってサクラ会のメンバーではない。しかし、これまでマリさんは、ボーイフレンドでサクラ会創立メンバーのジロウさん（仮名／一九二〇年生まれ）ともども、長きにわたって慰霊団との交流を重ねてきた。そのような対日本人の窓口役としての経験を踏まえて、二〇〇八年にジロウさんが他界した後は、マリさんがそれまでジロウさんが担ってきたホスト役をつとめるようになった。

ある朝マリさんはセンターに到着してベンチに腰を下ろすやいなや、老人会のメンバーに向けて「あのね、日本人が来ます」と報告した。前夜パラオに到着したという日本人からマリさんの自宅に直接電話が入ったのだという。しばらくすると、マリさんの報告通り日本人観光客がやってきて、センターは一気に賑わいをみせる。すると、誰が指示するでもなく老人たちは役割分担し、お決まりの歓迎体制が整えられていく。筆者は二〇〇八年から二〇一九年まで合計三〇回ほど交流会に参加してきたが、観察を重ねるうちに老人たちが歓迎体制をパターン化しているのがわかった。とはいえ、老人たちはその歓迎の手法について文化局からなにか指示を受けているというわけではなく、あるいは誰かが役割分担を決めているというわけでもない。それらは、経験を重ねることで自然と身に付いた集合的な態度であった。

交流会は概ね次のような手順で進められる。①と⑥以外はすべて、マリさんが一人で請け負う。

① 日本語の歌でのお出迎え
② 日本統治時代をめぐるノスタルジックな語り
③ 公学校での就学経験の紹介
④ アメリカ統治時代と日本統治時代との比較語り
⑤ 日本人観光客へのお説教
⑥「蛍の光」を歌ってお見送り

①では、君が代を歌うこともあれば、美空ひばりなどの古い歌謡曲を歌う場合もある。マリさんがパラオの詠唱（パラオの神話や伝説などの口頭伝承に節をつけて詠むもの）を披露することもあるが、それはごく稀である。出迎えられた日本人観光客は老人たちが日本語で歌う姿に一気に魅了される。老人たちは、歌いながらも手元では花札に興じている。三〜四人ずつのグループに分かれて座っていて、各々気の向くままに歌唱に参加する。観光客は、老人たちが日本語で歌唱する姿に驚き、彼女たちが手慣れた様子で花札をしていることにも驚く。なかには老人に対して「いつもそんなふうに花札をしているのですか？」などと日本語で話しかける観光客もいる。歌が終われば、マリさんの語りが始まる。たいてい日本人観光客の一人が代表していくつか質問をする。

観光客「日本時代のことを覚えていますか？　覚えていることを聞かせてください」
マリさん「はい、よく覚えています。あのね、日本時代はよかった。コロールは美しく、とてもにぎやかだった。たくさんのお店がありました。街がきれいだった」
観光客「日本語がお上手なんですね」
マリさん「それはもう、たくさん勉強しましたから。わたくしたちは、三年も公学校に行って、勉強しました。わたくしは、よく勉強したので、学校の先生の家に奉公に行きました。よく勉強するから先生はわたくしのことが好きだった。先生は厳しかったけど、わたくしは勉強が好きでした。放課後、奉公に行って、お給金をもらって、それを貯金するんです」
観光客「公学校ではどんなことを学びましたか？」
マリさん「いろいろ学びました。日本語、算術などいろいろ。パラオ語を話すと先生は生徒をぶちました。だから学校では、パラオ語を話さなかった」
観光客「家ではパラオ語？」
マリさん「はい」（二〇一二年七月一八日と二〇一九年八月九日に実施した参与観察から再構成）

南洋庁は、統治していた他の島と比べ、パラオでの同化教育に力を注いでおり、日本語や天皇制イデオロギーを教えていた。ただし南洋庁の公学校教育においては「国民教育」を行わないのが特徴で、「国民」たるべき教育を重視した朝鮮や台湾とは大きく異なる（今泉 1996：573）。日本統治時代のパラオ人人口およそ五〇〇〇人の島民に対して公学校が五つ（コロール島、バベルダオブ島、ペリリュー島、アンガウル島）設置され、本科と呼ばれる修業年限三年間の教育がなされた。コロール島には、本科卒業後に優秀な生徒が進学する補修科も設置されていた（南洋群島教育会 1938）。一九二七年時点で島民の就学率はほぼ一〇〇％に達していた（南洋協会南洋群島支部 1928：Peattie 1988：92）。一九二六年には公学校を卒業した生徒を対象とする木工徒弟養成所（修業年限二年間）も設置された。

こうした南洋庁によるパラオでの熱心な同化教育の根底には、パラオ人を南洋における日本の産業の労働力として育成しようと見据えた視座があり、委任統治条約に掲げられた「自立のための教育」（第二二条）と呼べるものでは決してなかった（Peattie 1988：95-96）。南洋庁の教育のあり方については、戦後批判的に再検討されている（Vidich 1980）。朝鮮や台湾の人々が「日本帝国臣民」とされたのに対して、パラオの子どもたちは「島民」として、日本国民の枠外に置換されていた。学校ではパラオの子どもたちを「皇民」として、「私たちは立派な日本人になります」などと朝礼で唱えさせていた（三田 2008：116）。しかし、法制度の面でも、日常生活においても、パラオの人が「臣民」や「皇民」として扱われることはなかった（三田 2008：81-82）。

マリさんが証言するように、当時公学校教育においては特に国語と算術に力が入れられていた。それは、先にも述べたように、将来、日本人を手助けする人材を育成することを主眼に置いた、日本人のための教育と呼べるものであった。また、コロールの公学校では、練習生と呼ばれる課外活動が用意されていた。練習生とは、日本人家庭に公学校児童を派遣し家事手伝いをさせ、日本人の「善良な風習」に触れさせると同時に、勤労精神を涵養することを目的としたものだった（今泉 1996：596）。

公学校に関する語りの後、マリさんは次の話題へと語りを進める。

「わたくしたちは、日本人から責任感を教わりました。パラオの人たちはそれまで好き勝手に生きていたから、責任感を学んでよかったんです。わたくしは日本が好き。アメリカよりも日本が。日本には規律があるから。それはパラオの習慣にもあっています。でも、今のパラオの子どもたちは、アメリカだから。学校でもアメリカのことを習うんです。今、わたくしたちの子どもは、規律を知らないんです。だからあなたたちも、他の国のことばかり習わないでください。日本のことをもっとよく勉強してください」（二〇一二年七月一八日と二〇一九年八月九日に実施した参与観察から）

マリさんは、公学校では日本語や勉強だけでなく責任感や規律を学んだといい、アメリカ統治時代を生きた若者たちがそれらを知らないことに苦言を呈する。そして、日本統治時代とアメリカ統治時代を比較しながら、「日本時代はよかった」と回顧する。日本人観光客は、日本のことをもっとよく勉強するようにと締めくくるマリさんの一連の歴史語りに圧倒された様子で帰っていく。まわりで花札に興じていた老人たちが「蛍の光」を合唱しながら「サヨナラ」と手を振り笑顔で見送る。

## 4　「親日」言説とその批判的考察

交流会でのマリさんの語りを聞けば、観光客はパラオが「親日国」であるという感想を抱かずにはいられないだろう。実際に、古い日本語が飛び交い、老人たちが楽しそうに日本統治時代を懐かしんでいる様子を目の当たりにするからである。交流会は、誰が意図するでもなく、「親日」言説を裏づける証拠のような場と化している。パラオの人たちのこうした「親日」的態度は、交流会だけで観察されるものでもない。例えば、ある日本人ダイバーはパラオ人たちの「親日」的態度について次のように回想している。「僕はダイビングで何度かパラオに行ったんだ。知り合いもいる。しかし、日本時代を経験したパラオ人たちは皆、口を揃えていうんだ。日本時代は良かった、良かったってね。日本に支配され、差別され、悲惨な戦争も経験している。なのに、どうして日本人のことが好きなのか不思議でしょうがない」（荒井 2015：10–11）。

戦後にパラオを訪れた日本人の前でたびたび披露されてきた「日本時代はよかった」というパラオ人たちの語りは、一部では「親日」言説と深く結び付けられている（荒井 2015；井上 2015, 2021）。官庁の報告レポートにおいても「パラオ共和国は台湾と並ぶ世界一といってよい親日国である」（岡田 2020：38）などといった報告がなされている。それらパラオの「親日」言説は、中国や韓国にみられる「反日」言説とは対照的であり（Ching 2019=2021：13-41）、きわめて特異にみえる。パラオを「親日国」と呼ぶ文献のなかにもマリさんの語りがたびたび登場している。交流会での語りと同様に、責任感の話や、日本の文化を学びなさいというお説教（井上 2021：3-4）が引用されている。

しかし、「親日」言説が植民地主義を含意することは言うまでもない。これまでも、パラオの人々の「親日」的態度について、親日と反日という二項対立では捉えきれない複雑な感情があることや（三田 2008）、戦略的な態度としての側面を持つことなどが指摘されてきた（飯高 2009）。三田は、「今日のパラオの人びとが日本人や日本という国家に対して示す「社会的身振り」は、植民地統治下に生きるという歴史的体験を通して培われたものである」（三田 2008：86）と述べ、オーラルヒストリーを採集し、若者（調査時の三田）と老人との対話から、日本統治時代の歴史経験の再検討を試みている（三田 2008：Mita 2009）。飯高は、慰霊団の報告書のなかで、しばしばサクラ会が「親日」であると言及していることについて、サクラ会メンバーたちの意図とは必ずしも合致するものではないことを指摘している（飯高 2009：15–20）。慰霊団の受け入れは、「親日」的感情のみが推進力だったというものではなく、混血児の肉親捜しや相互扶助などといった現実的な必要性との符合から行われたものであったと分析している（飯高 2009：16, 2016：241）。これら一連のポストコロニアル研究においては、「親日」言説を問い直すという批判的視座から、パラオの人々の植民地経験の複雑さが読み解かれてきた。

しかし、パラオの「親日」言説への批判的視座は、交流会の現場ではほとんど看過されていると言ってよい。日本人観光客にとって交流会は、植民地主義を「乗り越えた」パラオ－日本間の友好関係を確認する場という認識が強く、老人たちのノスタルジアに対して問いかけることはほとんどない。しかし、先の引用でダイバーが指摘するように、なぜ老人が「親日」的態度を見せるのかと問いかけることと、パラオは「親日国」であると判断することには、歴史解釈をめぐる大きな違いがある。これまでの両国の歴史を踏まえると、老人たちが観光客を歓迎する態度と彼らの植民地経験が、無関係であるとは言い難い（三田 2008）。さらに、植民地統治を経験してきた老人の歴史語りには複雑な感情やメカニズムが存在することも、容易に想像されるだろう。

日本人による暴力は、当時まだ幼かったマリさんの記憶にも大きな傷跡を残していた。筆者が、ジロウさんとマリさんとの三人で、慰霊団との昼食会のためにアラカベサン島にあるリゾートホテルを訪れていたときのことだった。慰霊団が帰っていった後も、しばらく三人でプライベートビーチを眺めながら休憩をとっていた。すると、マリさんが海の向こうを指差して、日本人によって離島に隔離された自分の親戚について語りはじめた。

「日本語では何ていうのか……ライ病。わたくしの親戚はライ病だったから、あそこの島に連れていかれた。日本人が汚いからと言って他のライ病たちと一緒に連れていってしまった。わたくしは泣きました。だけど聞いてくれなかった。鉄砲で撃って、ああ、それはもうとても苦しかった。どうか、撃たないでくださいと泣いたけど、聞いてくれなかった。鉄砲で撃って、怖かったよ。あれはひどいことだった……」（二〇〇八年八月二八日　コロール州アラカベサン島にて聞き取り）

このとき以外にもマリさんは、車での移動中や島の風景を眺めているときに、筆者に向かって日本統治時代のつらい経験について語った。それらは観光客を相手にした「華やか」な語りとは違い、つぶやくような語り口で語られた。離島を目にしたときや、コロールの街中で、バベルダオブ島を走るコンパクトロードで、マリさんが建物や景色をみて想起した記憶をたどって話し始める。次の語りもある日の車中で突然はじめられた。

「学校が終わると、担任の先生の家ではなくて、南洋庁のえらい方の家に手伝いに出かけた。みんなパラオの生徒は、別々の家で手伝いをしていた。掃除とか、いろいろ。わたくしが行っていた家は、よく生徒が泣かされた。あー、それはもう、とっても怖い女がいたから。お偉い方の妻は、なんでもかんでも言いつけて、たくさん用事をさせた。だからパラオの子が「もう嫌だ」と泣いて、何人も手伝いの生徒が変わった。次にわたくしが呼ばれた。あーもうそれは辛かった。用事を済ましても、済ましても、次から次へと頼まれた。ご飯も食べられなかった。夜暗くなってからやっと家に帰ってもいいと言われた。あー怖い女だった。それにあの妻はとても悪いおひとだった。旦那様の留守中に、別の水兵さんの偉い男を家に呼んで、部屋で何かしていた。何度も水兵さんを呼んで、二人で部屋にいた。部屋から出てこないから、わたくしはなかなか家に帰れなかった。あれはとってもたちの悪い女だった……」（二〇一九年八月一一日　コロールからバベルダオブ島へ向かう車中にて聞き取り）

この語りの直前、車は普段はあまり通らないコロールの集落を走っていた。そこでマリさんはかつて奉公に出ていたという水兵の家を見つけた（建物は取り壊されて残っていなかったが、かつて家が建っていた場所を通り過ぎた）。するとマリさんは、突然語りはじめた。その日のマリさんの口調には、めずらしく手伝いに行かされた水兵の家の妻である日本人を蔑視するような感情が強く込められていた。

三田は、マリさんが公学校に通っていた頃に使用されていた文学教材（南洋庁 1937）のなかに「水兵の母」という題材があったことについて言及している。

明治二七、八年の戦役の頃、軍艦高千穂の水兵が母からの手紙を見て泣いていた。通りかかった大尉がこれを見て女々しいと思い、叱咤する。すると水兵は「私も日本男児ですから命は惜しくありません」と言い、母からの手紙を大尉に見せる。母の手紙には、「戦いに出たからには命を捨てて、君の御恩にむくいよ」という内容のことが書かれている。大尉はそれを読み、たいそう感心し、「花々しい戦争の際には、お互いめざましい働きをして高千穂艦の名をあげよう」と水兵を励ます。（三田 2008：100–101）

マリさんの語りを聞いたとき、筆者は、当時小学生だったマリさんが、奉公先の女性が「水兵」の妻であったと鮮明に記憶していることに違和感を覚えた。しかし、マリさんは当時、教科書で習った「水兵の母」と、目の前で実際に見た奉公先の「水兵の妻」とを重ね合わせていたのではないだろうか。学校で日本人から教えられた道徳と、自分が見聞きしたことには矛盾があって、記憶に色濃く残されていたと考えることもできる。奉公先でのマリさんの経験は、決して観光客の前で語られることはない。マリさんは自分の経験を「日本人からは、責任感を学んだ」と言い換えて表現する。そこには、語ることと語らないことを意図的に取捨選択する態度がはっきりと観察されるのである。

また別の日、マリさんと筆者は老人会の遠足に出かけた。行き先は、バベルダオブの最北端に位置するガラロン州の灯台跡地で、通称トーダイ（*todai*）と呼ばれる観光地の一つである。日本統治時代に設置されたトーダイには隣接して日本の大佐らの住居跡もあり、ちょっとした広場もあって、案内板やベンチなどが設置されている。高台で景色もよく、観光客だけでなく地元の人も訪れる場所である。トーダイではみんなで弁当を食べた後、散歩をしたり、ベンチで休んだりと、思い思いに過ごしていた。しばらくすると文化局の職員の四〇代女性が古い日本の歌謡曲を歌い始めた。すると、六〇代女性も知っている日本の歌を続けて披露した。パラオでは、老人世代を中心に日本の歌が広く親しまれている。現在でもローカルラジオで頻繁に演歌がかかるし、葬送儀礼の際に故人が好んだ日本の歌が歌われることも珍しくない。この日も、トーダイという場所や筆者の存在が引き金となって、みんなが日本の歌を歌いはじめた。

一区切りつくと、四〇代の女性が日本統治時代の歴史語りを始めた。四〇代という彼女の年齢からもわかるように、語り手本人は日本統治時代を経験していない。そのため語りはすべて祖父母から伝え聞いた話である。彼女は、筆者が座っていたベンチ前にある大佐の居住地跡の方に顔を向けながら、トーダイやその周辺村落で起こった出来事について話しはじめた。大佐が厳格な人物であったらしいこと、大佐の部下や他の日本人たちがしばしば大佐の噂話をしていたこと、日本人たちがパラオの人たちに暴力的な行為を含めいろいろな仕打ちをしていたことなどが次々と語られた。しばらく日本統治時代の苦い経験についての歴史語りが続き、最後に、「日本人（*Chad ra Shabal*）、頭（*atama*）、蚊取り線香（*katorisenkou*）(9)」とこめかみの先を指差してくるくると回すジェスチャーを交えながら笑顔をみせた。するとそれを聞いていた周りの老人たちも、笑いながら同様のジェスチャーをした。マリさんはベンチに横になりながら表情を変えずにじっと話を聞いていたが、周りの老人も口々に「蚊取り線香」と連呼して笑った。

筆者はこの場で、日本語からの借用語でつくられたこのフレーズが地域社会に定着したものであることを理解した。日本人に対する揶揄的表現を和らげようと、筆者に対して語り手の女性はあわてて「昔の日本人」と補足しながらおどけてみせた。

パラオの人たちは、日常生活や観光で、あるいは社交の場においても直接的に日本人を揶揄することはない。「蚊取り線香」という表現は、パラオの人々だけで共有された日本人には隠されてきた日本人表象の一つであると言える。

遠足がお開きとなり、筆者とマリさんは市街地への帰路についていた。バベルダオブ島の北部から中部に差し掛かったあたりで、マリさんが突然語りはじめた。それは、以前にもバベルダオブ島を車で走っているとき、何度か披露してくれた語りであった。バベルダオブのジャングルで戦火から逃げ惑い、飢えて餓死していく日本兵、そんな「かわいそう」な日本兵たちにパラオ人が芋を分けてあげたことなどが淡々と語られた。いつものように相槌を打ちつつ語りに耳を傾けていると、マリさんは「あのね、あかり」とあらたまり、日本人の植民地主義的態度を見透かすかのように疑義を投げかけた。

「わたくしにはわからないことがあった。日本人とパラオ人はバベルダオブで助け合った。日本人の兵隊さんたちはパラオのことを何も知らないから、だからわたくしたちが芋を分けてあげた。日本人の中にはいい人もいたし、今でも日本のやることはパラオのシューカン（習慣の意で日本語からの借用語）にあっているから好きだけど、ひとつだけわからないことがあった。なぜかいつもパラオ人と日本人は別々にご飯を食べた。わたくしはそれがわからなかった。なぜ一緒にご飯を食べないのか。」（二〇一九年八月一二日　マルキョク州にて聞き取り）

パラオ社会では、食べものを贈与・交換し合うこと、あるいは一緒に食事することによって、人と人との関係性が結ばれていく。そのため、パラオ社会の文脈において、「飢え」はもっとも苦しいことだと考えられている。パラオ社会において空腹とは、単なる食料不足を意味するのではなく、他者とのつながりを持たずに地域社会から疎外されていることを意味する。戦争中に日本人に芋を分けたというパラオ人の行動は、食を通して他者との関係性を築いていくパラオの人たちの生活の営みのあらわれであった。つまり、当時のマリさんにとって日本人は、暴力を振う凶暴な外来者としてだけでなく、ともに戦争を経験した隣人としても認識されていたのである。

## *5*　葛藤としてのノスタルジア

ノスタルジアという感情にはさまざまな特質がある。ノスタルジアとは、一七世紀になってはじめて使用されるようになったスイスでうまれたドイツ語である（Cassin 2013=2020:14）。「帰郷」を意味する nostos に、「痛み」や「苦しみ」を意味する algos が接合された語で、自分の故郷から遠く離れているときに感じる苦しみを指す病名であった（Cassin 2013=2020 : 13-14）。第二次世界大戦後になるとノスタルジアはオリエンタリズムのなかでもたびたび指摘されるようになった。オリエンタリズムにおけるノスタルジアとは、先のような郷愁の感情につけられた病名ではなく、過ぎ去った植民地時代に向けられた感情であった。帝国主義ノスタルジアと呼ばれ、かつて自らが有していた領土や権力への哀愁が込められていた。そのため帝国主義ノスタルジアは宗主国が被支配国に対して抱く感情として理解されてきた（Said 1978）。

第二次世界大戦後にはコロニアル・ノスタルジア（新帝国主義ノスタルジア）という語があらわれた。一方的な植民地神話ではなく、ライフスタイルや異文化関係の理想像と結びついた集団的な感情である。帝国主義ノスタルジアとは異なり、コロニアル・ノスタルジアはより地域に特化している。植民地神話とは、植民地とその人々に対する誤った解釈や無理解、あるいは植民地体験の存在しない次元を捏造したものである。一方、コロニアル・ノスタルジアとは、生きた経験の記憶を装飾したものである。したがって、歴史的記憶とは異なり、植民地時代の人々の感情を表現したものであり、さまざまな形で、文化、社会、政治の主流に浸透する言説へと変貌を遂げる。そのため、コロニアル・ノスタルジアは、植民地からの解放直後にもっとも強く現れる感情であり、語り、視覚的表象、そして場合によっては制度的なものとしても表明され、修復的あるいは反射的な作用として理解される感情であった。さらに、従来のノスタルジアとは異なり、時を経ても消えない感情であることにその特徴が見出されてきた（Lorcin 2013：104）。このように、帝国主義ノスタルジアが宗主国から捏造されたオリエンタリズムの性質を有するのに対して、コロニアル・ノスタルジアには、被支配国からも発せられる要素を含意している。

日本統治時代に同化教育を受けたパラオの人たちが慰霊団と交流していたそのとき、パラオはアメリカ統治時代を経験していた。歴史学や教育学研究からも、当時パラオの人たちは、度重なる植民地経験や戦後のアメリカ統治時代においてパラオが大きく変化していったことに対して葛藤を抱えていたと分析されている。たとえば、アメリカ統治時代にはこれまで受けてきた日本統治時代の皇民化教育が活かされなかったこと（Higuchi 1993）や、日本とアメリカとの価値観のギャップが受け入れがたかったこと（宮脇 1994）などが指摘されている。そもそも、アメリカ統治時代に教育を受けていないパラオ人は、英語を話すことができなかった。

一九六〇年代から続けられてきた慰霊団との交流は、コロニアル・ノスタルジアを生成する一つのきっかけであったたろう。慰霊団との交流は、お互いが必要とする情報や記憶の共有という目的を有していた。混血児たちにとっては日本に暮らす親戚の情報収集として、慰霊団にとってはパラオでの肉親の生前の痕跡の記憶や情報が必要だった。そして両者が三世代にもわたり長期的な交流を重ねることで、ホスト役を担ってきたパラオの人たちと慰霊団の間には、共に紡がれていった相補的な記憶が生成されていった。そうした相補的な記憶が、部分的に「親日」言説と結びつけられるようになった。

しかしパラオの人たちの視点からみるとコロニアル・ノスタルジアとは、アメリカ統治時代の最中に対日関係を経験するというきわめて特殊な状況のなかで生成されていった感情であった。日本統治時代を懐かしんでノスタルジックに語るという行為とは、終わらない植民地経験から生じる自らの複雑な感情を処理するためのプロセスでもあった。

パラオの独立から三〇年を迎えようとするなか、慰霊団とパラオの老人との相補的な記憶は、戦争を経験していない世代の日本人観光客の前で再現され、観光資源と化している。観光資源になることによって、パラオ人と慰霊団との交流が生んだコロニアル・ノスタルジアは、サクラ会の周辺に生きているパラオ人やその家族に受け継がれつつ、次世代の日本人観光客へと伝承されている。こうしてコロニアル・ノスタルジアというパラオ人の感情が時代を超えて日本人に伝えられたことで、コロニアル・ノスタルジアは日本統治時代を美化する神話と化して、今日の「親日」言説の根拠となっている。

旧宗主国の観光客が旧植民地国を旅するという行為そのものが、時として政治的プロパガンダと結びつく可能性を持っている。ここまで検討してきたように、慰霊団や日本人観光客との交流の過程でいつしか醸成されていった「日本統治時代はよい時代だった」という老人たちのノスタルジックな語りは、現代の観光の場において繰り返し再生されている。しかし、交流会におけるコロニアル・ノスタルジアをめぐる解釈は、ボタンを掛け違えるかのように少しずつ語り手の意図しない「親日」という方向に転びながら、道徳的ジレンマをうんでいる。老人たちが「楽しそう」に植民地時代を懐かしむ光景を目の当たりにした日本人観光客は、その光景を想定外で異質な出来事として捉える。そして、負の歴史のなかに自己肯定感を見出すかのように、「親日」言説と結びつけながら、自分が目の当たりにしたノスタルジアを理解しようとする。観光の場で幾度も強調されるコロニアル・ノスタルジアは、日本人観光客にしてみれば、植民地支配という歴史の負の側面がもたらす罪悪感を和らげる効果を持っているかもしれない。しかしパラオの老人にとってコロニアル・ノスタルジアとは、日本人に対する自らの複雑な感情を処理するための態度の一つでもある。マリさんの歴史語りに嘘はない。しかし、観光客には決して語らない植民地経験の記憶も存在していて、多くの観光客はマリさんの隠された記憶を知らない。こうして、ノスタルジアは双方に別様の効果をもたらしているのである。

交流会で観察されるように互いの感情や歴史解釈がかみ合わないことを、どう理解し、解消することができるのだろうか。例えば、両者の歴史解釈の齟齬ないしはズレは、ダークツーリズムがいうところの新たな「近代の反省」の再生産だと批判することもできるだろう。ガッサン・ハージは、「別のあり方を模索する政治（オルター・ポリティクス）」という概念を用いて、資本主義、人種主義、植民地主義などを批判的に捉えようとする（Hage 2015=2022）。ハージのいうオルター・ポリティクスとは、単なる反植民地主義でも植民地主義の乗り越えでもない。ハージは、植民地主義への抵抗と別のあり方を模索する情熱とが対立することなく結びついていくことによってはじめて、支配者も含む全員が植民地主義的な権力構造から脱却することが可能になると説いている（Hage 2015=2022：18-19, 350-352）。二元論的な対立構造を溶解することで、当事者たちは、閉じ込められた場所から外部の空間へと解放される（Hage 2015=2022：350-351）。

ハージの弁証法的な発想によってうまれた外部の空間とは具体的にどのような場であるのかについては、議論の余地があるだろう。しかし、オルター・ポリティクスが指し示す可能性は、本章が論じてきた交流会の場にも応用できるだろう。交流会でのマリさんは、コロニアル・ノスタルジアの語りに終始するのではなく、戦争を知らない世代と対話しようとする様子も観察された。それは、「親日」言説に絡めとられない未来志向型の態度であるといえる。

最後に、本書のテーマである「観光化」と「脱観光化」という視点から、本章の事例を考察したい。「観光化」は、老人たちの歴史語りが観光資源化していった一連の過程に観察される。先述したように、二〇一五年の天皇・皇后の慰霊訪問以降、日本ではパラオに対する関心が高まった。そうした文脈において、マリさんをはじめとする老人たちの植民地経験、そして老人たちの歴史語りが観光資源となったのである。

一方、「脱観光化」の流れとしては、例えば老人との交流会が、日本人観光客だけでなく、戦争を知らない世代のパラオの子どもたちとの交流会へと展開される可能性は十分にあった。あるいは、老人の語りをパラオの人が記録するといった可能性もあっただろう。しかし筆者の知る限り、これまでそのような動きが観察されることはなかった。文化局には、人類学や教育学を修めた研究者が数人在籍しており、彼女たちはパラオの歴史や自文化の継承に強い関心を寄せていた。さらに、コミュニティでも、老人たちの日本統治時代の語りは、自国の歴史継承にとって価値があるといった声もちらほらと聞こえてきた。それにもかかわらず、なぜこの交流会での歴史語りが、日本人観光客だけを対象とするものとして「観光化」され、ローカル社会からは看過され続けてきたのだろうか。

そもそも日本人に向けられたコロニアル・ノスタルジアが、ホスト側のコミュニティ社会が継承したい歴史語りであったのかどうかを問いなおせば、その答えは明確になるだろう。マリさんが筆者に語った歴史語りからも明らかなように、パラオの老人の記憶には、観光資源化されうるノスタルジックな語りと、観光資源化できないような植民地主義批判の語りとが混在している。そして植民地主義批判の語りは、観光の文脈において立ち現れることなく、地域社会のなかで個別に継承されてきた。

コロニアル・ノスタルジアが「脱観光化」しないことが示す意味は大きい。今後、仮に日本人観光客を相手に植民地時代を批判するような語りをする場が生起したならば、それはマリさんが日本人観光客に向けて発信しようとした、対等な隣人としての真の交流となるのかもしれない。それはホスト／ゲストといった関係を超えた「脱観光化」の事象となるだろう。

新型コロナウイルス感染症の拡大により、パラオは観光客の受け入れをしばらくの間停止していた。その間、九〇歳になったマリさんは体調を崩し、センターのあるコロール島ではなく、息子の家があるバベルダオブ島へと移り住んだ。観光が再開されてからもマリさんはバベルダオブ島に留まり、センターからは足が遠のいていた。筆者がパラオを訪問した二〇二三年八月時点では、マリさんは語り手の仕事はほぼ「引退」状態にあった。現在のセンターに、コロナ禍以前に交流会のホスト役を担っていたメンバーはほとんど在籍しておらず、世代交代が起こっていた。もはや今日のセンターは、ノスタルジックな歴史語りを流暢な日本語で披露できる老人と出会える場としては機能しなくなっている。

これから、パラオの人々の植民地経験はどう受け継がれていくのか。今後、別なる形で日本人観光客との交流の機会が設けられるとするならば、そこには、「親日」言説に偏向した歴史解釈ではなく、他者と向き合いながら、植民地主義からの解放を目指すような態度が求められるだろう。

注

（1）飯高の聞き取り調査によれば、サクラ会の設立目的は、第一に日本からの慰霊団の受け入れ体制を整えること、第二に日本にいるはずの混血児の肉親を探すこと、第三に混血児同士で相互扶助を行うことなどで、日本人の受け入れだけを目的とするものではなかったことが示されている（飯高 2009：9）。

（2）本章では、日本委任統治領期を省略して日本統治時代、米国信託統治領期をアメリカ統治時代と呼ぶ。

（3）スペイン植民地期（一八九一〜一八九九）、ドイツ植民地期（一八九九〜一九一四）、日本委任統治領期（一九一四〜一九四五）、米国信託統治領期（一九四六〜一九九四）。

（4）独立の「遅れ」は、先の憲法草案に示された非核宣言をめぐり、パラオ島内での議論が長期化したことが原因であった。非核宣言の撤廃ないし一部見直しをすれば補助金を与えるというアメリカ側の提示した条件をめぐり、島内では革新派と保守派間で論争が起きた。合計八回にも及んだ島民投票を経て、最終的に非核宣言の内容を一部見直し、草案を修正することでアメリカからの合意が得られた。独立以後は、アメリカと自由連合連盟（Compact of Free Association）が締結された。同連盟によって、一部の外交権と軍事権を委ねる代わりに、アメリカから通称コンパクトマネーと呼ばれる多額の補助金を受け、補助金がパラオの国家財源のおよそ6〜7割を占めている（一九九四年から一五年間にわたり、総額六億三〇〇〇ドル)。二〇一〇年からは、さらに一五年間の補助金の延長が決定されている。

(5) リゾート開発の促進と同時に、パラオ政府は、観光資源となる自然環境の保全に対しても積極的に取り組んできた。なかでも女性が観光開発に果たした役割は大きく、環境資源や生活資源としての環境保護運動や、カジノ建設反対運動などに取り組み、環境や治安の維持に貢献してきた(松島 2003：119-123)。パラオ政府は、入国するすべての旅行者からの環境税の徴収や、ロックアイランドへ立ち入る際の入島税の支払いを義務化し、自然保護と観光とを両立させる体制を構えている。また新たな試みの一つの取り組みとして、近年、パラオ・プリッジ(Palau Pledge)と呼ばれる環境保護誓約を導入し、入国するすべての旅行者に対して署名を義務づけた。パラオ・プリッジは、二〇一八年のカンヌライオンズ国際クリエイティビティ・フェスティバルにて、SDGs 部門をはじめとする三部門でグランプリを受賞するなど世界的にも高く評価されている。

(6) 二〇〇八年から二〇一九年までの一二年間の入国者数の平均は一〇万三〇一三人。そのうち日本人入国者数は二〜三万人前後を占めている。資料は、Bureau of Immigration, MOJ, Palau Visitors Authority, and Bureau of Budget and Planning, MOF を参照。

(7) 新しい国際空港の開港は、コロナ禍で迎えることとなった(二〇二〇年五月)。パラオ政府は、感染対策として早い段階で観光客の受け入れを制限していたが、二〇二〇年四月には台湾とのトラベルバブルを実施するなど、感染者数の少ない島国間での移動に限定しながら観光業を再開させていた。

(8) 日本による委任統治領期以降、パラオでは個人名に日本名を名付ける風習が定着していった。その習わしに準じて、本章では登場する人物の一部の仮名を日本語で記す。

(9) パラオでは、日本統治時代以降に取り入れられた日本語からの借用語が三〇〇語程度日常的に使用されている。頭(atama)、蚊取り線香(katorisenkou)も借用語である。

(10) ダークツーリズムは、一九九〇年代以降に確立されていった比較的新しい観光形態である。「戦争や災害をはじめとする人類の悲しみの記憶を巡る旅」(井出 2018：15, 2021：8)と言われ、従来の観光とは異なり、「近代の反省」と経験的に向かい合いながら学びや思考を深めていくという目的を持った旅である(井出 2018)。日本委任統治領期を経験したパラオの老人たちと語らいながら植民地時代という歴史を知ろうとする観光は、まさに「近代の反省」を促すダークツーリズムと呼べる。

## 文献

荒井利子、二〇一五、『日本を愛した植民地——南洋パラオの真実』新潮社。

飯髙伸五、二〇〇九、「旧南洋群島における混血児のアソシエーション——パラオ・サクラ会」『移民研究』五：一‐二六頁。

飯髙伸五、二〇一六、「「ニッケイ」の包摂と排除——ある日本出自のパラオ人の埋葬をめぐる論争から」『文化人類学』八一（二）：二二八‐二四六頁。

市野澤潤平、二〇二二、「観光人類学への招待——〈観光×文化人類学〉の成り立ちと現在」市野澤潤平編『基礎概念から学ぶ観光人類学』ナカニシヤ出版、一‐一二頁。

井出明、二〇一八、『ダークツーリズム拡張——近代の再構築』美術出版社。

井出明、二〇二一、『悲劇の世界遺産——ダークツーリズムから見た世界』文藝春秋。

井上和彦、二〇一五、『パラオはなぜ「世界一の親日国」なのか——天皇の島ペリリューでかくも勇敢に戦った日本軍将兵』PHP研究所。

井上和彦、二〇二一、『「美しい日本」パラオ』潮書房光人新社（産経NF文庫）。

今泉裕美子、一九九六、「南洋庁の公学校教育方針と教育の実態——一九三〇年代初頭を中心に」『沖縄文化研究』二二：五六七‐六一八頁。

今泉裕美子・柳沢遊・木村健二編、二〇一六、『日本帝国崩壊期「引揚げ」の比較研究——国際関係と地域の視点から』日本経済評論社。

岡田幹彦、二〇二〇、「パラオの親日（前編　素晴らしかった日本統治）」『明日への選択』五月号、四一二：三八‐四一頁。

栗本英世・井野瀬久美恵編、一九九九、『植民地経験——人類学と歴史医学からのアプローチ』人文書院。

中山郁、二〇一四、「パラオ諸島における慰霊巡拝の展開と慰霊碑」『宗教研究』八七（別冊）：四四三‐四四四頁。

松島泰勝、二〇〇三、「パラオにおける観光開発と女性」石森秀三・安福恵美子編『観光とジェンダー（国立民族学博物館調査報告三七）』国立民族学博物館、一一一‐一二五頁。

三田牧、二〇〇八、「想起される植民地経験：「島民」と「皇民」をめぐるパラオ人の語り」『国立民族学博物館研究報告』三三（一）：八一‐一三三頁。

宮脇弘幸、一九九四、「旧南洋群島における皇民化教育の実態調査（２）——マジュロ・ポナペ・トラックにおける聞き取り調査」『成城学園教育研究所研究年報』一七：一六七‐二一〇頁。

山下晋司、二〇〇九、『観光人類学の挑戦――「新しい地球」の生き方』講談社。
Cassin, Barbara, 2013, *LA NOSTALGIE: Quand donc est-on chez soi?*, Pluriel.（馬場智一訳、二〇二〇、『ノスタルジー――我が家にいるとはどういうことか？　オデュッセウス、アエネアス、アーレント』花伝社。）
Ching, Leo, 2019, *Anti-Japan: The Politics of Sentiment in Postcolonial East Asia*, Duke University Press.（趙相宇ほか訳、二〇二一、『反日――東アジアにおける感情の政治』人文書院。）
Hage, Ghassan, 2015, *Alter-Politics: Critical Anthropology and the Radical Imagination*, Melbourne University Press.（塩原良和・川端浩平監訳、二〇二二、『オルター・ポリティクス――批判的人類学とラディカルな想像力』明石書店。）
Higuchi, Wakako, 1993, *Islander's Japanese Assimilation and Their Sense of Discrimination*. Micronesian Studies, Micronesian Area Studies, University of Guam.
Lorcin, Patricia, 2013, Imperial Nostalgia; Colonial Nostalgia: Differences of Theory, Similarities of Practice? *Historical Reflections* 39(3): 97-111.
Mita, Maki, 2009, Oral Histories of Palauan Elders, *Senri Ethnological Reports*, 87: 21-274.
Peattie, Mark, 1988, *Nan'yo: The Rise and Fall of the Japanese in Micronesia, 1885-1845*, University of Hawaii.
Said, Edward, 1978, *Orientalism*, Pantheon book.
Smith, Valene, 1989, *Hosts and Guests: The Anthropology of Tourism*, University of Pennsylvania Press.（市野澤潤平・東賢太郎・橋本和也訳、二〇一八、『ホスト・アンド・ゲスト――観光人類学とはなにか』ミネルヴァ書房。）
Vidich, Arthur, 1980, *The Political Impact of Colonial Administration*, Arno Press.
Yamashita, Shinji, 2000, The Japanese Encounter with the South: Japanese Tourists in Palau, *Contemporary Pacific*, 12: 437-463.

## 資料

南洋協会南洋群島支部、一九二八年四月二〇日発行、『委任統治地域　南洋群島事情』。

南洋庁、一九三七、『公学校補習科　国語読本　巻1』コロール：南洋庁（宮脇弘幸監修、二〇〇六、『南洋群島　国語読本七』大空社、所収）。

南洋群島教育会、一九三八、『南洋群島教育史』南洋群島協会。

# 第4章　あわいを生きる
## ――コロナ前後のタイ領アンダマン海におけるモーケンの観光業への従事

鈴木佑記

### 1　タイの観光化とコロナの影響

タイは世界有数の観光立国の一つである。一九六〇年に八万一三四〇人だった訪タイ外国人旅行者数は、一九七〇年に六二万八六七一人、一九八〇年に一八五万八八〇一人、一九九〇年に五二九万八八六〇人と着実にその数を伸ばしていき、二〇〇一年にはとうとう一〇〇〇万人を超えた（一〇〇六万一九五〇）。二〇〇〇万人を超えたのは二〇一二年であり、三〇〇〇万人を超えたのは二〇一六年、新型コロナウイルス感染症（以下、コロナ）が世界中に蔓延する前の二〇一九年には四〇〇〇万人にせまる外国人観光客（三九九一万六二五一人）がタイに入国しており（図4－1）、その数は世界第八位で、また同年の観光収入高は世界第四位にランキングしている（UNWTO 2020）。タイの人口が約六六〇〇万人超であることを考えると、いかに多くの外国人が訪れているかがわかる。

注視すべきは二〇一〇年代で、二〇一〇年から二〇一九年の間に約二四〇〇万人増加している。一九六〇年から二〇一二年まで五〇年以上かけて二〇〇〇万人に到達したのと比べると、その伸び率の高さには目を見張るものがある。タイは二〇一〇年代に急激な観光化が進んだといえる。このことは、本章で取り上げるスリン諸島に対して

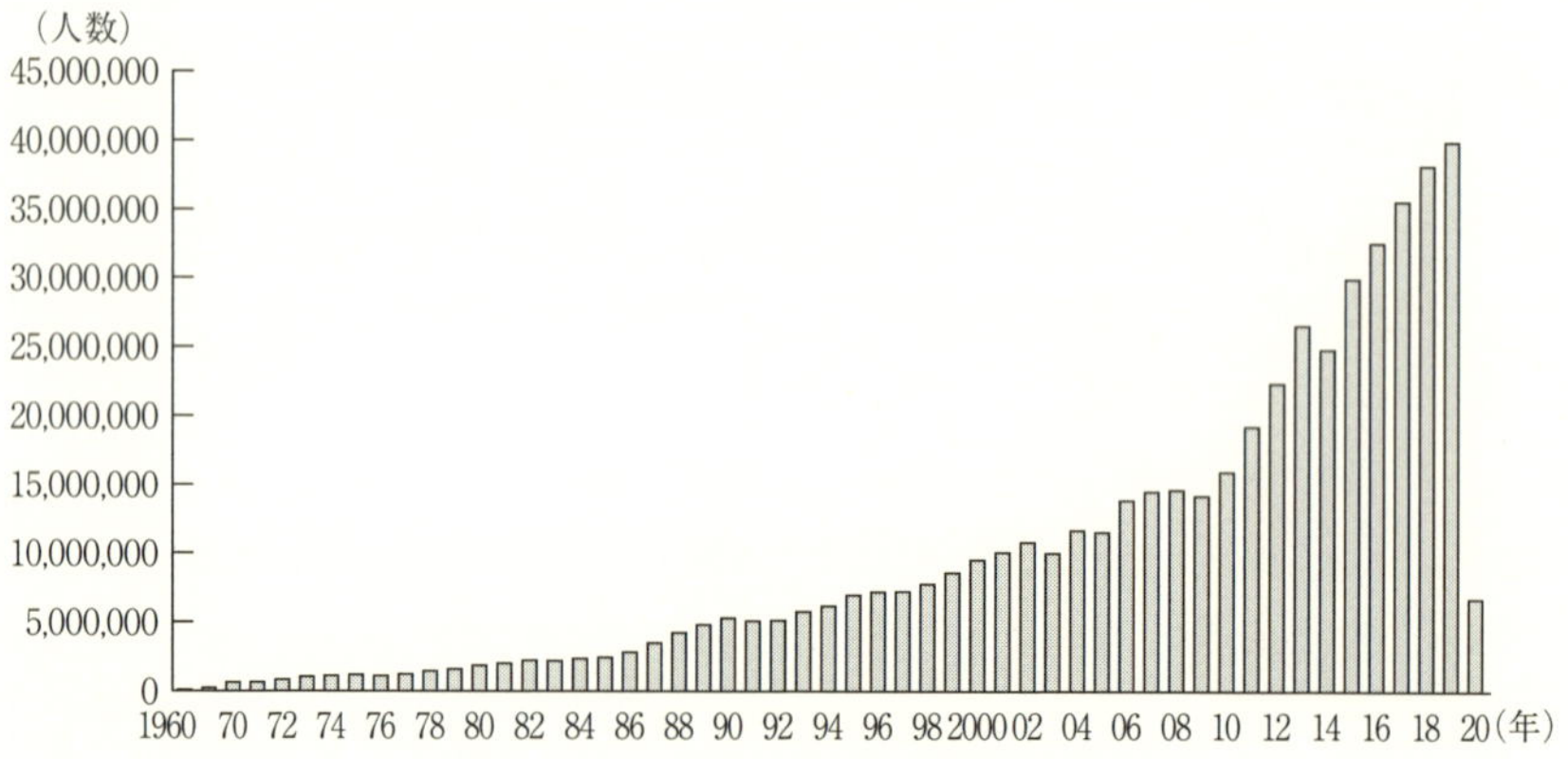


**図4－1**　訪タイ外国人旅行者数の推移

出典：MOTS［Ministry of Tourism and Sports］および TAT［Tourism Authority of Thailand］Homepage

も当てはまる。とはいえ、微視的にみると、特定の地域を拠点とした観光化が進むと、それと同時に脱観光化が進む別の地域も確認できるようになる。その逆もまた然りである。観光化と脱観光化は表裏一体で同時進行するものの、その発端ではいずれかの現象が特定地域で先行して発生している。その点については第4節で明らかにしていく。

二〇一〇年代の急速な観光化を経験した後、二〇二〇年に入るとタイにもコロナが広がり始め、政府は三月二二日にロックダウンを宣言し、二六日には非常事態宣言を発令して国境が閉じられた。ウイルスの脅威がタイを襲い、脱観光化の停止状態に追いやったのである。一〇月には観光客の受け入れ——当初の受け入れ先はプーケット島等の限られた島のみ——を再開するも、政府指定のホテルで入国から一四日間隔離されるといった諸々の制約もあり、旅行目的でタイを訪れる外国人はほとんどおらず、一二月に入るとコロナが再拡大し、再び国境を閉じることとなった。このように、観光の停滞と縮小を繰り返した二〇二〇年にタイを訪れた外国人観光客は、約六七〇万（六七〇万二三九六）人まで落ち込み——しかもその大半は非常事態宣言が発令される前の一～三月の約三ヶ月間に訪問——、ホテル業と飲食業を中心に、観光産業に携わるさまざまな人々に甚大な影響を与えた。

なかでも風光明媚なビーチで人気の高いプーケット島は観光を中

心産業としており、大打撃を受けた。二〇二〇年四月から六月までの三ヶ月間にプーケット全島では、コロナによって職を失った約一五万（一四万九二〇九）人の失業者が補償金を受給したと報道されている（Thai PBS web 2020/9/28）。またプーケット島で就労していた大量のミャンマー人労働者は、自国に帰らざるをえない状況に追い詰められた。当時のプーケット島の人口は五四万一八五一人で、そのうち勤労世代とされる一五歳以上の人口が四五万二七九七人であったことから、コロナ初期の頃だけでも三人のうち一人が失業した計算となる。本章の主な舞台であるスリン諸島は、そのプーケット島の北西に位置する。これから論じるように、スリン諸島への観光客は二〇一〇年代半ば以降、そのほとんどがプーケット島から日帰りのボートツアーで訪れる人々であった。ところがコロナ後はプーケット島から観光客がいなくなったため、スリン諸島関連の観光業に従事する人たちは大きな影響を被ることになった。

本章では、スリン諸島に暮らす少数民族モーケンの、コロナ前後を中心とした、観光業への従事のあり方を論じる。構成は以下の通りである。第2節ではモーケンの基礎情報を提示したうえで、彼らがどのように貨幣経済に取り込まれるようになったのかを、船の形態変化に着目して論じる。貨幣経済の浸透が、観光業に従事せざるをえなくなるモーケン社会の下地をつくった。第3節では、漁業を生業としてきたモーケンが観光業に従事するようになった背景に、アンダマン海域の国立公園化が関係している点を説き明かす。第4節では、二〇一〇年代、つまりコロナ前の一〇年間にアンダマン海域の観光化と脱観光化がいかに急激に進んだのかを、プーケット島を主な出発地とする日帰りボートツアーの隆盛に焦点を合わせて詳述する。また、隆盛の原因には原油価格の高騰と中国人観光客の急増という二つがあった点を指摘する。第5節では、二〇二〇年にコロナによって脱観光化してから、二〇二二年末に入り再び観光化しようとしたスリン諸島に目を向ける。コロナが原因でツアー会社から解雇された多数のモーケンは、現在は村落に訪れる観光客に対して土産品を販売する商売に力を入れるようになっている。ここでは、その契機をつくった三人のモーケンに注目して論述する。最後の第6節では本章の内容をまとめ、モーケンが観光業に従事するうえで、タイ社会とモーケン社会を媒介する〈境界人〉が重要な働きをしている点を、個人的特性による「善きもの」のつながりと捉えることで考察する。結論として、モーケンが観光化と脱観光化、そしてタイ社会とモーケン社会の二つの「あわい」に生きることでよりよい生活世界を築いているのだと論じる。

## 2　モーケン社会における船の形態変化と貨幣経済の浸透

モーケンとは、タイ領とミャンマー領のアンダマン海域に暮らす少数民族である。[1] 人口はミャンマーに約二〇〇〇人、タイに約一〇〇〇人いる（図4-2）（Narumon 2017）。アンダマン海域には一〇〇〇以上の島が浮かんでおり、[2] 彼らは島と島の間を船で移動しながら暮らしてきた。狭い範囲で漁をする際には船一隻で移動することもあるが、基本的には少人数の集団で動いていた。過去には、一つの船隊は少なくとも四隻、多くて四〇隻から構成されていたことが報告されている（Carrapiett 1909：7）。通常は一隻の船に一世帯が暮らすので、四世帯から四〇世帯が一つの集団となって行動を共にしていたことになる。ただし、四〇世帯が一つの船隊を構成するのは珍しく、一般的には一〇世帯前後で集団が構成されていたと考えられている。こうした船隊は親族を中心とした関係性のなかで形成されていたが、必ずしも固定的ではなく流動的で、各船は別の船隊に出入りすることもあった。

モーケンが船で移動するのは、災厄から逃れるためであったり、自集団や他集団との緊張関係を解くためであったりするが、第一義的には生活の糧となる生物資源を探すためである。モーケンは多種多様な海産物を自家消費用として採捕するが、彼らが生きるうえでなによりも肝要なものは鶴見良行（1999：182）が特殊海産物、村井吉敬（2009：100）が南海産品と呼んだ資源である。特殊海産物ないし南海産品とは、主に中国人・華人市場向けに運ばれるナマコ、夜光貝、ツバメの巣、タイマイ（ウミガメの種類）の甲羅、白蝶貝、高瀬貝、フカ（大型のサメ）のヒレ、蜜蠟、香木、香料といった、熱帯地域で捕れる産品である。モーケンはこれらの生物資源を販売のため、古くは物々交換を目的として、アンダマン海を移動しながら採捕してきた。上に挙げた資源のうち、タイマイとフカ以外は特定の場所にいる／あるので、動くとしても行動範囲は非常に限られている。そのため、ある地点に存在する

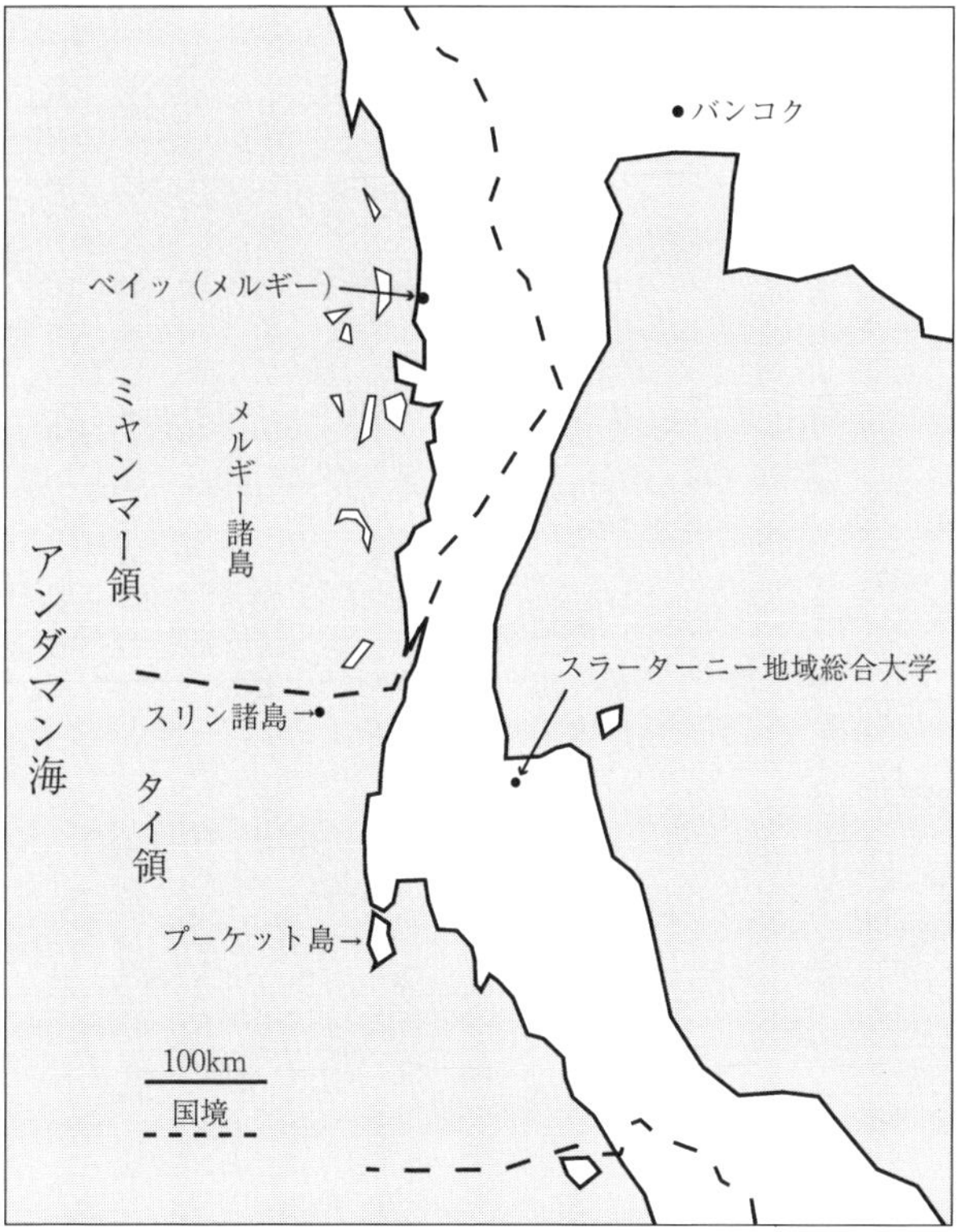


**図 4－2**　アンダマン海域

出典：筆者作成

資源の大部分を採捕しつくしたら、別の場所を目指して他の海域へ船を進めるのである。[3] 採捕したものは、古くは華人やマレー人などの仲買人と食料や生活必需品との物々交換のかたちをとっていたが（eg. Bird 1897 : Carrapiett 1909）、一九四〇年代中頃からは現金で買い取られることが多くなっていったと考えられる（鈴木 2016 : 110）。ちょうど交換から販売へと取引形態が徐々に移行した四〇年代に、船の形態も古いものから新しいものへと移っていった。

　船はモーケン語でカバンといい、一九七〇年代を境に旧型カバンと新型カバンに分類することができる。旧型カバンは舷側にサクラヤシの葉柄、竹、籐紐が用いられ、新型カバンは舷側に厚板（単板）が用いられるようになった。旧型カバンの全長が七から八メートル程度あるのに対して（Bernatzik 1938=1968：28）、新型カバンには七から一二メートル程度のものが多くみられる。新型カバンの甲板は取り外しが容易にでき、床下には採捕して乾燥させた海産物（主に乾燥ナマコ）などを入れた袋や、陸地で汲んだ真水をためたタンクなどを収めていた。

この旧型から新型への移行で看過できないのは、単に船の材料が以前と異なるものになっただけでなく、移動のあり方が変わった点にある。サクラヤシや竹などの素材は軽くて浮力がある。旧型カバンを用いていた時代、モーケンが自ら櫂を漕ぎ、風を帆に受けることで船は推進力を得ていた。ところが厚板により船の重量が格段に増してしまうと、同じ方法ではスピードがほとんど出ない。新型カバンは一九三〇年代にはすでにタイ本土の沿海で確認されているが（Credner 1935：152）、その出現には船外機の使用が必要になってくる。旧型から新型への移行が進んだ地域はアンダマン海のなかでもばらつきがあるが、次節から取り上げるスリン諸島周辺海域で新型への移行が急激に進んだのは一九七〇年代のことである（Ivanoff 1999：132；鈴木 2016：179）。

船外機の使用はモーケンの活動範囲を拡大させ、移動時間を短縮させた。短い時間でより多くの資源を確保できるようになり、取引相手も複数個所に暮らす仲買人から選ぶようになっていった。一九〇〇年前後までのモーケンは、特定の仲買人とつねに行動を共にすることで「パトロン―クライアント関係」を築き、固定化された二者間で物々交換を行っていた（e.g. Carrapiett 1909：14–15；Bernatzik 1938=1968：20–21）。ところが、現金取引が導入されると、別の島に暮らす親族や、本土に住む家族関係を駆使して買い取り価格の情報を集め、多少遠くても、より高く買い取ってくれる仲買人のもとへ売りに行くようになった（鈴木 2018）。こうして、複数の仲買人と取り引きすることで、貨幣経済はモーケン社会によりいっそう浸透することになった。

また、タイ本土にある市場や病院を利用するなど、資源の取引以外の場でも現金が必要になっていった。モーケン社会において、物々交換から貨幣が媒介する売買へと取引形態が変化した時期は、旧型カバンから新型カバンへと船外機による船の動力化が進んだ時期と重なる。マレー半島西岸から少しずつ船外機を載せた新型カバンが出現するようになり、徐々に島嶼においてもその利用が広がっていった。船外機の利用はガソリンに依存することであり、ガソリン代を得るための現金収入がモーケン社会にとって重要度を増していったのである。

## 3　スリン諸島の観光化とモーケンの生業の変化

モーケンは生活の糧となる資源を求めて移動を繰り返していたが、一年中船上生活をしていたわけではない。アンダマン海域の気候を左右するモンスーンがモーケンの行動に制約を与えてきた。とくに雨季となる南西モンスーンの季節――通常は五月から一〇月――は、インド洋の大量の水分を含みこんだ空気がアンダマン海に流れ込んでくるため、大雨で海の荒れる日が続く。この時期だけは、モーケンは特定の島の入り江、その多くは風雨が直撃しない島の東側の砂浜に簡素な小屋を建ててそこで過ごす。小屋の屋根には船で使用している屋根をそのまま取り付けることが可能であり、いつでもその小屋から離れられることを前提につくられていた。雨季の半年間は特定の島を拠点として過ごすが、世帯によっては晴れ間が続くと別の島に移動することもあった。

アンダマン海に浮かぶ島々のなかで、本章で取り上げるスリン諸島も、モーケンが雨季に一時的に利用してきた場所の一つであった。スリン諸島のなかでも比較的大きい北スリン島と南スリン島にはいくつかの入り江があり、古くからモーケンは、強風を避けて船を停泊させるために各所の砂浜を利用してきた。スリン諸島内でモーケンが小屋を建てて集団で住んだ場所は、これまでに確認できているだけでも一一ヶ所ある（Narumon et al. 2006 : 9）。小屋は、単に暴風雨の直撃を避けられるだけでなく、近くに真水を確保できる場所がなければならない。また船の出し入れが容易で、勾配が緩すぎずきつすぎない、ほどよい砂浜が選ばれる。スリン諸島に二つある大きな島のほとんどの沿岸部は急勾配の小山で占められており、砂浜の面積が狭いため、小屋を建てる場所も限られてくる。少ないなかでもモーケンが好んで利用してきたのがボンヤイ湾である。現在、ここにモーケンの集落が形成されている。

モーケンがスリン諸島に恒久的な小屋を建てるきっかけをつくったのは、一九八〇年代に推進された、タイ政府によるアンダマン海域の海洋国立公園指定である。一九八一年にスリン諸島、一九八二年にシミラン諸島、一九八三年にスリン諸島の東方に位置するレームソン沿岸地帯、一九八六年にシミラン諸島の東方に位置するカオランピー・ターイムアン浜地域、一九九一年にそのすぐ北に位置するカオラック・ラムルー海岸一帯、そして二〇〇九年にスリン諸島の北方に位置するパヤム諸島国立公園（二〇一〇年にラノーン諸島国立公園へと名称変更）がそれぞれ海洋国立公園に指定された（図4－3）。モーケンが昔から船で移動し資源を確保してきた一帯が、次々と海洋国立公園となり国家に管理されるようになったのである。

タイの国立公園法によると、指定された区域に勝手に住むことは許されない。またその区域内に棲息する動物を捕獲したり、自生植物を採集したりすることも禁じられている（DNP 2004：13-14）。モーケンは、自らの住まいであり、移動手段でもある船の材料を集めることも、生業である漁業さえも自由に行えなくなった。とはいえ、国立公園事務所のスタッフは法律をモーケンに対してそのまま厳格に適用しているわけではない。国立公園事務所の裁量的な判断のもとで法律が運用されているのが実状である。スリン諸島国立公園事務所の場合、モーケンをスリン諸島から排除することはなく、彼らが自給自足できるだけの、また最低限の現金収入が確保できるだけの商業的な漁業活動を黙認してきた。それ以外の国立公園事務所は法律に則り厳しく管理しているため、スリン諸島に陸上がりしたモーケンはスリン諸島周辺の海域のみで漁をするようになった。だが、モーケンがスリン諸島の海域で漁業することは、年間を通して許されているわけではない。許可には国立公園指定の動きが密接にかかわっている。

海洋国立公園化で大きく変わったのは、国家によって指定域の自然資源の保存が目指されるようになったのと同時に、観光地として広く開放され、国内外から人々が訪れるようになったことである(4)。国立公園に指定された地域のなかでは、カオラック一帯がとりわけ観光地として開発され、プーケット島では物足りなさを感じる観光客が次々と訪れる一大ビーチリゾートとなった。また、二〇一〇年代以降は、そのカオラックを中継地としてスリン諸島まで足を伸ばす観光客も増えていった。ただし、観光客がスリン諸島へ行けるのは、天候の穏やかな乾季――北東モンスーンの季節――にあたる、おおよそ一一月から四月までの約半年間と決められている。雨季である五月か

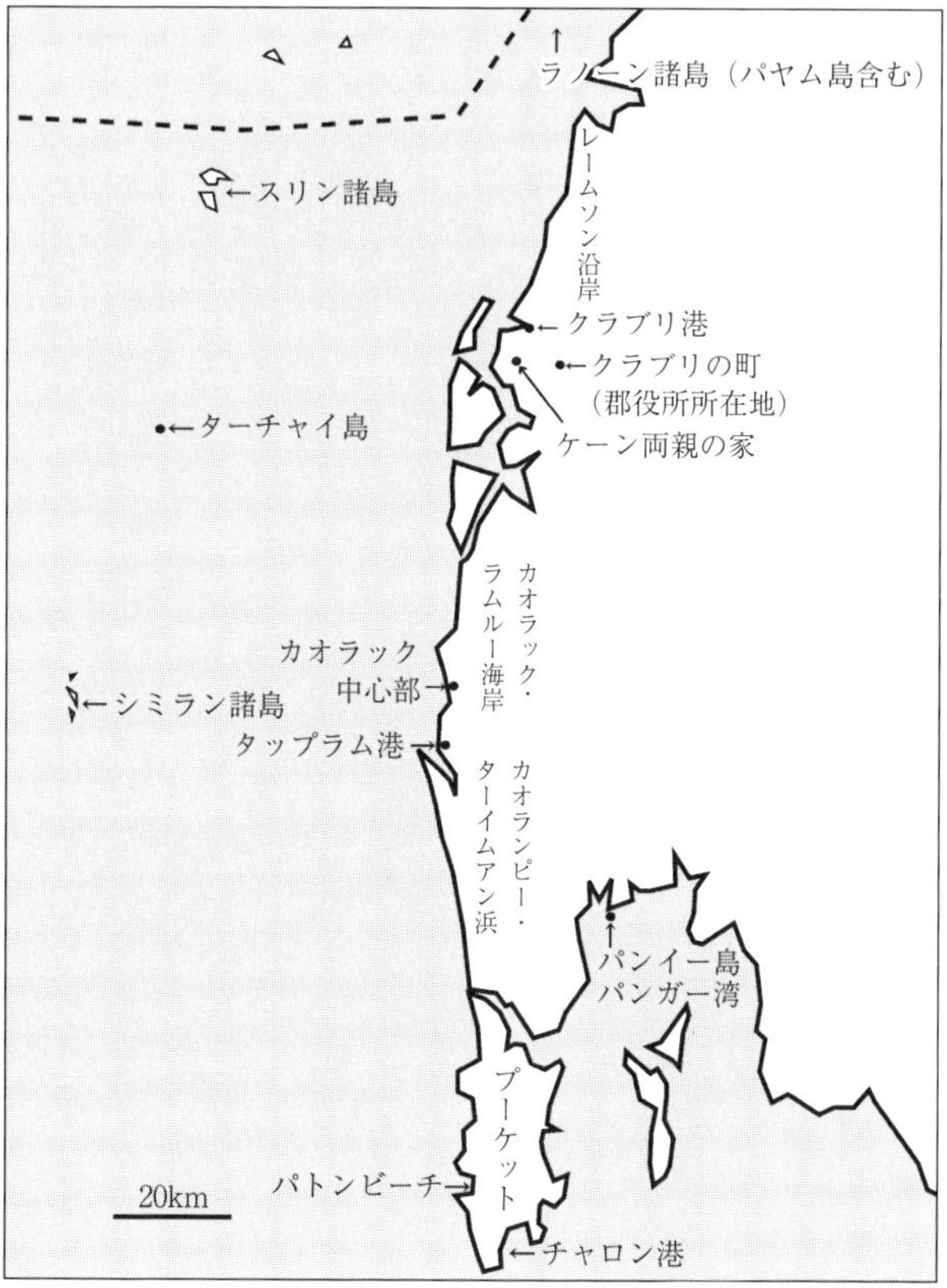


**図4－3**　スリン・シミラン諸島海域

出典：筆者作成

ら一〇月までは天候が崩れやすく、海が荒れることも多い。そのため、雨季にはボートサービスがないので観光客は渡航できない。結果として、シミラン諸島やスリン諸島は、雨季はモーケンが漁業をする空間、乾季は観光客の利用が優先的に認められる空間となった。

スリン諸島を訪れる多くの観光客が目当てとしているのは、造礁サンゴのリーフでのシュノーケリングである。観光客が訪れる乾季は、国立公園事務所によってモーケンによる商業目的の漁業は固く禁じられる。しかし乾季でもモーケンは船外機を利用して移動をしているので、ガソリンを購入するための現金を稼ぐ必要がある。そこでモーケンが新たに着手するようになった仕事が観光業であった。観光客はシュノーケリングの合間にモーケン村落に立ち寄り、少数民族の生活を垣間見にやって来るようになった。このときにモーケンは観光客相手に土産品を売るのである。また国立公園事務所に雇用されるモーケンや、次節でみるようにボートツアー会社で働くモーケンも増えていった。

## 4　観光化／脱観光化するアンダマン海——日帰りボートツアーの隆盛

スリン諸島は行政区画上、パンガー県クラブリ郡に属する。スリン諸島は、北スリン島と南スリン島という比較的大きな島と、ストック島、マンコン島、トーリンラー（カイ）島という三つの小島の五島から構成される（図4-4）。二〇二三年現在、モーケンの村落があるのは南スリン島のみである。二〇〇四年一二月二六日に発生したインド洋大津波の被害を受けたときには、北スリン島のサイエーン湾と南スリン島のボンレック湾にそれぞれ一つずつ村落があったが、津波によって二つの村落が全壊した後、行政主導の村落再建により、二つの村落で暮らしていたモーケンはボンヤイ湾に集住させられるようになった。その背景には、国立公園事務所による村落管理が容易な場所という条件があった（鈴木 2016：195-196）。また、その管理には観光客による村落訪問も視野に入れられていた。モーケンの村落で観光客が怪我をした際に救急対応できるようにするだけでなく、村落に観光客を連れてくるツアー会社から国立公園の入園料を徴収しやすいようにということまで考えられていた。

スリン諸島国立公園が観光客を受け入れているのは、毎年一〇月一五日から翌年の五月一五日までの七ヶ月間（以前は約半年間）で、乾季の時期のみである。ただし、このように開園と閉園の日付が決められたのは最近のことである。二〇一〇年頃までは一一月一日から一五日頃の間に開園し、五月初旬に最初の南西モンスーンがアンダマン海域を訪れると閉園通達を出すというように、天候の様子をみて開園・閉園時期が決められていた。そのため、開園後間もない時期に南西モンスーンによる強風が吹くと、急遽一時的に閉園することもしばしばみられる。例えば二〇二二年は一〇月一五日に開園となったが、一二月までの間に二度も一時閉鎖となった（一〇月二〇～二一日と一二月一七～一九日）。気候を見極めて比較的遅くに開園していた以前に比べると、近年では国立公園事務所はより多くの観光客を受け入れる態勢へと変化したようにみえる。

現在、観光客がタイ本土からスリン諸島を訪れるには二つのルートがある（図4－3）。一つは、クラブリ港から船に乗るルートである。もう一つは、カオラック近くにあるタップラム港から船に乗るルートである。

もともとは前者の方法でのみスリン諸島へたどり着くことができたが、二〇一〇年代半ば頃から後者のルートが開かれ、そちらで訪問する人が増えた。クラブリ港を利用するのは、スリン諸島で最低一泊以上する観光客である。[5]観光客の多くは前日は港から七キロメートル離れた内陸に位置するクラブリの町に宿泊し、翌日朝早く出港する船に乗る。

タップラム港の利用者は、日帰りでスリン諸島を訪れる観光客である。[6]その多くはプーケット島のホテルに滞在しており、早朝にワゴン車で北上してタップラム港を目指す。彼らの大半は、プーケット島滞在中にこの日帰りのボートツアーの存在を知る。プーケット島の各ビーチや町中には夥しい数の小規模な旅行代理店が林立しており（写真4－1）、多数あるボートツアーの中からスリン諸島へのツアーを選ぶのである。その他にも、タップラム港近くの有名なビーチがあるカオラック地域のホテルに滞在中にこのツアーを知り参加する観光客もいるが、その数は少ない。

クラブリ港からスリン諸島までの距離は約六〇キロメートルで、スピードボートであれば一時間一〇分程度でたどり着くことができる。筆者が初めてスリン諸島を訪れた二〇〇五年三月の時点では、後に述べるS社ではスピードボートはまだ導入されておらず、小型フェリーが毎日運航されていた。小型フェリーの場合、波に左右されて片道三時間から四時間を要した。二〇一〇年前後にスピードボートが新しく導入され、客の多い時だけ小型フェリーも出航していたが、現在は廃船となった。近年はスピードボートの購入に資本が投じられ、客が多いときはスピードボートをより大きなものに変更するか、小型や中型のスピードボートを二台出すようになった。タップラム港か

**図4－4**　スリン諸島

出典：筆者作成

らはスピードボートのみが運航されており、片道二時間ほどである（表4－1）。

二〇二三年三月時点で、クラブリ港発着の定期ツアー会社はS社だけである。二〇一〇年代半ばまでは競合他社（B社とG社）がいた時期もあったが、タップラム港からスリン諸島へ訪れる観光客が増えると淘汰されていった。つまり、タップラム港周辺の観光化が進展すると同時に、クラブリ港周辺では脱観光化が進んだのである。S社が設立されたのは二〇〇一年で、現在スリン諸島へ運航しているツアー会社のなかでは、国立公園事務所との付き合いがもっとも長い。タップラム港に事務所を構えるツアー会社は複数あるものの、コロナ禍で二〇二〇年以降は休業している会社や、スリン諸島へのツアープランを一時休止している会社も含まれるので、実際にスリン諸島へのツアーを実施しているのは表にあるM社以外の五社である。そのなかでもっとも古株とされるツアー会社の一つが、M社の出資により二〇一〇年に設立されたL社である。

設立当初のL社では、シミラン諸島へのシュノーケリング・ツアーが目玉商品であった。ところが、シミラン諸島へのシュノーケリング・ツアーに組み込んでいたターチャイ島海域での観光活動が国によって制限されるようになると、新たなシュノーケリング・スポットの開拓のため、さらに北に位置するスリン諸島へ向けてスピードボートを走らせるようになった（図4－3）。

そして二〇一〇年代半ばにスリン諸島ツアーの需要が急増すると、SA社のようにプーケットに本社を構えていたツアー会社がタップラム港にも事務所を置くようになった。さらに、SS社のように新規参入してくる会社もあらわれ、L社以外の会社もこぞってスリン諸島へのデイトリップ・ツアーを開始するようになった。二〇一六年には、ST社のようにフリーダイビング――酸素ボンベを用いず深く潜るのが特徴――を専門とする会社も現われ、観光活動のバリエーションが増えていった。各会社は右肩上がりで増える観光客に対応できるように、施設整備やスピードボートの購入に大量の資本を投下していった。

**写真4－1**　プーケット島のパトンビーチ沿いに並ぶ小規模な旅行代理店と日帰りボートツアーのパンフレット（右上）。

出典：2023年6月9日，筆者撮影

タイのダイビング事情に関する民族誌的研究をすすめている市野澤潤平(7)によると、タップラム港がダイビング目的のクルーズ船の発着港として本格的に利用されるようになったのは、二〇〇五年頃からの原油価格急騰以降のことだという(8)。もともと、シミラン・スリン諸島海域へのダイビング・クルーズ船は、利用客の多くが宿を取るプーケットのパトンビーチや観光船用の船着き場であるチャロン港をツアーの発着点としていた（図4－3）。ところ

**表4-1**　本章で言及しているツアー会社

| 会社 | 設立年 | 船の発着場所 | 備　考 |
|---|---|---|---|
| S社 | 2001年 | クラブリ港 | 2010年代半ばにB社とG社が撤退した後は，クラブリ港発着のボートサービスを独占。 |
| M社 | 1986年 | タップラム港 | プーケット島で設立。2010年頃からタップラム港発着のボートツアーを開始。タップラム港発着のスリン諸島へのツアーを最初に着手した会社だが，2019年頃にスタッフがヒトデを持ち上げてふざけている動画が拡散され炎上後，タップラム港から撤退。 |
| SA社 | 2008年頃 | タップラム港 | プーケット島で設立。2011年頃からタップラム港発着のボートツアーを開始。 |
| L社 | 2010年 | タップラム港 | ボートツアー会社のなかで最多人数のモーケンを雇用してきた。 |
| SS社 | 2014年 | タップラム港 | 2014年からタップラム港発着のボートツアーを開始。 |
| ST社 | 2016年 | タップラム港 | フリーダイビングツアーの主催会社。L社のスタッフだったタイ人2名が独立して設立。 |

出典：筆者作成

が、原油価格の急騰に対処するため、プーケットで事業を展開する旅行会社は次第にタップラム港を利用するようになっていった。プーケットからタップラム港までの移動にも車の燃料代がかかるが、それでもプーケットをクルーズ船の発着地点とするよりは随分と燃料費を抑えることができるからだ。

観光現象について社会学的・文化人類学的アプローチで研究をすすめてきたエリック・コーエンは、タイでは首都バンコクを拠点として北部のチェンマイと南部のプーケットがつながり、これら三つの都市が結節点としてタイの南北をつなぐ「観光軸（tourism-axis）」が創り出されていると述べた（Cohen 1996：7）。コーエンは二〇〇〇年代になると、それらの軸線は南北の国境線に向かって徐々に延伸していると指摘した（Cohen 2004：298）。本章で取り上げるアンダマン海域は、南部のプーケットからミャンマーへと北へ向かって伸びる軸線に囲われており、タップラム港はボートの発着港として発展していった。

こうしてプーケットからタップラム港へ向かうツアー発着点の移行は急速に進み、二〇〇八年頃にはほぼすべてのクルーズ船がタップラム港を発着地点とするようになった。そして二〇一〇年頃からスリン諸島へのシュノーケリング・ツアー船を運航する会社もタップラム港を利用し始めるようになり、スピードボートが多く停泊する港になった。つまり、もともとシミラン諸島やスリン諸島の海域でダイビングをするのは専用機材を用いるダイバーだけであったが、二〇一〇年以降からは、タップラム港からやって来たシュノーケリング目的の観光客が多く見られるようになったということである。本書のテーマに照らして別言すれば、海民モーケンが長年利用してきた造礁珊瑚のリーフを中心とするアンダマン海は、二〇一〇年代に入ってから、スピードボートに乗る観光客がシュノーケリングをする空間として急激に観光化していったのである。

その一方で、脱観光化した側面があるのも見逃すことはできない。スリン諸島への移動に使われるのがクラブリ港発着のボートのみだった時代には、スリン諸島の海域でシュノーケリングができるダイビングポイントは多数あった。ところが、タップラム港を発着するスピードボートがスリン諸島海域に押し寄せるようになると、過剰なほどの人数の観光客が同じポイントでシュノーケリングをするようになったことで、サンゴ礁を中心とする海洋生態にも悪影響がではじめたのである。そこで国立公園事務所は、農耕地で休閑期間を設けるように、特定のダイビングポイントを一定の期間閉鎖するようになり、観光客がシュノーケリングできる空間を限定するようになった。国立公園事務所スタッフは定期的にダイビングをして海中環境を観測しており、サンゴ礁の状態が回復してきたらそのポイントを観光客に開放し、また別のポイントを閉鎖するということを繰り返した。つまり、オーバーツーリズムを契機に観光の縮小化が図られたのである。

タップラム港をスピードボートの発着点とするシュノーケリング・ツアーの勃興は、スリン諸島のモーケン社会に変化をもたらした。筆者がスリン諸島のモーケン村落で長期調査を実施していた二〇〇〇年代後半は、乾季におけるモーケンの仕事は国立公園事務所で働くか、民族観光で村落に訪れる観光客に土産品を販売するくらいしか選択肢がなかった。男性の主な仕事は観光船の操舵と荷物運び、女性の主な仕事は園内の掃除と食器洗いであり、一日七時間労働――八時から一六時で一時間の昼食休憩が入る――で一一〇バーツがモーケンに支払われていた(9)。当時の換算率で約三三〇円の日給ということになる。なお、二〇二三年現在は一四〇バーツ、今の換算率で約五九〇円が支払われている。その他にもクラブリ港を拠点とするS社、それに今はシュノーケリング・ツアーから撤退したB社とG社に雇われたモーケンもいたが、ごく少数であった(10)。

二〇一〇年代に入ると、タップラム港発着のシュノーケリング・ツアー会社で働くモーケンが増えていった。そのきっかけをつくったのはM社である。以下の内容は、二〇二二年一二月二五日と二六日にスリン諸島のモーケン村落で実施した聞き取りによる。二〇一〇年頃、一九八六年にプーケットで設立され、プーケット発着の日帰りシミラン諸島ツアーを最初に実施した会社であるM社――L社設立の共同出資会社――がタップラム港発の日帰りスリン諸島ツアーを実施し、その行程でモーケン村落に観光客を連れてくるようになった。観光の繁忙期にはほぼ毎日M社のスピードボートがモーケン村落を訪れるので、M社で働くタイ人と友人・知人関係になるモーケンが出てきた。そして二〇一二年頃、M社のタイ人からL社で働いてくれるモーケン男性を二人探しているという情報を得た村人が、L社のスピードボートで船員として働くようになったのである。このモーケン男性に話を聞くと、当時は八時から一九時頃まで働いて、当時の換算率で約七五〇円となる、一日二五〇バーツの稼ぎだったという。

仕事の内容は次の通りである。八時に船がタップラム港を出港すると、まずツアーに参加した観光客にライフジャケットを配る。一〇時にスリン諸島の海域に入ると、この日一ヶ所目のシュノーケリング・ポイントに浮かぶブイに係留して船を停泊させ、観光客にシュノーケリング道具を配布する。シュノーケリング後、海から船に上がる観光客の手を引いて安全に乗船させたあと、一一時にモーケン村落に連れていく（写真4-2）。

一一時四五分から一三時までがツアー参加者の昼食時間で、食事の配膳や後片付けを行う。一三時から一五時までに二ヶ所でツアー参加者によるシュノーケリングが実施され、午前と同じような内容の仕事をする。そして一七時頃タップラム港に到着すると、ツアー参加者が船から降りるのを手伝い、見送る。その後は船内を掃除し、翌日の出港に備えてガソリンを入れるなどの整備を行い、仕事を終えるのが一九時頃になる。仕事を終えた後は、会社がタップラム港近くに用意した部屋に、他の雇用者とともに泊まる。スリン諸島にある村落を離れて、このような生活が約半年間、スリン諸島が開園している乾季のあいだ続く。

だがL社で初期に働いたこの男性は、二シーズンを終えて仕事を辞めている。この仕事は、拘束時間が長い割に給料が少なく、また勤務時間中の一一時から一一時四〇分頃までの村落訪問時ぐらいにしか会えないことに不満を持った妻から非難されたからである。他方で、その後もL社のサービスを利用する観光客は増え続け、一〇代の比較的若いモーケン男性がどんどん雇われていった。モーケンを船員として雇用したのはL社だけではない。タップラム港に進出したほぼすべての会社がモーケンを雇うようになったのである。なかには、モーケンの伝統的な船である旧型カバンをロゴマークに取り入れた会社（SS社）や、ツアー内容に「現地のモーケン少年があなた方を村に案内してくれるプログラム」を強調する会社（L社）などもあらわれた。コロナが拡大する前の二〇二〇年三月には、六五人以上のモーケンが、タップラム港に事務所を構えるいずれかのボートツアー会社で働くまでになったという(11)。当時の村落人口は約三五〇人であり(12)、国立公園事務所に雇用された者を含めると、一〇〇人を超えるモーケンがシュノーケリング客を相手に仕事をしていたことになる。現在、ツアー会社で働くモーケンのなかには一カ月で一万五〇〇〇バーツ、つまり六万円以上稼ぐ者も現れてきており、彼らを中心にスマートフォンを所有するモーケンが増加していった。

**写真4－2**　モーケン村落で土産品を物色する観光客。後ろにはスピードボートが見える。

出典：2022年12月26日，筆者撮影

　タップラム港をスピードボートの発着地とするツアーが盛況となり、雇用されるモーケンが増えた時期と、スリン諸島への訪問客が急増した時期は重なっている。スリン諸島を訪問した人数の推移をみると（図4－5）、二〇一六年度――二〇一五年一〇月から二〇一六年九月――から急激に増えていることがわかる。二〇一六年度からコロナ前の二〇一九年度にかけては、開園期間の約半年に五～六万人が訪れるようになった。そのうち圧倒的多数を占めるのは中国人であり、それに続いてロシア人が多い。彼らの多くはプーケットに宿泊してボートツアーに参加していた。

**写真4－3**　タップラム港の某ツアー会社の英語・中国語表示板

出典：2022年12月28日，筆者撮影

タップラム港にあるツアー会社の敷地内には、英語と中国語を併記した看板がいたる所に掲げられており（写真4－3）、中国人の多さを物語っている。中国人にはとりわけシミラン諸島へのボートツアーが人気で、二〇一八年一〇月四日にはオーバーツーリズムが原因でシミラン諸島に設けられていた宿泊施設が閉鎖され、同月九日には一日に受け入れる観光客数を制限する措置がとられるようになった。その影響もあってか、二〇一八年度と二〇一九年度は、シミラン諸島行きを断念した観光客がスリン諸島へ流れた可能性がある。特定地域における過度の観光化が脱観光化を促すと同時に、他地域の観光化を促進させるプロセスを確認できる。このようにアンダマン海域では、観光化と脱観光化は、いずれかの現象が先に生じ、それが引き金となりもう一つの現象も発生し、同時に進展していったことになる。

## 5　コロナ禍を生きぬく

二〇二〇年に入り、タイでコロナが蔓延するようになると、アンダマン海域でも観光は停止状態となった。同年三月二三日に、国立公園・野生動物・植物保全局は、タイ政府がロックダウンを宣言したことを受け、二五日からすべての国立公園を閉園することを決定した。これによりスリン諸島の閉園も決まった。その後、一〇月に開園するも、スリン諸島にやって来る外国人は少なくタイ人ばかりで、人数もコロナ前と比べると減少した。また、コロナ流行の波が押し寄せるたびに、スリン諸島ではテントサイトやロッジといった宿泊施設が閉鎖となった。開園期

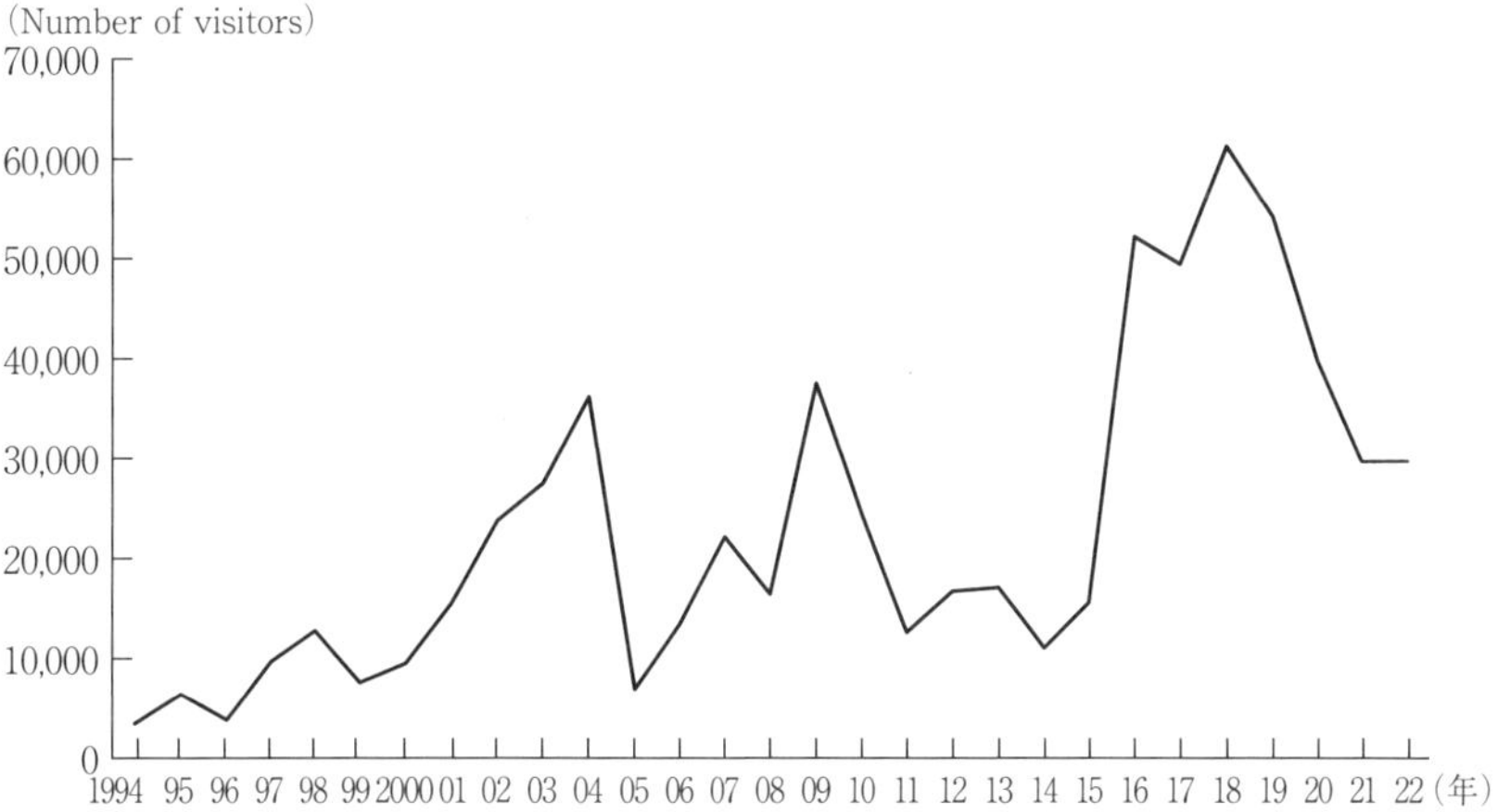


**図4-5**　スリン諸島の訪問者数の推移

注：グラフにおける年は年度のことであり、明記されている年の前年の10月1日からその年の9月30日までの入園数を指す。
出典：DNP Homepage

間に訪れる観光客はシュノーケリングを楽しむが、モーケン村落を訪れる者は明らかに減少した。

二〇二一年一一月二一日にモーケン村落内で二一人がコロナに感染していることが発覚した後は、行政の指示により村落が閉鎖されてしまい、住民全員が村に閉じ込められた。モーケン全員を村落内に隔離したわけである。この閉鎖をきっかけとして、タップラム港に事務所を構える各ボートツアー会社は、それまで雇っていた六五人のモーケンを解雇した（実際にはもっと多くのモーケンが解雇されているが、名前を特定できたのは六五人のみ）。このことが、後に述べるモーケンによる土産品販売への注力につながる。

同年一二月二五日に閉鎖は解かれたが、観光客が村の中に入ることは禁止され、外側から写真撮影できるのみであった。その後、二〇二二年二月一五日から一六日にかけて一〇〇人のモーケンにPCR検査をしたところ、一〇人の陽性反応者が出たため、翌一七日には再びモーケン村落を閉鎖する事態となった。つまり、二〇二〇年三月二五日から約二年半にわたり、村落はほぼ閉じられたままであり、モーケンは観光業にはほとんど従事できない状態であった。観光客が村落に来なくなったため土産品も売れず、ボートツアー会社からは解雇されて稼ぎを失ったモーケンのなかには、自殺を考えた者もいたほどである。モーケンいわく、二〇二〇年からの二年半は観光客が仮に村落にやって来ても、その大半は決して自分たちに近づこうとしなかったという(13)。

二〇二二年の観光シーズンに入り、そうした状況に大きな変化が訪れた。同年一〇月一五日にスリン諸島が開園すると、少しずつではあるが着実に観光客が戻ってきたのである。タイ政府は同年六月一日に入国後の隔離措置を撤廃し、一〇月一日以降は入国者のワクチン接種証明を不要とし、観光客を全面的に受け入れるようになった。また時限付き特例措置として、日本を含むビザ免除国／地域からの渡航者がビザなしで滞在できる期間を、コロナ前の三〇日から四五日へと延ばし(14)、タイ政府は観光化に向けて大きく舵を切った。

プーケット島に泊まる観光客も急増し、プーケット島発タップラム港経由でのスリン諸島ツアーも活気を取り戻しつつある。モーケン村落訪問もシュノーケリングとセットになってツアーに組み込まれているため、民族観光も徐々に賑わいを取り戻してきている。とはいえコロナ前ほどの観光客はまだ集まらず、二〇二二年一二月の時点で、タップラム港にあるボートツアー会社の大半は、モーケンを再雇用してはいない。そこで、仕事にあぶれたモーケンが注力しているのが、土産品販売である。かつてツアー会社で働いていた男性たちが、木彫りで海洋生物の置き物やキーホルダーなどを作製するようになった。その他にも、新しく取り扱うようになった土産品も存在する。以下、二〇二二年一二月下旬に実施したフィールドワークをもとに、三人のキーパーソンに焦点を合わせて、いかなる土産品を販売しているのかを紹介する。これらの事例から、コロナ禍がモーケン社会にもたらした観光現象との断絶性と連続性の双方を読み取れるであろう。なお、三人の年齢と現在形で語られる叙述は、調査を実施した二〇二二年一二月当時のものである。

また、話の前提として、現在一〇代から二〇代のモーケンの多くがスマートフォンを所有していることと、スリン諸島における携帯電話回線の電波は国立公園事務所周辺では受信できるが、モーケン村落では受信できないことを先に述べておく。つまり、村は携帯電話会社のサービスエリア外にあるためインターネットに接続できないにもかかわらず、多数の若いモーケンはスマートフォンを所有している。男性所有者のほぼすべては、ツアー会社で観光業に従事した経験を持つ若者である。彼らは本土と島の間を頻繁に移動していたため、インターネットに触れる機会が多く、動画の視聴を楽しんでいた。女性の場合、ツアー会社または国立公園事務所に雇われて仕事をする／していた者がほとんどである。ツアー会社で働く人は、本土の事務所で仕事をしているのでインターネットに接続でき、国立公園事務所で仕事をする人も、インターネットにアクセスできる。彼ら彼女らはスマートフォンでSNSも楽しんでいる。

事例1　アーリー（四三歳、モーケン男性、スマートフォン不所持）（図4-6）

アーリーは二〇一七年から、乾季の間はツアー会社ST社で船の操舵手として働いている。ST社が設立されて間もない頃から雇用されており、同社で働くタイ人たちと良好な人間関係を築いている。二〇二〇年以降のコロナ禍でも、例外的に失職しなかった人物である。ST社も他社と同様に、ツアーではシュノーケリングの他、モーケン村落訪問という民族観光も取り入れている。そのため、アーリーのST社の同僚たちは、ツアー参加者を連れて何度も村落を訪れていた。彼らは観光客に対してモーケンお手製の土産品を購入することを勧めるが、ほとんど売れないのを知っていた。それら土産品のほぼすべてがタコノキの葉を材料としており、売れ残りはどんどん色あせてしまうため、観光客の購買意欲を掻き立てなくなると感じていた。

それと同時に、ST社のタイ人スタッフは、モーケン村落の山側の端に設けられた、雑多なゴミを燃やすために深く掘られた穴の中に「漂着網」が紛れていることを知っていた。漂着網とは、アンダマン海で操業している中型・大型漁船から不法投棄されたか、なにかしらの理由でその一部が切れて海流を漂い、スリン諸島モーケン村落周辺の砂浜に打ちあがった漂着／漂流ゴミの一種である。一部は海中でサンゴ礁に引っかかってしまったものもある(15)。漁網は丈夫で、タコノキの葉のように色あせることはほとんどないと考えたST社のタイ人スタッフは、これを新たな土産品の材料として使えるのではないかと思いついた。

二〇二一年の観光シーズン終了直前（二〇二二年四月下旬頃）に、アーリーはST社に勤めるタイ人女性に、漂着

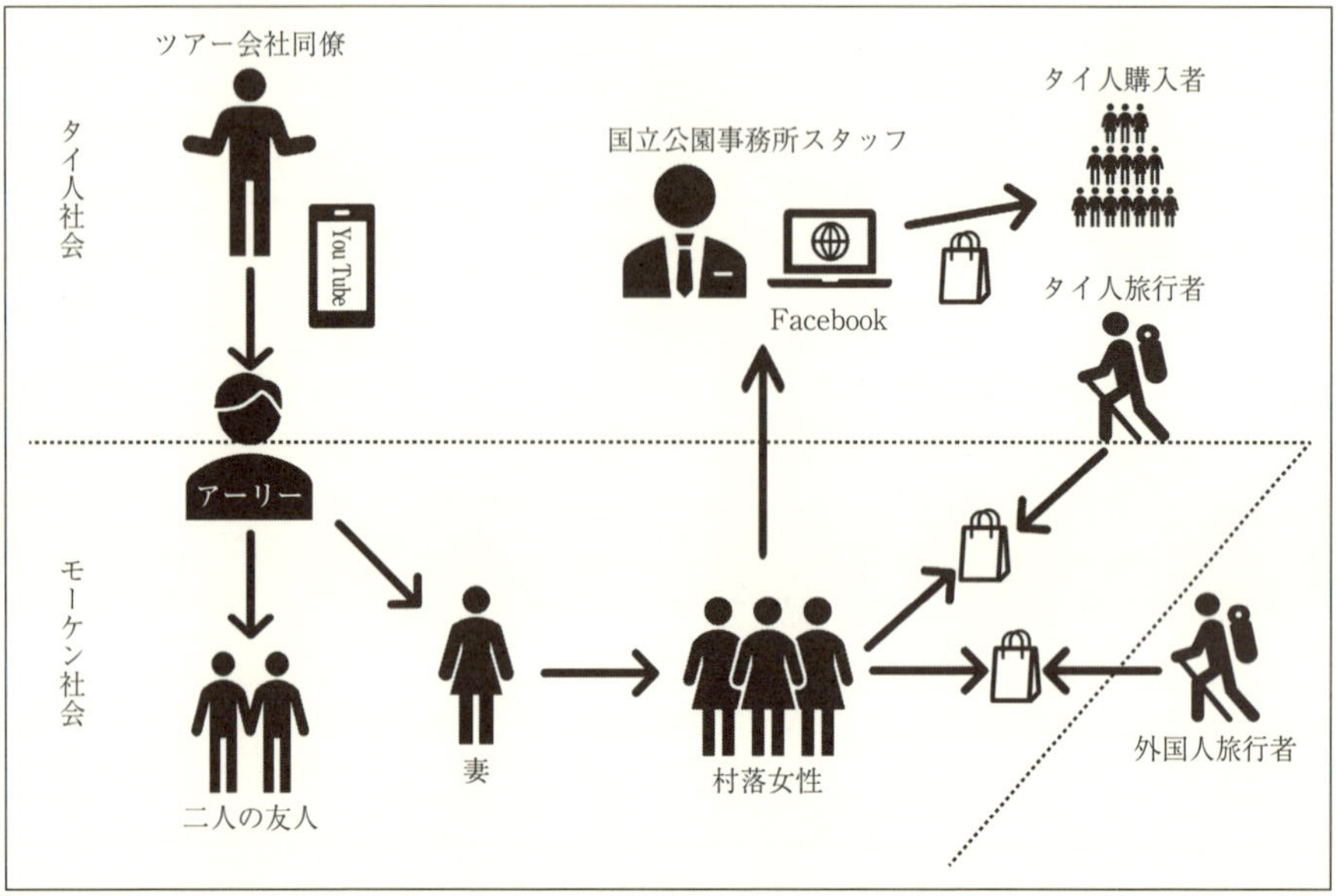


**図 4-6**　モーケン男性のアーリーの事例

出典：筆者作成

網でバッグをつくったらどうかと勧められ、国立公園事務所の東屋にて、スマートフォンで YouTube 動画を見せてもらった。その動画では、通常の編み物用の紐でバッグが作られていたが、アーリーは漁網を細くほどいていけば利用できると考えた。その当時アーリーは、自分は運よく失職しないでいるものの、仲間の多くがツアー会社から解雇されていたことから村のためにできることを探していて、動画を見てバッグの土産品に可能性を感じた。そこでアーリーは、家の裏にあるゴミ穴から網目の細かい漁網を選び、裁断して長く細い紐になるように整えた。後日、国立公園事務所に行った際、タイ人の同僚に以前紹介された動画を見せてもらい、あらかじめ用意した漁網製の紐を用いて、見よう見まねでバッグをつくり始めた。村落へ戻ったアーリーは、二人のモーケン男性の友人と一緒に漁網製のバッグをつくるようになったが、最初につくったものは売り物にならないほどの出来であった。

雨季に入り、島が閉じられた後も、アーリーはこの二人のモーケン男性の友人と共にバッグをつくり続けた。ある程度見栄えが良くなってきたところで、アーリーは妻につくり方を教えた。妻もバッグをつくれるようになると、彼女は村落の友人にこのバッグの作り方を教え始め、多くの女性が作るようになった。そこで、二〇二二年のスリン諸島の開園日である一〇月一五日から村落で販売を開始した。すると、スリン諸島国立公園事務所で働くタイ人スタッフがそのことを知り、スリン諸島国立公園の Facebook ページに商品を掲載し、インターネット上で自分たちが販売することをモーケン女性たちに提案した。こうして、モーケン女性は自分が作った漂着網バッグの一部を、国立公園事務所に預けるようになった。

本章を執筆している二〇二三年三月までに、二〇二二年一〇月二〇日、一二月一二日、二〇二三年二月一五日の三回、Facebook 上で売り出しているが、毎回即完売の状態である。とくに二回目の販売からは、商品のバッグだけでなく、製作者であるモーケン女性の写真も商品と一緒に Facebook に載せるようにし、SDGs のハッシュタグとともに漂着ゴミから作ったリサイクル商品であることも書き加えられるようになると、飛ぶように売れた。かつてゴミとして大量に捨てられていた漂着網は、今では見つけ出すのが困難になるほどの資源になっている。

二〇二三年三月二三日現在、スリン諸島国立公園事務所の Facebook ページのフォロワー数は三万七〇〇〇人を超えており、観光地としてスリン諸島に興味がある人だけでなく、実際に訪れたことのある人も多くフォローしていることが、メッセージ内容や投稿された写真からわかる。Facebook ページはタイ語のみであり、コメント欄でのやり取りもタイ語でなされていることから、購入者のほぼすべてがタイ人であると考えられる。漂着網バッグは、スリン諸島国立公園事務所の Facebook ページ上だけでなく、モーケン村落でも販売されており、そこではタイ人旅行者だけでなく外国人旅行者も購入していく。

事例2　サリカー（二七歳、モーケン女性、スマートフォン所持）（図4-7）

サリカーは、二〇一四年から乾季の観光シーズンだけ、ボートツアー会社S社のクラブリ港にある事務所で事務員として働いていた。サリカーの夫もS社に雇用されており、彼は二〇一〇年頃からスピードボートの船員として、その後は操舵手として働いている。夫とサリカーは小さい頃から同じ村落で過ごしていたが、一緒に働いているうちに親密になり結婚した。二〇二〇年にコロナが蔓延したあとも夫はS社に勤めているが、サリカーはそのタイミングで自分から同社を辞めている。

サリカーはS社に勤務していた頃、同じ事務所で働くタイ人ムスリムスタッフの、カーヴィアという女性と親友になった。カーヴィアもすでにS社を辞めてタイ国内にいるが、今でもサリカーは本土に行く際や国立公園事務所へ寄るときに彼女と連絡を取っており、スマートフォンでLINEやFacebookを使ってお互いの近況を報告し合っている。二〇二〇年三月にコロナでスリン諸島が閉園し、二年半もの間、ほとんど観光客がモーケン村落に立ち寄らなかったことや、土産品が売れないことなども伝えていた。また、二〇二二年の観光シーズンには、久しぶりに観光客が村落に戻ってきそうであるとも伝えていた。土産品が売れないと聞いたカーヴィアはサリカーに、マグネットをつくって販売してみてはどうかと提案した。

カーヴィアは東北タイの出身だが、結婚を契機に、夫の故郷であるパンガー湾に浮かぶパンイー島に移り住んでいた（図4‐3参照）。夫と離婚後、単身でクラブリに移り住みS社で働きだしたのであった。パンイー島はプーケット島の北東に位置する小さな島で、水上に張り出した高床式の家屋が連なり、集落自体が島の一部となっている。この不思議な景観を写真に収めたり、新鮮な海鮮料理を食べたりしようと、多くの観光客が集まる島である。「パンイー島に暮らす海上生活者はモーケンである」という間違った情報を鵜呑みにした観光客も島を訪れる(16)。この島で観光客に販売されている土産品の一つにマグネットがあった。土産品の多くは貝類だが、その需要は低く、マグネットの方が観光客に人気だったことをカーヴィアは覚えていた。そうしたこともあり、彼女はサリカーにマグネット販売を勧めたのである。

しかし、サリカーはマグネットを製作するのに、どのような手順を踏めばよいのかわからない。そこでカーヴィアに製作の手続きをすべてお願いした。カーヴィアはサリカーに代わり、インターネット上で拾った写真のなかから、スリン諸島のモーケン村落の写真を選び出し、それをもとにFacebook経由でマグネット製造業者に注文した。

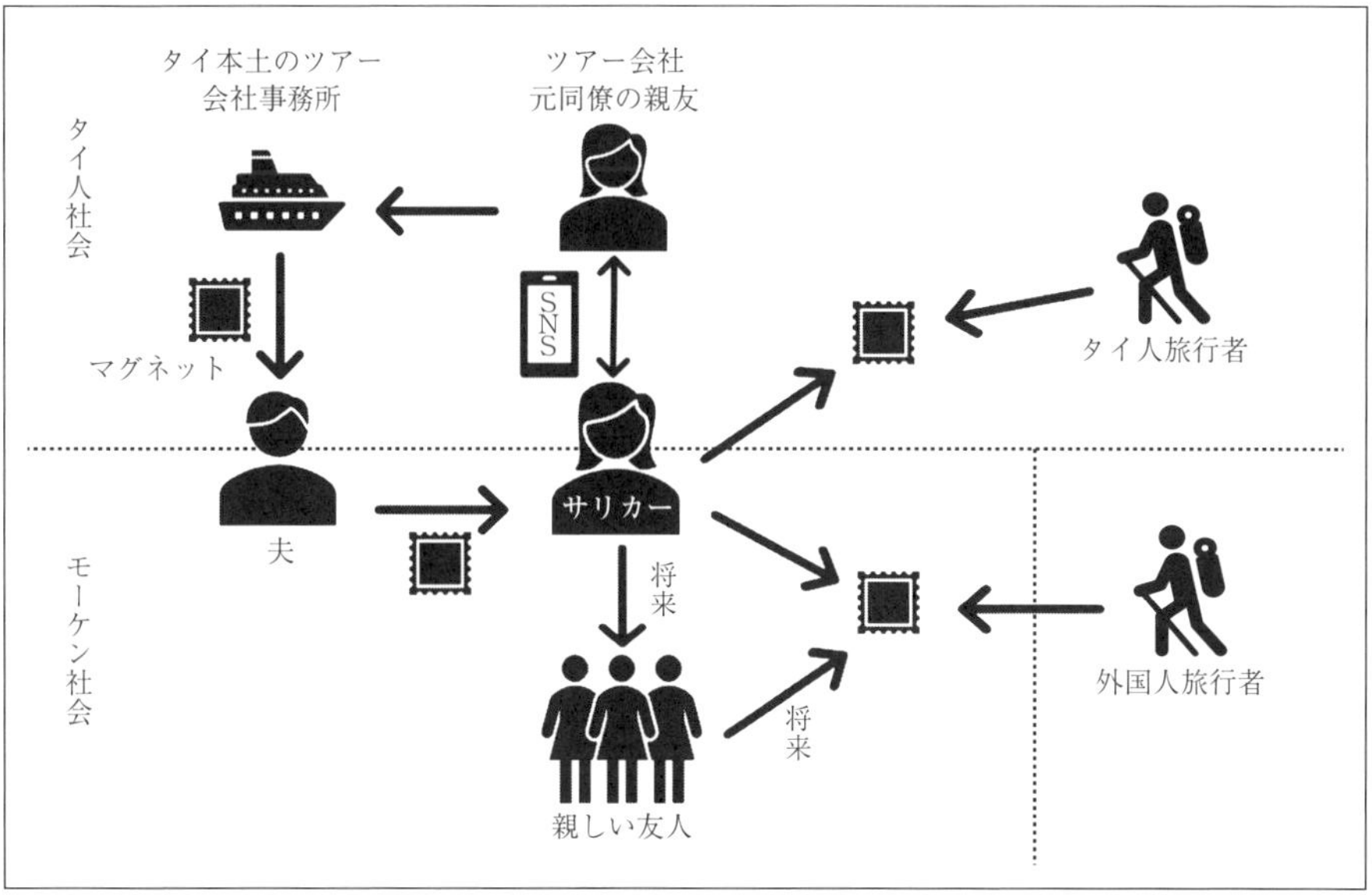


**図4-7**　モーケン女性のサリカーの事例

出典：筆者作成

サリカーは、マグネットがどのような仕上がりになるのかわからず、そもそも観光客に売れるのか自信がなかったため、カーヴィアに最初は三〇セットだけつくるように頼んだ。

問題は、商品が出来てからの郵送先である。スリン諸島は島全体が国立公園であり、人が住んではいけないことになっているため、モーケン村落には住所がない。そこでサリカーは、カーヴィアとかつて働いていたクラブリ港にあるS社の事務所に送ってもらうことにした。そこには今でもスピードボートの操舵手として働いているサリカーの夫がおり、本土と島の間を往復して観光客を運んでいる。S社事務所で夫に商品を受け取ってもらい、それを彼が村に帰って来る際に届けてもらえばいいとサリカーは考えた。

商品がS社の事務所に届いたのは、二〇二二年一二月二一日のことである。それを夫が受け取り、二二日に観光客をボートでスリン諸島へ連れていくついでに村落まで届けた。サリカーは、一二月二四日からモーケン村落でマグネットを土産品として売り始め、筆者が彼女に聞き取りを行った二六日の昼までに九個売れていた。筆者も一個購入したので、わずか三日間で三分の一のマグネットが売れたということになる。サリカーは、売れ行きがよかったので、再度カーヴィアに発注をお願いし、村の親しい友人にもマグネットの製作・販売を勧めようと考えていた。

事例３　ケーン（三二歳、モーケン女性、スマートフォン所持）（図４－８）

ケーンがスリン諸島のモーケン村落に住むようになったのは、大学を卒業してからである。生まれて間もない頃は両親とともにスリン諸島に住んでいたが、小学校に入るタイミングで引っ越した。小学校は本土近くの島にあり、モーケンの生徒も多く通っていた。学校が長期間休みのときは、両親に連れられてよくモーケン村落を訪れていた。中学校と高校は親元を離れ寮に住みながら、タイ人が通う学校で過ごした。中高時代には二人の兄のうち一人がスリン諸島を拠点に生活していたので、たびたび足を運ぶようになり、小さいときからの知り合いともよく会っていた。その後、二〇〇四年のインド洋津波で被災した子どもたちの支援活動をしていたノース・アンダマン基金――現在は活動していない――というＮＧＯから奨学金をもらえることになり、スラータ－ニー地域総合大学に入学した（図４－２）。観光学を専門に学んだので、大学卒業後はツアー会社で働こうとしたが、条件のよい就職先が見つからなかった。そんな折に、当時スリン諸島で学校の教員をしていた、知り合いのタイ人女性から声をかけられた。

そして二〇一二年に大学卒業と同時にスリン諸島のモーケン村落に移住し、郡役所が管轄している学校の教員となった。学校の正式名称はモーケン・コミュニティ学習センターといい、教育省事務次官室のなかにあるノンフォーマル・インフォーマル教育事務局が少数民族の集住地域で展開するコミュニティ学習センターの一つである。学校があるのはボンヤイ湾で、モーケン村落の北端からさらに一〇〇メートルほど北に離れている。ケーンは、スリン諸島のモーケン村落で最初の学士号取得者であり、この学校で教員となったモーケンも彼女がはじめてである。

ケーンはしばらく教員としての仕事に専念していたが、二〇一五年頃から、村落でモーケン女性が製作する土産品のバリエーションを増やしたいと考えるようになった。それまで民族観光で村を訪れた観光客に販売していたも

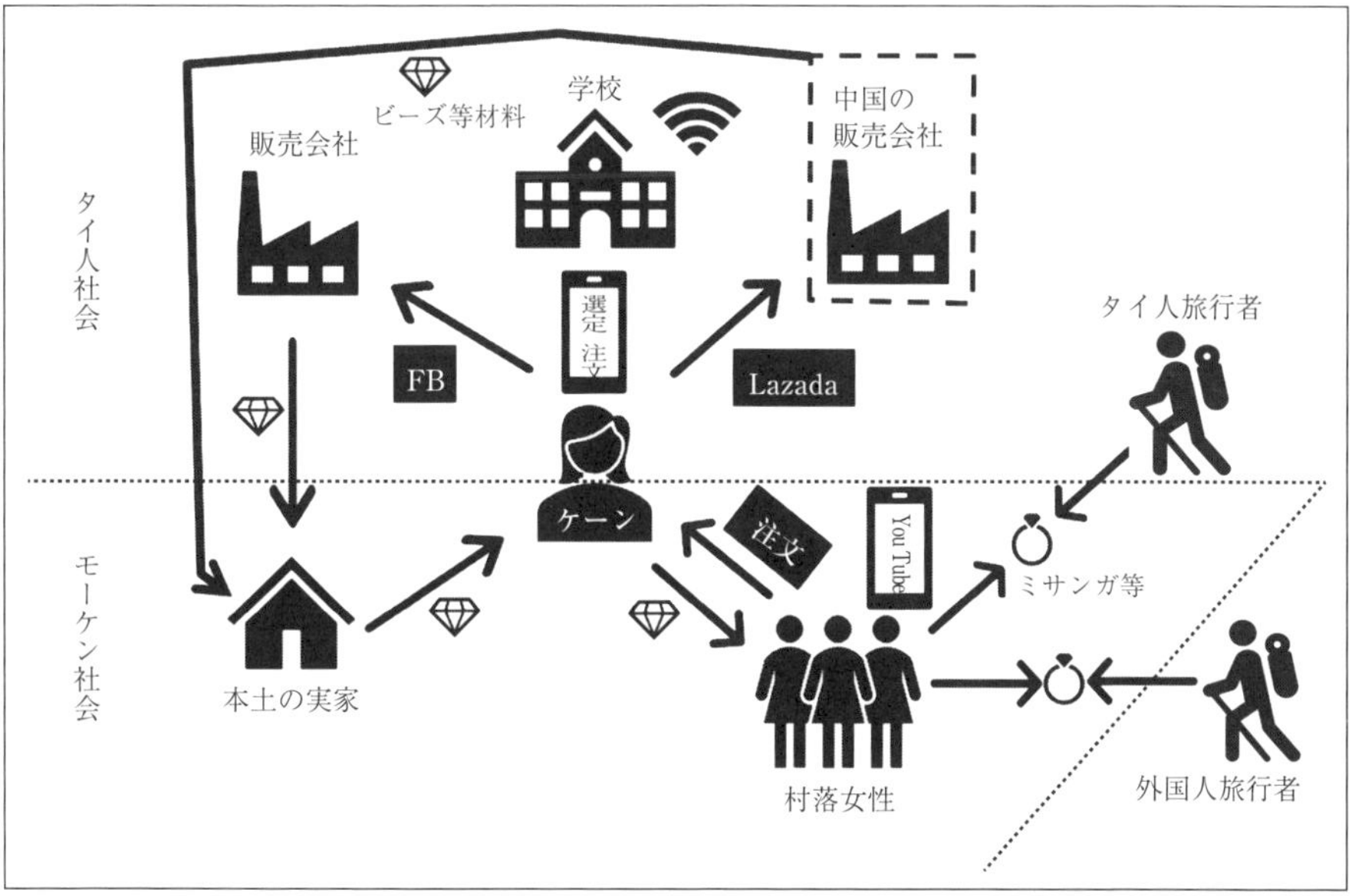


**図4－8　モーケン女性のケーンの事例**

出典：筆者作成

のといえば、女性がタコノキの葉を用いて作る小物入れやゴザか、男性が木材で製作する伝統船カバンの模型くらいしかなかった。カバンの模型はその物珍しさにつられて購入する観光客もちらほらいたが、小物入れやゴザの売れ行きはよくなかった。タコノキの葉を利用したそれらの道具は古くからモーケン自身が使ってきたものであり、そこに伝統的な「真正性」を見い出すごく一部の観光客が買っていくことはあったが、女性たちの安定的な収入につながる売れ行きではなかった。

　そこでケーンが目をつけたのは、化学繊維で作られるミサンガである。ちょうどその頃、兄二人とともにパヤム島のモーケン村落を訪れる機会があり、そこでは化学繊維を材料とするミサンガが売られていて、作り方を村人から習っていたのであった[17]。スリン諸島のモーケン村落でそれまで売られていた土産品は、比較的大きなものが多かった。ケーンは、ミサンガのようなアクセサリーなら観光客がより気軽に購入できるのではないかと考えたのである。ケーンはまず、ミサンガの材料となる紐とビーズをFacebookで販売業者に注文した。彼女が働く学校には、教員だけが使用可能な非常用の衛星通信設備があり、インターネットに接続することができる。ケーンはスマートフォンで回線に接続し、材料を注文して、ミサンガの作り方を村の女性たちに教えるようになった。それ以降、村人からリクエストが入ると、ケーンが代わりに注文している。

だが、ここでも事例2で取り上げたサリカーと同様の問題に直面することになる。村には業者が配送できないという問題である。そこでケーンは、タイ本土に暮らす両親の家を配送先の住所に指定した（図4－3）。サリカーは、教員の仕事で郡役所の会議に出席する際に実家に受け取りに行ったり、彼女の二人の兄が本土に用事がある際に実家に寄ったりして、材料をスリン諸島のモーケン村落まで運ぶ。二〇二二年に入ってからは、東南アジア最大のインターネット通販サイト（ECモール）であるLazadaを使って材料を注文するようになった。同サイトには中国の会社が多く登録されており、ビーズの種類も豊富にある。ただしケーンいわく、中国から取り寄せた材料には粗悪品も混ざっているので、Facebook上でタイ人の業者に注文する方が信頼できるという。

コロナ禍でスリン諸島が閉鎖されていた期間、村の女性たちはなにもすることがないので、再び観光客が訪れるようになったときのためにミサンガを編み続けた。その結果、大量の在庫を抱えるようになったため、コロナ前までは一個一〇〇バーツ（約四〇〇円）で販売していたミサンガを、二〇二二年の観光シーズン中は半額の五〇バーツ（約二〇〇円）で売るようになった。観光の停滞は村人の収入の機会を奪う一方で、再度訪れるだろう観光化のときに備えて手工芸品製作を活発化させた。しかしその結果、需要と供給の均衡が破れて値崩れが起きてしまった。

現在では、女性たちはミサンガだけでなくネックレスやイヤリングなどもつくるようになっている。国立公園事務所に雇用されている女性のほとんどがスマートフォンを所有しており、仕事の空き時間にはYouTubeを見てさまざまな紐の編み方を覚え、新商品の製作に挑戦している。その結果、商品のバリエーションも増えており、売り上げも増加している。

## 6 〈境界人〉がつなぐ社会

本章では、乾季にアンダマン海域の観光化と脱観光化が進展するなかで、少数民族モーケンがどのように観光業に関与しているのかについて論じた。スリン諸島周辺の海域では、一九七〇年代に旧型から新型へとカバン（船）の移行が進み、船外機が用いられるようになり、ガソリン代のための現金を稼ぐことがモーケン社会にとって重要度を増していった。貨幣経済がモーケン社会に浸透して間もなく、一九八〇年代に入るとタイ政府がアンダマン海域の各地を海洋国立公園に指定したことで、モーケンは、それまでのように船で移動することや漁をすることが自由にできなくなり、島嶼や沿岸部に陸上がりしていった。そして国家による海域管理が行われると同時に、観光化も進められた。スリン諸島に定住したモーケンは、島が閉園する雨季のみ漁業に従事し、観光客が島に訪れる乾季には観光業に従事するようになった。

二〇一〇年代に入ると、タップラム港をスピードボートの発着地とするプーケット島宿泊客によるスリン諸島へのデイトリップが隆盛し、ボートツアー会社に雇われるモーケンが急増していった。だが、アンダマン海全域が一元的に観光化の道をたどったわけではなかった。タップラム港が栄えた一方で、クラブリ港発着のボートを利用する客は激減し、クラブリ港のツアー会社は淘汰されていった。また二〇一〇年代後半には、観光客を乗せた多数のボートがアンダマン海を航行するようになった。その結果生じた海洋生態への悪影響を緩和させるため、スリン諸島ではシュノーケリング・ポイントを限定するようになり、シミラン諸島では宿泊施設が閉じられ、一日の受け入れ人数も制限された。このように、特定の地域の観光化が大きく進展すると、それと同時に脱観光化の縮小現象も発生していた。

二〇二〇年三月にはコロナの影響で、タイ全体が脱観光化の停止状態に陥った。それから間もなくして、外国人観光客を限定的に受け入れるも、コロナ感染が広がると再び閉じ、流行が落ち着くとまた開くということを繰り返していた。スリン諸島でも開園と閉園が交互になされ、観光業に従事していたモーケンにも影響を与えることになった。特に村落内でコロナ感染が拡大した後は、民族観光を目当てとする観光客は来なくなり、ツアー会社で働いていたモーケンもほぼ全員失業してしまった。この時点でモーケン社会では観光現象との断絶がうまれたことになる。ようやく二〇二二年一〇月にタイで入国に関する水際対策が撤廃されると、日帰りツアーの外国人観光客でスリン諸島は賑わいを取り戻すようになり、モーケンは土産品販売に注力するようになった。第5節では、その様子を三人のキーパーソンに焦点を絞って、事例形式で紹介した。彼ら彼女らはコロナ前からの観光産業との関わり――ボートツアー会社の人脈や土産品販売で培った経験といった観光現象との連続性――を保持することで、コロナ後の世界を生きぬこうとしていた。以下、それらの事例内容を考察し、本章を閉じることにする。

事例1のモーケン男性アーリーは、タイ人の経営するツアー会社で船の操舵手として働いていた。タイ人の同僚と信頼関係を築いており、漂着ゴミの漁網を利用してバッグをつくることを提案された。YouTubeで製作方法を独学し、ある程度慣れたところで妻につくり方を教えた。その後、妻以外の村の女性にもバッグ製作の動きが広がり、国立公園事務所のスタッフがFacebookを通して商品の販売に協力してくれるようになった。事例2のモーケン女性サリカーは、ツアー会社で事務員として働いたことがあり、その頃に出会って親友になったタイ人女性から、マグネットを土産品に加えることを提案された。その親友がFacebookで業者に注文し、かつて二人が働いていたツアー会社の事務所に商品が届くようにした。そして現在もそのツアー会社でスピードボートの操舵手として働く夫に商品を村まで運んでもらっていた。事例3のモーケン女性ケーンは、就学期の多くの時間をタイ社会で過ごし、大学で観光学の学士号を取得後にスリン諸島で学校の教員となった。観光客が手軽に持ち帰れるミサンガを新たな土産品として見出し、化学繊維の紐やビーズ類をオンライン注文し、本土の実家を郵送先として選んだ。当初は彼女がミサンガのつくり方を村の女性たちに教えていたが、今では彼女たちは自らスマートフォンを使って複雑な編み方を学んだり、他のアクセサリーを製作したりするようになっている。

これら三人に共通しているのは、タイ社会とモーケン社会の間で豊かな人間関係を築いてきたという点である。

彼ら彼女らは、二つの社会に身を置いた〈境界人（marginal man）〉であった。〈境界人〉とは、都市社会学者のパーク（Robert E. Park）が最初に使用し（Park 1928）、ストーンクイスト（Everett Verner Stonequist）により広く用いられるようになった概念で、二つ以上の社会文化集団のなかで生きる人を指す（Stonequist 1937）。社会学の分野で〈境界人〉は、複数の社会集団のなかで生きるため絶えず緊張や葛藤にさいなまれ、特定の集団に所属することが困難になるという負の側面が強調されてきた。その一方で、境界にいるからこそ既存のものの見方を変化させ、創造的なアイデアやものを生み出すという正の側面も指摘されている。本章では、後者の肯定的な視座に寄りながら、〈境界人〉を捉えたい。

〈境界人〉は人類学の分野でも言及されることがある。「ホスト－ゲスト論」で知られる観光人類学者のスミス（Valene L.Smith）は、エスキモーをめぐる観光の歴史についての論考のなかで、アメリカ社会の観光産業や外国人観光客ともつながる〈境界人〉としてエスキモーを描出した。〈境界人〉であるエスキモーは、二ヶ国以上の言語に通じていて、アメリカ各地の派遣先で伝統舞踊を披露する者であったり、民族観光のガイドだったりする。スミス（Smith 1989=2018：102）は、〈境界人〉の個人的特性として、カリスマ性、感じのよさ・魅力、機知、社交性を挙げている。それらの特性はもちろん画一的ではないため、〈境界人〉のあり方は多様である。

ここでスミスの〈境界人〉と本章の事例との相違点を先に確認しておきたい。スミスは〈境界人〉を論じるなかで、ホストとゲストの間に位置するミドルマンのエスキモーも〈境界人〉の範疇に含めている。それに対し、本章で示した事例では、ミドルマンとしてのモーケンの姿はみられない点が一つの特徴である。またなによりも、スリン諸島のモーケンはゲストとの関係性が希薄である点も見逃せない。ゲストとの関係性よりも、ボートツアー会社や国立公園事務所といった、ミドルマンに位置する組織の人々との関係性を深めている。それらの点が、スミスが論じた〈境界人〉と、本章で論じた〈境界人〉の大きな違いであろう。

本章で提示した三つの事例では、ツアー会社などの観光産業や学校教育のシステムのなかで、タイ社会との結びつきを深めてきた〈境界人〉としてのモーケンの姿があった。またモーケンは、タイ社会との紐帯を背景として、新たな土産品を村落にもたらしていた。そして、新しい土産品の導入は、事例2のように、タイ社会との関係性が比較的深い他のモーケンを巻き込んだり、インターネットを介して外部世界とつながる事例1や事例3の村落女性たちのように、観光の新たな局面を生み出してもいる。コロナによる観光の停滞と縮小という危機を乗り越え、スリン諸島では三事例で挙げた〈境界人〉が、ヒトとヒト、ヒトとモノ、モノとモノを結び付けている。今後はさらなる〈境界人〉が生み出される可能性も高い。

ここで見落としてはならないのが、ツアー会社の（元）同僚や国立公園事務所スタッフといったタイ人と、三人のモーケンとの個人的特性による、「善きもの」としての人間のつながりである。モーケンがツアー会社で働き、国立公園事務所との関係を深めるようになったのは、アンダマン海域の観光化が契機となっている。しかし、そこでの関係性が「善きもの」として現出するかどうかは、個人間の相性に強く依拠している。実際に二〇一〇年代以降、多くのモーケンがツアー会社に雇われるようになったが、その多くは〈境界人〉とはならなかった。つまり、特定のタイ人と親密な関係性を築き、タイ社会に深く関与してきたわけではなかった。どうやらそこには、スミスが〈境界人〉の個人的特性として指摘した、カリスマ性、感じのよさ・魅力、機知、社交性が関わっているように思える。

事例1のアーリーがツアー会社の同僚と深い信頼関係を築き、事例2のサリカーがタイ人ムスリムと親友になったのも、二人の個人的特性が相手に受け入れられたからである。事例3のケーンが学校の教員に誘われたのも、大学を卒業するまでタイ社会で長く過ごしたことも関係しているが、なによりもスリン諸島で教員をしていたタイ人と個人的なつながりを築いていたおかげである。それら他者との結びつきを大事にしてきたからこそ、新商品が創発され、村落全体で土産品製作が盛んになり、結果として、モーケン社会において観光が「善きもの」として立ち現れようとしているのである。モーケンは、これからも観光化と脱観光化のはざまに身を置きながら、タイ社会とモーケン社会のあわいで生きることにより、よりよい生活世界を築いていくだろう。

謝辞
本章は、筆者を代表とする科学研究費補助金の若手研究（研究課題番号18K18258）および国際共同研究加速基金（研究課題番号20KK0267）による研究成果の一部である。記して感謝申し上げる。

注
（1）二〇一九年二月にミャンマーの地方議会に提出された資料によると、一七二七人のモーケンがミャンマーに暮らしているという。他方、村落管理者による報告では一六三〇人ともいわれている（BHRN 2020：7-8）。その一方で、KPEMIC（Knowledge Portal for Empowering Marginalized Indigenous Communities）が二〇一六年から二〇一八年に実施した調査によると、タイ側には九五三人のモーケンがいるそうだが、調査期間内に他所へ移動した者も含まれるため正確な数値ではないという断り書きがある（IPF n.d.：4）。
（2）ミャンマー領のメルギー諸島に八〇四島、タイ領に五六二島あるが、モーケンはそれらすべての島を利用してきたわけではないので、あえて一〇〇〇以上の島々という曖昧な表現を用いている。
（3）通常は、完全には採捕しつくさないで、小ぶりな個体や物体はそのままにしておく。それらの成長を待つことで、将来自分やその仲間が採捕できる量を確保することができる。
（4）国家が特定の自然環境に価値を見出し、ナショナルな「公園」として意味づけをすることによって観光化が進展するさまは、国が遺跡を文化遺産として認定し、歴史公園として公開後に大勢の観光客が訪問するようになる現象と類似している（e.g. 橋爪・神田・清水 2006）。
（5）まだクラブリ港からのみスリン諸島を訪問できた一九九三年に実施されたアンケート調査結果によると、スリン諸島を訪れた二〇三人の観光客のうち一〇六人が二泊三日の滞在と答えている（Narumon 1996：206）。現在もほとんどの観光客は二泊以上する場合が多い。
（6）ごく稀に、会社と直接交渉をしてスピードボートを貸し切り、スリン諸島に宿泊する「富豪」がいたり、会社の特別企画で宿泊プランが組まれたりすることもあるが例外的である。SA社のように一泊二日と二泊三日プランを提供する会社も確認できるが、利用客はまずいない。なぜなら観光客は、プーケット滞在中にツアーの存在を知るのが普通であり、すでにプーケット島のホテルを予約しているからである。通常の提供プランはワンデイトリップのみである。

(7) 二〇二三年一月一〇日にバンコクで実施した聞き取り、および一二日に筆者と交わしたFacebookのメッセージの内容による。

(8) ドバイ原油価格の年間平均値の推移を確認すると、一九九五年に一六・一二米ドル／バレルだったのが、二〇〇〇年には二六・〇八米ドル／バレルとなり、二〇〇五年に四九・二九米ドル／バレルにまで達したことを確認できる。その後、二〇一〇年に七八・〇六米ドル／バレルとなり、数度の上下動を経て二〇二二年は九七・〇五米ドル／バレルとなっている。

(9) 当時の乾季におけるモーケンの観光業への従事の様子は鈴木（2011a）に詳しい。

(10) B社が撤退した理由は、二〇一〇年代半ばにタップラム港発着会社の利用客が増えたことによる。G社はホテルが運営する会社で今も存在するが、宿泊客からの申し込みがあるときだけ日帰りのスピードボートによるシュノーケリング・ツアーを運行するようになった。

(11) 二〇二二年一二月にスリン諸島のモーケン村落で複数人に聞き取りをしたが、正確な人数を把握できなかった。実際にはもっと多くのモーケンが雇用されていたはずだが、名前を特定できたのは六五人のみだった。

(12) 二〇一九年二月三日に村落で発生した火事の後、クラブリ郡役所が救援物資を届けるために悉皆調査した時点では三七五人が暮らしていたが、二〇二一年一〇月二二日に保健省の派遣のもとワクチン接種した人数が三五四人となっているため、約三五〇人とした。

(13) 二〇二二年一二月二六日にスリン諸島で複数のモーケンから聞き取った内容による。

(14) 二〇二三年三月三一日に特例措置終了後は三〇日に戻った。

(15) 漂着ゴミのなかではペットボトルがもっとも多く、モーケンがそれらを集めて収入源の一つにしている活動については鈴木（2011b）に詳しい。かつては国立公園事務所にそれらを買い取ってもらっていたが、二〇二三年現在はラノーン県のリサイクル業者に販売するようになっている。

(16) たとえば日本版タイ国政府観光庁のホームページ上では、「「海の民」モーケン族（チャオレーとも呼びます）が水上の村をつくって生活しているパンイー島は必見」と記載されている（TAT-Phang-Nga Homepage）。しかし、実際にはモーケンは一人も暮らしていないことを、筆者は同島を訪れて確認済みである。島に暮らす住人の多くは、一八世紀末にインドネシアから海を渡ってきた三世帯のジャワ人たちを祖先に持つ人々で、ムスリムである。

(17) 二〇二二年一二月二三日にパヤム島でミサンガ作りをするモーケンに聞き取りをしたところ、最初に作り方を教えてくれたのは西洋人女性の観光客だったという。大量の材料を持って突然村に現れ、言葉は通じないが作り方を指南してくれたという。

## 文献


鈴木佑記、二〇一一a、「交錯する視覚——観光のグローバル化が『漂海民』モーケンに与えた影響に注目して」『AGLOS Journal of Area-Based Global Studies』二：四七－八二頁。

鈴木佑記、二〇一一b、「ゴミと『海民』の幸福・不幸な関係」笹川平和財団海洋政策研究所編『人と海洋の共生をめざして——一五〇人のオピニオンV』笹川平和財団海洋政策研究所、二九二－二九三頁。

鈴木佑記、二〇一六、『現代の〈漂海民〉——津波後を生きる海民モーケンの民族誌』めこん。

鈴木佑記、二〇一八、「〈踊り場〉のネットワーク——モーケンと仲買人の関係性に注目して」小野林太郎・長津一史・印東道子編『海民の移動誌——西太平洋のネットワーク社会』昭和堂、一七八－二〇三頁。

鶴見良行、一九九九、『ナマコ』（鶴見良行著作集九）みすず書房。

橋爪紳也・神田孝治・清水苗穂子、二〇〇六、「タイにおける文化遺産管理とツーリズム——スコータイ歴史公園を事例として」西山徳明編『文化遺産マネジメントとツーリズムの持続的関係構築に関する研究（国立民族学博物館調査報告六一）』国立民族学博物館、八三－九五頁。

村井吉敬、二〇〇九、『ぼくが歩いた東南アジア——島と海と森と』コモンズ。

Bernatzik, Hugo A., 1938, *Die Geister der gelben Blätter: Forschungsreisen in Hinterindien*, München: F. Bruckmann.（大林太良訳、一九六八、『黄色い葉の精霊——インドシナ山岳民族誌』平凡社。）

BHRN[Burma Human Right Network], 2020, *The Coming Extinction: The Moken People of Burma's Mergui Archipelago*, BHRN.

Bird, George W., 1897, *Wanderings in Burma*, London: Simplin, Marshall, Hamilton, Kent & Co.

Carrapiett, W. J. S., 1909, *The Salons*, Rangoon: Ethnographical Survey of India No. 2.

Cohen, Erik, 1996, *Thai Tourism: Hill Tribes, Islands, and Open-ended Prostitution*, Bangkok: White Lotus.

Cohen, Erik, 2004, *Contemporary Tourism: Diversity and Change*, Oxford: Elsevier.

Credner, Wilhelm, 1935, *Siam: das Land der Tai; eine Landeskunde auf Grund eigener Reisen und Forschungen*, Stuttgart: J.

Engelhorns Nachf.

DNP[Department of National Parks, Wildlife and Plant Conservation], 2004, *Phraratchabanyat Utthayan Haeng Chat Pho. So. 2504. Lae Kot Rabiap thi Kiaokhong kap Utthayan Haengchat*（1961年国立公園法および国立公園関連規則）, Bangkok: DNP.（in Thai）

DNP[Department of National Park, Wildlife and Plant Conservation] Homepage.（https://www.dnp.go.th　2023.3.23）

IPF[The Indigenous Peoples' Foundation for Education and Environment], n.d., *Chon Phao Phuenmuang Moakean*（先住民モーケン）, n.p.（in Thai）

Ivanoff, Jaques, 1999, *The Moken Boat: Symbolic Technology*, Bangkok: White Lotus.

MOTS[Ministry of Tourism and Sports] Homepage.（https://www.mots.go.th　2023.3.13）

Narumon Arunotai, 1996, The Analysis of Moken Opportunistic Foragers' Intragroup and Intergroup Relations, PhD diss., Honolulu: University of Hawai'i.

Narumon Arunotai, 2017, *Hopeless at Sea, Landless on Shore: Contextualizing the Sea Nomads' Dilemma in Thailand*, Institut für Sozialanthropologie Österreichische Akademie der Wissenschaften.

Narumon Arunotai, Paladej Na Pombjra and Jeerawan Buntowtoo, 2006, *Moken's Life: Surin Islands, Phanga*, Bangkok: Jaransanitsong Kanphim.（in Thai）

Park, Robert E., 1928, Human Migration and the Marginal Man, *American Journal of Sociology*, 33：881-893.

Smith, Valene L., 1989, Eskimo Tourism: Micro-Models and Marginal Men, Valene L. Smith ed., *Hosts and Guests: The Anthropology of Tourism 2nd edition*, Philadelphia: University of Pennsylvania Press, pp. 55-82.（鈴木佑記訳、二〇一八、「エスキモー観光――境界人とそのミクロ・モデル群」市野澤潤平・東賢太朗・橋本和也監訳『ホスト・アンド・ゲスト――観光人類学とはなにか』ミネルヴァ書房、六九－一〇六頁。）

Stonequist, Everett V., 1937, *The Marginal Man: A Study in Personality and Culture Conflict*, New York: Charles Scribner's Sons.

TAT[Tourism Authority of Thailand] Homepage.（https://www.tourismthailand.org/home　2023.3.13）

TAT-Phang-Nga Homepage.（https://www.thailandtravel.or.jp/areainfo/phang-nga　2023.3.24）

Thai PBS 2020/9/28プーケットで15万人の失業者がコロナ補償金を求めに並ぶ（タイ語）（https://www.thaipbs.or.th/news/

content/296890　2023.3.23)
UNWTO, 2020, *UNWTO World Tourism Barometer*, 18(7) : 1–36.

# 第Ⅱ部　観光が生み出す新たな社会のあり方

# 第5章　邂逅する「他者」たち

## ——現代中国における民族観光、イスラーム復興、イスラモフォビアのもつれ

奈良雅史

### 1　「観光化」による民族間関係の変化？

#### 「ここは回族の場所だ！」

二〇〇八年に中国雲南省昆明市で博士論文のための現地調査を始めたばかりの頃のことである。モスクで何度かこのように言われ、ムスリム・コミュニティになかなか受け入れてもらうことができなかった。私は回族と呼ばれる中国のムスリム・マイノリティを主な対象として、改革開放以降のイスラーム復興に関する調査を行っていた(1)。回族とは、唐代以降に中国にやってきた外来ムスリムと、イスラームに改宗した漢族をはじめとした中国に暮らす人々との通婚の繰り返しにより形成された「民族集団」とみなされている（奈良 2016）。回族は中国におけるイスラーム系少数民族（総人口約一一五九五万人）のなかでウイグル族（約一一七七万人）に次いで人口が多く、約一一三八万人に及ぶ（国務院第七次全国人口普査領導小組辦公室編 2022）。回族は中国全土に分散して暮らし、各地でモスクを中心とするコミュニティを形成しながら、漢族をはじめとする非ムスリムと隣り合って暮らしてきた。こうした

状況下で、回族という民族集団の形成において、漢族を始めとする非ムスリムとの通婚が重要な役割を果たしてきた。しかし、清朝末期に回族に対する虐殺事件が起こると、回族の間では族内婚への選好が強まった。また、本章で取り上げる雲南省では文化大革命期にも回族に対する虐殺事件が発生しており、回族の間には非ムスリムの他民族に対して排他的な傾向がみられる（奈良 2016）。冒頭の発言は、そうした回族を取り巻く社会状況や歴史に根差したものだといえる。

他方で回族は、中国社会のマジョリティである漢族からも近寄りがたい存在とみなされる傾向にある。漢族にとって回族は、中国語あるいはその地域の方言を話す身近な存在であるものの、食習慣や信仰が異なる文化的他者でもあった。くわえて、回族の非ムスリムに対する排他的な傾向は漢族にも認識されており、回族コミュニティは漢族にとって近づきにくい場所であった。例えば、昆明市に暮らす五〇代の漢族男性は、私が回族コミュニティで調査を行っていることを知ると、「あそこで豚肉と言ったり、豚肉を持っていたりすると殴られる」と、その近寄りがたさについて語った。歴史学者のジョナサン・リップマンは、中国社会における回族の特徴的な位置づけを、「見慣れた他人（familiar strangers）」と言い表した（Lipman 1998）。回族は、漢族にとってみれば、身近にいるけれどもよくわからない人たちというわけだ。

これらから、回族と漢族の間では相互に交流が敬遠されてきたことがうかがえる。実際、観光においても、回族はモスクやムスリム・コミュニティに非ムスリム観光客がやって来ることを歓迎せず、漢族たちも、回族およびその文化や社会を観光対象とみなさない傾向にあった。しかし、二〇〇〇年代以降、回族も中国政府主導による観光開発の対象となり、回族文化を資源とした観光地が整備されるようになった（e.g. 周星 2015）。そうした状況下で、後述するように、回族集住地域ではモスクに非ムスリム観光客を案内するためのボランティアガイドが設置されるなど、積極的に観光客を受け入れる傾向がみられるようになった。これに伴い、回族集住地域には漢族を中心とする非ムスリム観光客も増加している（e.g. 林芸・馬祺 2016）。つまり、二〇〇〇年代以降、回族は民族観光の対象として「観光化」してきたといえる。

こうした変化は、一見すると「観光化」が、それまで相互に排他的な傾向にあった民族間関係をより融和的なものへ変えたように見える。しかし、後述するように、物語はそう単純ではない。というのも、回族が「観光化」するプロセスは、現地の回族たちが、中国政府主導の民族観光開発をイスラーム復興の文脈に位置づけるプロセスと不可分な関係にあるためだ。以下で示すように、回族文化はイスラームと強く結びついている。そのため、回族を対象とした民族観光開発には、否応なくイスラーム的な要素が含まれることとなる。こうした状況下で、回族たちは中国政府が推進する観光開発プロジェクトを契機として、政府が抑圧する宗教活動を活発化してきた。言い換えれば、回族の「観光化」は、それを観光には必ずしも還元されない文脈へとずらし方向転換する、「脱観光化」のプロセスを内包しながら展開してきたといえる。しかし、民族観光とそれがもたらす民族間関係の変容をめぐる従来の議論においては、民族間関係の変容の要因を「観光化」のみに還元し、物語を単純化する傾向にあった。

民族観光は、「エキゾチックな民族と触れ合いたいという欲望に一義的に動機づけられた観光の一形態」（Oakes 2003：204）と定義される。そのため、エスニック・マイノリティと観光をめぐる先行研究では、エスニック集団にエキゾチックさを期待する「観光のまなざし」（Urry and Larsen 2011=2014）によって、民族観光はホストとなるエスニック集団にエスニシティの再編をもたらすと考えられた（e.g. MacCannell 1984；太田 1993）。そこでは観光客との接触によって観光がエスニック集団に近代化をもたらしつつも、エスニック・アイデンティティが強化されると論じられる傾向にあった（e.g. Stronza 2001）。例えば、『ホスト・アンド・ゲスト』の編者として著名な観光人類学者ヴァレン・スミスは、グリーンランドにおける観光の発展は、イヌイットに経済的な恩恵をもたらすとともに、そのエスニック・アイデンティティを高めると論じている（Smith 1982）。

こうした観光を通じたエスニック・アイデンティティの再構築は、既存の民族間関係に両義的な影響をもたらすと考えられてきた。それは民族観光開発が民族間での接触の機会や観光産業での協働の機会を増加させることで、民族間関係を融和的にすることもあれば、観光資源をめぐる競合によって民族間関係の悪化を引き起こすこともあるためだ（e.g. Gamper 1981；Jamison 1999；Cornet 2014）。くわえて、民族観光は、ナショナリズムの形成に寄与するとも捉えられてきた（e.g. Matthews and Richter 1991）。

とくに中国において政府主導の民族観光開発は、相対的にみて経済的に貧しい内陸の少数民族地域における経済振興に加え、国民形成もその重要な目的の一つとみなされてきた（曽 2001：Zhu et al. 2016）。その背景には、中華人民共和国には建国以来、国民形成が未完のプロジェクトとして横たわってきたことがある。中国政府は領土内の人口を漢族と五五の少数民族に区分し、それらを中華民族として統合しようと試みてきた（毛里 1998）(2)。「中華民族が内包する五〇余の各民族単位は多元的であるが、中華民族としては一体的なもの」（費 1989=2008：13）であるとする言説に基づいて、各民族は文化的に多様でありながらも、中華民族として統合されるとみなされた。中国における民族観光は、こうした民族論に基づいて開発されてきたといえる。

この民族のとらえ方には、漢族と少数民族との関係性における大きな転換がある。中華帝国においては歴史的に、文化的、経済的には漢族が優位な立場にあり、時代や地域、民族によって程度の差はあるものの、非漢族による漢文化の受容が進んできた。この文脈において、少数民族は漢族と対等な関係ではなく、「教化」されるべき対象であった（瀬川 1999）。しかし、それが現在、中華民族の一員としてという条件付きではあるものの、少数民族は民族観光の場において自分たちの文化を積極的に表象することが可能になっているだけでなく、そうすることが求められさえする状況にある（e.g. 奈良 2022）。こうした状況下で、中国においても、上述したような民族観光を通じたエスニック・アイデンティティの形成や強化について論じられてきた（e.g. Doorne et al. 2003：横山 2004）。例えば、中国雲南省のペー族による銀細工の「観光化」について調査した雨森直也は、「観光化」が、歴史的に漢族に従属してきたペー族と漢族との関係性に変化をもたらしたと論じる。観光がペー族のエスニック・アイデンティティを強化するとともに、彼らに民族文化を表象する機会を与えるようになったためだ（雨森 2012）。

これらの先行研究からは、一見すると「観光化」が各民族の間で国民形成を促進し、民族間関係を相対的に対等なものへと変えてきたように思われる。しかし、上述したように、「観光化」は「脱観光化」と切り離せない関係にあることにも留意する必要がある。先に取り上げた雨森は、ペー族たちが「観光化」された銀細工を、ペー族の民族工芸としてというよりも、彼らが暮らす地域の文化として表象することに注意を促している。ここでは「観光化」が直接的にエスニック・アイデンティティの強化につながるわけではない。ペー族アイデンティティの維持と強化において重要な役割を果たしているのは、「立派な家屋」を新築することであるという（雨森 2012：87-89）。この家屋は、祖先崇拝の場であるとともに、村落内での社会的地位や名声にも結びつくものであり、観光客に見せるために建てられるのではない。ただし、銀細工が「観光化」することでもたらされた富が、この「立派な家屋」の新築を可能にしているという。その意味で、中国政府が主導する民族工芸の「観光化」は、現地のペー族によって村落内での家屋の建築を通じた威信をめぐる競争へとその文脈をずらされながら、すなわち「脱観光化」と不可分に進展してきたといえるだろう。

こうした「脱観光化」の局面に目を向けた場合、中国政府主導の民族観光開発により中華民族というネーションに各民族が包摂されることで、民族間関係がより対等で融和的な望ましいものに変わってきたという物語には懐疑的にならざるをえない。ペー族の事例でいえば、「観光化」は、村落内での威信をめぐる競争によって促進されているのであり、ペー族と他民族との間での中華民族としてのアイデンティティの共有はそれほど重要でないように思われる。そうだとすれば、本章の冒頭で述べた回族の「観光化」によって生じたようにみえる民族間関係の変容は、どのように理解することができるだろうか。

雲南省シーサンパンナ・タイ族自治州で調査を行ったコムロジー・アノウスカは、水かけ祭りにおける地元住民間、および地元住民と観光客間での偶発的な連帯について論じている（Komlosy 2004）。コムロジーによれば、水かけ祭りはタイ族文化を象徴するものではあるが、「観光化」によって多くの観光客が参加することで、他地域からやって来る観光客と地元住民との差異が顕在化し、タイ族や漢族をはじめとする地元住民間の民族的差異は曖昧化するという。ただし、観光客と地元住民との差異が先鋭化するわけではない。水かけの実践において観光客と地元住民との間で水を融通し合う状況も生まれるためだ。ここで看取される、理念やイデオロギーの共有を伴わない、個別具体的なレベルで偶発的に生じる一時的な連帯のあり方は、東賢太朗が序章で東浩紀の「郵便的マルチチュード」（東 2017）を参照して論じた、観光地におけるコミュニケーションを通じて事後的に築かれうる刹那的かつ偶発的な連帯のあり方とも響き合う。こうした偶有性を伴う、連帯のようにみえる関係性が、序章で論じられた観光における「善きもの」をもたらす契機と捉えられるのであれば、「観光化」に伴う回族と漢族との関係の「改善」も、国民形成による連帯とは異なる現象として捉えられるかもしれない。

以上を踏まえ、本章では、回族が多く暮らす中国雲南省箇旧市沙甸区における民族観光開発を事例に、「観光化」と「脱観光化」の具体的な関係性を描き出す。それに基づき、それらの過程において回族と漢族との間でいかなるコミュニケーションが生じてきたのかを検討し、それが排他的な傾向にあった両者の関係性をいかに変化させてきたのかを明らかにする。そのうえで、両者の間で予想外に生じうる観光における「善きもの」の可能性について考察したい。次節では中国における民族観光および調査地における回族文化を観光資源とする観光開発について概観する。

## 2　中国における民族観光と回族

### 民族観光の展開と回族の位置づけ

中国における観光をめぐる状況は、一九七八年の改革開放政策の導入を境に大きく変化した。改革開放以前の中国におけるインバウンド観光は、社会主義圏をはじめとする諸外国からやってくる要人などを接待するための外交活動の一環であった（曽 2001）。他方、国内観光については、イデオロギー教育のために「革命聖地」を訪問する「紅色観光」が主であった（韓 1996：高山 2007）。それが一九八〇年代以降になると、インバウンド観光は外貨獲得のための重要な手段とみなされ、外国人観光客を受け入れるための制度が整備されていった。また、国内観光についても、一九八〇年代以降の経済成長に伴い、とくに都市住民を中心にその市場規模が大きく拡大した(3)（e.g. 曽 2001：韓 2008）。本章で取り上げる雲南省も、これと概ね同様の過程を経て、現在では中国屈指の観光地となっている[4]（松村 2001）。

このように中国における観光業が大きく発展するなかで，民族観光も同様に発展してきた[5]。例えば，一九八〇年代半ば以降，中国政府主導で中国国内に暮らす少数民族の文化に焦点を当てた民族テーマパークが建設された。また，少数民族が多く暮らす雲南省や貴州省などの地域では，官民挙げて少数民族文化を資源とした観光開発が行われてきた（e.g. 松村 2001：鈴木 2012）。

ただし，そこで観光対象となってきたのは，漢族にとってエキゾチックであったりノスタルジックであったりする南方の少数民族が主であった。例えば，漢文化と大きく異なる文化を持つ山岳民族については「原始性」が演出されるのに対し，「漢化」した少数民族については漢族が近代化で喪失した漢文化の伝統を演出することでノスタルジーを喚起してきたという（高山 2007）。言い換えれば，中国における民族観光開発には，「漢族のまなざし」が大きく働いていた。回族は，上述のように漢族にとって「見慣れた他人」であったため，それほどエキゾチックでもノスタルジックでもなかったといえる。くわえて，前節で述べたように，回族と漢族との関係性は相互に排他的な傾向にあった。そのため，回族が民族観光の対象として「観光のまなざし」を向けられるようになるまでには，他の少数民族に比べ時間を要した。例えば，上述の民族テーマパークにおいても，回族が大きく取り上げられることは少なかった。中国における六ヶ所の主な民族テーマパークについて調査を行った高山陽子によれば，回族を取り上げているのは一ヶ所だけで，二ヶ所で取り上げられている漢族よりも少なかった（高山 2007：146-147）。

回族が観光開発の対象とみなされるようになったのは，二〇〇〇年代に入ってからであった。二〇〇一年には中国で唯一の省レベルの回族自治区である寧夏で「回族風情」を活かした観光開発が企画された（周星 2015）。その後，中国各地の回族集住地域でもモスクや回族文化の「観光化」が進められるようになった（e.g. 張春玲 2014：朱強勇 2015：馬海燕ほか 2017）。その背景の一つには，東部沿岸地域と西部内陸地域との経済格差の是正を目的として，後者におけるインフラや投資環境の整備などを実施するために二〇〇〇年に始められた「西部大開発」プロジェクトがあると考えられる（張・范 2021）。くわえて，二〇〇二年に江沢民の後を継いだ胡錦濤政権による「和諧社会

（調和のとれた社会）」というスローガンに基づく諸政策も背景として挙げられる。当該政権下では「調和のとれた民族間関係」が目指され（小嶋 2008）、これも回族と漢族の双方が回族を対象とした観光を受け入れていくうえで少なからず影響したと考えられる。実際、以下で紹介するように、回族を対象とした観光の現場においては、中国政府の政治スローガンがたびたび言及される。

本章で取り上げる回族文化の「観光化」に関する事例も、こうした状況下で生起してきた。次項では、本章における議論の前提として、雲南省紅河州箇旧市沙甸区における回族を対象とした観光開発をめぐる状況について概観する。

### 沙甸区における観光開発

沙甸区は紅河州箇旧市の一地域で、雲南省における政治経済の中心である昆明市から二五〇キロメートルほど南に位置する。沙甸区には多くの回族が暮らしており、その総人口（約一万四〇〇〇人）の約九割を回族が占める。[6]回族が集住する地域であるため、沙甸区の飲食店はハラールであることがスタンダードとなっている。そのため、漢族の経営するレストランでは、看板に「漢族」という文言がわざわざ記されている。これは漢族が圧倒的なマジョリティを構成する中国では珍しい光景だといえるだろう。しかしそれ以上に異彩を放っているのは、農村地域の小さな町に突如現れる巨大なモスクだ。「沙甸大清真寺（*shadian daqingzhensi*）」（以下、沙甸モスク）と呼ばれる、四つのミナレットを伴いドーム屋根を有するアラブ風のモスクは、政府からの資金援助も受け、約一億二〇〇〇万元（当時のレートで約一七億円、以下すべて当時のレート）の費用をかけて二〇〇五年から五年の建築期間を経て二〇一〇年に落成した[7]（李慶昆 2014）。一万人が同時に礼拝可能な規模で、中国でもっとも大きなモスクの一つだといわれる（写真5－1）。総面積一五・四平方キロメートルほどの沙甸区には、沙甸モスクの他に九ヶ所ものモスクが点在している（箇旧市沙甸区委・区政府編 1996：2）。毎日礼拝時間になると、各モスクからアザーン（礼拝の呼びかけ）が放送され、町中に響き渡る。[8]ほどなくすると、ムスリム帽をかぶった回族男性たちが礼拝のためにモスクへと向か

**写真5－1**　沙甸モスク

出典：2016年9月，筆者撮影

う様子を目にすることができる。

また、この町を注意深く眺めれば、道路標識の表記に、中国語と英語だけでなくアラビア語も使用されていることに気付く（写真5－2）。中国における少数民族の自治地域では、少数民族の言語が道路標識に併記されることは珍しくない。しかし、回族の自治地域ではない沙甸区で、中国政府の民族政策では回族の言語とは考えられていないアラビア語が道路標識に記載されるのはきわめて稀なことだといえる。くわえて、沙甸区ではイスラームに由来する道路名称も散見される。例えば、沙甸モスクから東に伸びる大通りは、「穆斯林大街（*musilin dajie* ムスリム大通り）」と呼ばれる[9]。「解放」「建設」「人民」といった共産革命や国家建設を想起させる道路名称が一般的な中国において、宗教的な用語が道路名称に用いられることは稀有である。また、「ムスリム大通り」には、「沙甸回族文化芸術館」およびハラール食品店やハラール・レストランなどが入ったドーム屋根をあしらったアラブ風のモスクを模したような建物が並ぶ[10]（写真5－3）。

沙甸区以外にも中国には数多くの回族集住地域が存在するが、これほどまでにイスラーム的な景観を備えた地域は限定的だといえるだろう。というのも、中国政府による宗教管理制度においては、公共の場における宗教的表象や宗教活動は取り締まりの対象となるためだ（e.g. 奈良 2016）。沙甸区におけるこのようなイスラーム的景観の形成には、中国政府主導の観光開発が大きく関係している（奈良 2021）。

沙甸区では、沙甸モスクの建設に伴い、二〇〇九年以降、政府主導で回族文化を観光資源とする観光開発が進められてきた（箇旧市年鑑編輯組編 2009）。これは「中国・沙甸回族文化旅游小鎮（中国・沙甸回族文化観光街）」と呼ばれる、中国政府から約二九億元（約四〇〇億円）もの予算がつけられた観光開発プロジェクトであった。後述する理由

**写真5-2**　中国語、英語、アラビア語が併記された道路標識

出典：2008年10月，筆者撮影

**写真5-3**　沙甸の町並み

出典：2017年８月，筆者撮影

から、当該プロジェクトは中断されることになってしまうものの、中国政府から国家AAAA級観光地としての認定を受けることを目指し[11]、二〇一三年時点で約五・七五億元（約八〇億円）がモスク周辺の開発などに投資され、インフラ整備が進められてきた（箇旧市年鑑編輯組編 2013, 2014）。こうした観光開発の進展に伴い、沙甸区には毎年一五万人近くもの観光客が訪れるようになり、二〇一四年には五〇〇〇万元（約七〇〇〇万円）以上の観光収入をもたらしたとされる（林芸・馬祺 2016:27）。沙甸区が位置する紅河州には、ユネスコ世界遺産に登録された有名な観光地である元陽県の棚田もある[12]。そのため、棚田へのツアーに沙甸区での観光も組み込まれ、大型バスで国内外の観光客が沙甸区にやって来る状況もみられるようになった（奈良 2021）。

本章の冒頭でも述べたように、回族の間には漢族をはじめとする非ムスリムの他民族に対して排他的な傾向がみられた。そのため、沙甸区の「観光化」に伴う非ムスリム観光客の増加は、一部の回族たちから反発を招くこととなった。非ムスリム観光客がモスクの礼拝場所に入ってしまったり、肌の露出が多い服装の女性観光客がモスクにやって来てしまったりすることがたびたび起こったためだ。

こうした事態を受けて、沙甸区における主な観光スポットである沙甸モスクでは、観光客の受け入れを制限するのではなく、二〇一四年に若い宗教指導者が中心となって、地元の回族からボランティアガイドを募集して「接待部」を組織し、非ムスリム観光客に対応するようになった。上述のように沙甸区での観光が棚田ツアーに組み込まれるようになると、ツアー会社から沙甸モスクにツアー客の案内が依頼されることもあった。

二〇一六年までには一〇代から二〇代の若者を中心に三四名がボランティアガイドとして活動を行っていた（奈良 2021）。ボランティアガイドは、観光客にモスクやイスラームについて説明するのにくわえ、観光客が礼拝場所に立ち入らないよう注意を促したり、礼拝時間が近くなると肌の露出が多い女性観光客に立ち去るよう促したりすることで、観光客と地元の回族との間のコンフリクトを未然に防ぐ役割を果たす（写真5-4）。ただし、ボランティアガイドたちは、単に非ムスリム観光客に対処するだけでなく、沙甸モスクが提供する飲料水や菓子を観光客に振る舞うなど、積極的に観光客をもてなすこともある。このように非ムスリム観光客を積極的に受け入れる傾向は、先述した非ムスリムによるモスク訪問を忌避する態度とは対照的だ。

また、観光開発が実施される前の沙甸区は、回族を含む他地域の人々から忌避される場所でもあった。雲南省の漢族にとって、回族集住地域は先述のように近寄りがたい場所であったが、沙甸区の場合はとくにその傾向が強かった。というのも、沙甸区では一九八〇年代末から一九九〇年代にかけて薬物が蔓延し、治安が悪化していたためだ(13)。そのため、回族にとっても、当時はどうしても通らなくてはならない場合でも、トイレに行ったり食事をしたりすることはせず「できるだけ早く通り抜けたかった」（昆明在住の五〇代回族男性）場所であったという。

**写真5-4**　肌の露出が多い服装の女性観光客に注意を促すボランティアガイド

出典：2016年9月，筆者撮影

こうした状況とは対照的に、地元の回族が非ムスリム観光客を積極的に受け入れるようになり、回族でさえも忌避する傾向にあった沙甸区に多くの観光客が訪れるようになった背景には、上述の中国政府主導の観光開発プロジェクトによる影響があったといえるだろう。沙甸区における観光開発プロジェクトは、胡錦濤政権のスローガンであった

「和諧（調和のとれた）」を主要な理念の一つとしていた（箇旧市年鑑編輯組編 2013）。そのため沙甸区は、一見すると「調和のとれた民族間関係」に基づく国民形成を主要な目的の一つとする中国政府主導の「観光化」の成功事例のようにも見える。実際、観光の現場において、中国政府の政治スローガンについて言及されることも少なくない。例えば、上記のボランティアガイドは、非ムスリム観光客にモスクについて説明する際、「多元で一体な中華民族」の一員として回族を表象する傾向にある。ある二〇代の回族男性ボランティアガイドは、非ムスリム観光客に対して「われわれ中華民族にとってまず重要なのは「愛国」です。われわれ回族はそのうえでアッラーを信じ、「愛教」をしています」と語り、モスク前の広場を指して「われわれのモスクには壁がなく、誰もが入ることができます。ここからみえる広場は「和諧広場」といい、民族団結の場です」と説明した。

こうした中国政府の政治スローガンに基づいて非ムスリム観光客に回族文化を説明する理由として、ある別の二〇代回族男性ボランティアガイドは、それが中国社会におけるイスラームやムスリムに対する偏見や無理解の解消につながることへの期待を挙げて、「ニュースなどの影響でムスリムはみなテロリストだと思われたりしている。われわれは相互に交流し、互いの理解を深める必要がある。イスラームは平和の宗教なんだ」と語った。こうした語りからは、先行研究で論じられてきたように、「観光化」を通じて少数民族が中華民族の一員として自分たちの文化を積極的に表象することが可能になってきた様子がうかがえる。同時に「観光化」は、それまで漢族にとって「見慣れた他人」に過ぎなかった回族に対して「観光のまなざし」を向ける契機の一つになっていた。例えば、ある非ムスリム観光客は、沙甸区にやって来たきっかけを「これまで回族についてはあまり関心がなかったが、中国で一番大きいモスクがあるというので来てみた」と語った。この語りが示唆するように、沙甸区における主な観光対象は沙甸モスクである。ただし、それにくわえて沙甸区は、焼烤（*shaokao*）と呼ばれる中国式バーベキューでも有名な地域で、それを目当てにやって来る観光客も少なくない。それには漢族をはじめとする非ムスリムの間で、回族によってイスラーム法に則って処理された食肉が一般的なものよりも美味しいとみなされていることも関係している。

以上のように、回族文化に焦点を当てた沙甸区の「観光化」は、それまで相互に排他的な傾向にあった回族と漢族をはじめとする非ムスリム他民族との間にコミュニケーションの機会を創出し、中華民族としての連帯を強化しているように見える。しかし、このプロセスは、地元の回族たちが観光開発を別の文脈にずらし方向転換していくという意味での「脱観光化」のプロセスと不可分である。次節では、沙甸区における観光開発が沙甸区の回族たちによっていかに方向転換されてきたのかを具体的な事例に基づき記述する。

## 3　回族観光の「脱観光化」

### 回族文化の「観光化」とイスラーム復興

上述のように沙甸区では、回族文化を観光資源とした観光開発が行われてきた。ただし、回族が中国における少数民族のなかでも特異な位置づけにあるという点に留意する必要がある。中華人民共和国では、スターリンによる民族定義の四原則、①言語、②地域、③経済、④文化（心理状態）を基準として国内の人口を五六の民族に分類した（《当代中国的民族工作》編輯部編 1993）。認定されたすべての民族集団がこの原則を満たしているわけではないものの、そのなかでも回族の特異性は際立っている。回族は他の多くの少数民族とは異なり、独自の言語を持たず漢語を母語とし、チベット族やウイグル族などのように人口が集中する特定の集住地域を持たず、中国全土に分散して小規模なコミュニティを形成して暮らしており、地域によって主な生業も異なる。にもかかわらず、回族はイスラーム信仰のみで民族と認定された[14]。そのため、回族文化の「観光化」には否応なくイスラーム的な要素が含まれることとなる。例えば、上述のように沙甸区における観光開発はイスラーム的景観の形成とむすびついていた。

ただし、回族文化の「観光化」に伴うイスラーム的景観の形成は、改革開放以降の中国における宗教をめぐる状況とも大きく関係する。一九八〇年代以降、中国では宗教政策が緩和され、さまざまな宗教が活動を活発化させてきた。イスラームも例外ではなく、回族コミュニティにおいてもモスクの再建・改築、イスラーム教育などが活発た。

化してきた（e.g. 奈良 2016）。上述のように宗教管理制度によって公共の場における宗教的表象が制限される現代中国において、回族文化の「観光化」は、回族たちがイスラームに関わる活動を活発化させる余地を拡大することとなる。つまり、回族文化の「観光化」には、イスラーム復興へとその文脈がずらされ方向転換していく可能性が潜在しているのだ。実際、以下で論じるように、沙甸区では観光開発と同時にイスラームに関わる活動が展開してきた。

こうしたプロセスには沙甸区の歴史的背景も影響している（奈良 2016）。沙甸区は、文化大革命末期に起こった「沙甸事件」の影響により、改革開放以降、他の地域に比べさまざまな面で政府から優遇されてきた。沙甸事件とは、一九七五年七月に沙甸で起こった回族虐殺事件である。この事件では、人民解放軍によって反体制派として九〇〇名以上の回族が虐殺された(15)。しかし、文化大革命終息後の一九七九年に、事件に関わった人々の名誉回復がなされた（馬紹美 1988）。すると中国政府は、沙甸区をさまざまな面で優遇するようになった。沙甸区の回族たちは「沙甸事件を起こしてしまったために、政府は沙甸区に対して申し訳なく思っている」のだと語る。例えば、宗教的な面では、沙甸区のモスク数が大幅に増加した。上述のように現在沙甸区にはモスクが一〇ヶ所あるが、改革開放前には三ヶ所しかなかった。また、沙甸区におけるモスクの宗教指導者に省や州、県の人民代表などの政治的ポストが優先的に与えられた。さらに経済的にも政府から産業育成のための支援があり、改革開放以降、沙甸区は鉛加工や貴金属加工などの産業を中心に経済発展を続けてきた（箇旧市沙甸区委・区政府編 1996：46–53）。その結果、沙甸区は一九九三年には雲南省の「総合実力百強郷鎮」に選ばれ、区住民の総所得が一億元（約一九億円）を越える町「億元鎮」となった。さらに二〇〇七年には、区住民の総所得は一五億元（約二一〇億円）、一人当たり五八八〇元（約八万二三二〇円）に達したという（桂榕 2009：49）。

以上のように、文化大革命期に虐殺事件を経験したがゆえに、沙甸区は宗教的、政治経済的に政府からの優遇を受けてきた。また、沙甸区では虐殺事件の影響によって、政府が宗教実践にある程度寛容であったとされる（e.g. Turnbull 2016）。そのため、沙甸区では中国全土からムスリムの大学生を集めたイスラーム研修の実施や、宣教活動の担い手向けのモスクの設置など、他地域では実施が困難なイスラームに関わる活動を活発化させてきた（奈良 2016）。つまり、沙甸事件を背景として沙甸区では改革開放以降、他地域に比べてイスラームに関わる活動がとくに活発に行われてきたのだ。くわえて、イスラーム信仰を基準として民族認定された回族の文化を対象とした観光開発は、中国において抑圧される傾向にあるイスラームに関わる活動の活発化と結びつきやすい。そのため、沙甸区における観光開発プロジェクトは、観光には還元し得ないイスラームに関わる活動をも巻き込みながら展開していくこととなる。

## アルコール排斥運動の展開

二〇〇七年から二〇一四年にかけて、沙甸区では、モスクの宗教指導者や一般信徒の有志たちによってアルコール排斥運動が実施されてきた。この運動が行われていた当時、沙甸区のいたるところにアルコールの弊害を訴えるポスターが掲示されていた。そこには「沙甸全体ムスリム」の名義で、髑髏などのイメージなどとともに以下のメッセージが記載されていた（写真5－5）。

**写真5－5**　アルコールの弊害を訴えるポスター
出典：2008年10月，筆者撮影

「酒は理性を麻痺させる麻薬である」
「飲酒は恥ずべきことであり、酒の販売は憎むべきことであり、酒の製造は恨むべきことである」
「酒飲みは人を害し、自分を害し、社会を害する」
「たとえこの世で貧しくとも、あの世で罪を受けるべきではない、酒は諸悪の根源である」

くわえて、この運動に参加する有志たちは、週二回、町の見回りを実施し、時にはアルコールを隠している家に押しかけ、それらを没収することもあったとされる。その結果、参加者たちは二〇〇七年には早くも沙甸区からアルコールを一掃することに成功したという(16)。

回族の間では、一般的にアルコールは排するべきものとみなされる。しかし実際には、回族が経営するハラール・レストランにおいてアルコールが提供されていることも珍しくない。また、漢族との付き合いなどにおいて飲酒する回族も存在する。漢族が圧倒的マジョリティを構成する中国社会を生きていくうえで、各人によって程度の違いはあるものの、回族はアルコールの存在と一定の折り合いをつけてきたといえるだろう。それにもかかわらず、沙甸区においてアルコール排斥運動が生起した要因には、一九八〇年代以降のイスラーム復興にくわえ、二〇〇五年から二〇一〇年にかけて行われた沙甸モスクの建設およびそれに付随して実施された観光開発プロジェクトが挙げられる。モスクの建設および観光開発プロジェクトによるモスク周辺のインフラ整備に伴い、他地域から多くの漢族労働者が沙甸区にやってきたためだ。当時、アルコールを消費する漢族労働者のためにアルコールを提供する商店や飲食店が増加し、その結果、アルコールの販売・消費をめぐってコンフリクトが生じていたという（奈良 2021：Yusupov 2021）。

アルコール排斥運動と観光開発プロジェクトとの間には、一見それほど強いつながりはないように見える。実際、アルコール排斥運動自体は、上記のように二〇〇七年、観光開発プロジェクトよりも前から始められていた。しかし、観光開発プロジェクトは、イスラーム復興が進展するなかで二〇〇五年に始められた沙甸モスク再建を契機としていた。くわえて、モスクの再建および観光開発によるインフラ整備に伴う沙甸区への漢族労働者の流入を一つの契機としてアルコール排斥運動が生起してきた。その意味で、アルコール排斥運動と観光開発は相互に不可分な関係のもとで進展してきたといえるだろう。

二〇〇八年当時、沙甸区のあるモスクの宗教指導者（四〇代回族男性）は、この運動に対する政府からの反応について、「アルコールを禁じてから、沙甸ではケンカも少なくなって、政府も喜んでいるよ」と語った（奈良 2016：

183）。中国では公共空間での宗教活動は上述のように取り締まりの対象となるため、その実施が難しい。実際、他地域の回族コミュニティにおいてもアルコール排斥運動が実施されたことはあったが、政府からの介入を受けて頓挫している（Gillette 2000）。そうした状況にもかかわらず、沙甸区においてアルコール排斥運動が一定の成功を収めることとなった要因としては、歴史的背景から政府が沙甸区における宗教活動に対して寛容であったことにくわえ、運動が政府主導の観光開発に伴うイスラーム的景観形成の一環として、政府からある程度許容されてきたことも考えられる（奈良 2021：cf. Yusupov 2021）。

アルコール排斥運動は、政府主導の「和諧（調和のとれた）」を理念とする回族文化の「観光化」から逸脱する事態である。しかしこの運動は、部分的には回族文化の「観光化」に起因としていると同時に、回族文化の「観光化」によってイスラーム的景観が形成されるなかで実現できたものであった。その意味で、回族文化の「観光化」は、イスラーム復興および地域の宗教的な秩序の形成・維持という異なるプロセスと同時に進展してきたといえる。後者のプロセスは、「観光化」を観光の文脈からずらし方向転換していくという意味での「脱観光化」と捉えることができるだろう。

しかし、二〇一四年三月に昆明駅で暴力テロ事件が起きたことで、沙甸区における観光をめぐる状況は一変することとなる。テロの実行犯たちが、事件前に沙甸区に潜伏していたとみなされたためだ[17]。その結果、沙甸区に対する当局からの締め付けが強くなり、アルコール排斥運動を継続できなくなった。さらに、政府主導の観光開発プロジェクトも中断されることとなった。ただし、沙甸モスクにおいてボランティアガイドが設置されたのが同じ二〇一四年であったことには留意が必要である。つまり、テロ事件を経てもなお、沙甸区には非ムスリム観光客の訪問があり、地元の回族たちはそれを積極的に受け入れていたのだ。こうした状況からは、民族観光を通じてそれまで排他的傾向にあった回族と漢族が中華民族としての連帯を強めてきたという物語に還元し得ないプロセスが看取される。次節では、テロ事件以降、沙甸区の回族たちがいかに観光を方向転換、すなわち「脱観光化」してきたのか、さらに国民形成の促進を目指す中国政府の観光開発とは異なるかたちでいかに回族たちに「観光のまなざし」が向けられてきたのかを検討する。

## 4　邂逅する「他者」たち

### 宣教の対象としての観光客

上述のように、沙甸モスクのボランティアガイドたちは、中国政府の政治スローガンに則ってモスクや回族のあり方を説明する傾向にある。しかし、彼／彼女らは、観光客とのやり取りに応じて、アッラーや預言者ムハンマド、クルアーンについて、さらにイスラームにおける女性の位置づけや礼拝のやり方などを説明することも多い。本章の冒頭で述べたように、一般に漢族をはじめとする非ムスリムがモスクにやって来ることは稀で、中国では政府公認の宗教施設以外での宗教活動は法的に禁止されている。そのため、回族がイスラームについて、漢族をはじめとする非ムスリムに説明する機会は限定的である。こうした状況下で、ボランティアガイドおよびモスクの宗教指導者や一部の地元の回族が観光客に対応することは、単に地元の回族と観光客との間でのコンフリクトを予防するだけでなく、宣教の機会にもなるとみなされている(18)。

ボランティアガイドのある一〇代回族男性は、非ムスリム観光客への対応を宣教の機会と捉え、「預言者ムハンマド――彼にアッラーの平安あれ――や回族の祖先が中国にやって来たばかりの頃は、自分たちから宣教に行かねばならなかった。でも今は黙っていても来てくれる。とても幸せなことだよ」と語った。こうした考えは、ボランティアガイドを担う若年層の回族だけでなく、地元の回族にも広く受け入れられつつある。例えば、モスクやイスラーム学校での宗教教育にも携わる四〇代回族男性も「たくさん来てくれるようになった観光客にもっとうまくイスラームのことを伝えられるようにモスクの案内係りの育成に力を入れる必要がある」と語り、ボランティアガイドを通じた宣教に力を入れる必要を訴えていた（奈良 2021：77）。こうした状況からは、回族文化の「観光化」が、イスラームを非ムスリムに宣教する機会の拡大として「脱観光化」のプロセスを伴ってきたことが看取される。

このように非ムスリム観光客が宣教の対象とみなされるようになった背景には、一九八〇年代以降のイスラーム復興が深く関係している。従来回族の間では、民族的な属性（「回族であること」）と宗教的な属性（「ムスリムであること」）は不可分な関係にあった。しかし、イスラーム復興に伴い、より厳格なイスラーム言説が回族の間で影響力を高めるなか、「ムスリムであること」が、生まれではなく、厳格なイスラーム実践に条件づけられる属性とみなされるようになってきた。それは血縁や制度によって決まる属性としての「回族であること」と、実践を通じて獲得される属性としての「ムスリムであること」とを分けて考えることにつながる。このエスニシティと宗教性の分離の結果、回族にとって非ムスリムの他民族も潜在的なムスリムとみなしうる存在となり、宣教の対象となっていったのだ（奈良 2016）。

このような状況は、非ムスリムの他民族がモスクにやって来ること自体を肯定的に評価することを可能にしている。沙甸モスクおよびその周辺は、中国地域においては異国情緒を喚起しうるイスラーム的景観を形成している。そのため、ムスリムかどうかを問わず、結婚を控えたカップルが、カメラマンを伴って記念写真の撮影にやって来ることも珍しくない（写真5-6）。こうした状況は、地元の回族からは「沙甸モスクは無料の観光スポットだ」などと皮肉を込めて語られることがあるものの、非ムスリムにイスラームを知ってもらう機会の提供として概して肯定的に評価される傾向にある。あるボランティアガイドの二〇代回族男性は、写真撮影にやって来たグループに礼拝場所に入らないよう注意を促した後、「最近は毎日一組以上、結婚写真を撮りにモスクにやって来るカップルがいる。そのなかにはムスリムではない人たちもいる。でもそれだって彼らがイスラームに触れるよい機会だと思う」と筆

**写真5-6**　沙甸モスクで結婚写真を撮影するカップル

出典：2016年9月，筆者撮影

者に語った。

以上のように、回族が、それまで忌避する傾向にあった非ムスリム観光客を積極的に受け入れるようになった要因の一つには、イスラーム復興に伴い、非ムスリム観光客を潜在的なムスリムとみなすことが可能になったことが挙げられる。回族が政府主導の観光開発を通じて中華民族としてのアイデンティティを形成、強化したことがその要因では必ずしもないのだ。他方、次に述べるように、沙甸区を訪れる非ムスリム観光客から回族に向けられる「観光のまなざし」も、中華民族としてのアイデンティティの共有に基づくというよりも、回族の他者化に根ざしたものである。

## 「テロリストの巣窟」としての沙甸区

二〇一四年に昆明市で起きたテロ事件により、沙甸区における政府主導の観光開発は中断されることとなった。しかし、それによって沙甸区を訪れる観光客が減ったわけではなかった。沙甸モスクのボランティアガイドたちによれば、テロ事件をきっかけに非ムスリム観光客の数はむしろ増加したという。ボランティアガイドのある二〇代回族男性は、そうした状況について、「非ムスリム観光客は減っていない。むしろ増えている。彼らはテロリストが集まる沙甸がどんなところか、興味本位で見に来るんだ」と語った。沙甸区は中国最大級のモスクを擁する回族の集住地域として、少なくとも雲南省に暮らす人々にはよく知られていたものの、全国的にはそれほど知名度が高くなかった。ところが、テロ事件の実行犯たちの潜伏先として報道されたことで、中国全土で広く知られることとなった。ボランティアガイドによれば、テロ事件後はじめての旧正月には、一日に二〇〇〇人以上もの観光客が沙甸モスクを訪れたという。

中国においては歴史的に中国国内のムスリムに対する蔑視や偏見が存在してきたが（e.g. 奈良 2016）、近年ではソーシャル・メディアの発達に伴い、イスラモフォビア的な言説はさらに拡大している。新疆ウイグル自治区における分離独立運動や、二〇一四年の昆明市での事件をはじめとするムスリムによるとされる一連のテロ事件によって、ソーシャル・メディア上ではイスラームやムスリムに対する批判や嫌悪感がたびたび表明されるようになっている。そこではハラール認証の食品が中国社会で広く流通することやアラブ風のモスクが増加してきたことも批判されてきた（澤井 2019）。沙甸区に関しては、二〇一四年のテロ事件をきっかけに、インターネット上でアルコール排斥運動が実施されてきたことなどにも焦点が当てられ、中国政府による統治が十分に働いていない「中国のなかのイスラーム国」として批判にさらされることとなった。

こうした状況から、漢族をはじめとする非ムスリムたちは、回族を中華民族を構成する一員として包摂することで観光対象としてきたというよりも、現行の国家体制を脅かしかねない「テロリスト」として回族を他者化することで、回族に対する「観光のまなざし」を形成してきたといえるだろう。その意味で、相互に排他的な傾向にあった回族と漢族との間で観光を通じたコミュニケーションが生まれるようになったのは、両者の間で中華民族としてのアイデンティティが共有されるようになったからでは必ずしもない。くわえて、観光を通して中華民族としての連帯が形成されていくわけでもない。ここでは非ムスリム観光客にイスラームを広めようとする回族と、そうした回族を国家にあだなす存在とみなす非ムスリム観光客という、一見相容れないような「他者」たちの間に、観光を契機とした出会いが生み出されている。次節では、こうした「他者」たちの出会いがいかなる意味を持つのか、序章で提示された観光によって生み出される「善きもの」という観点から検討したい。

## 5　邂逅がもたらすもの

本章の冒頭で述べたように、回族の間には、漢族をはじめとする非ムスリムがモスクや回族コミュニティにやって来ることを歓迎しない傾向があり、非ムスリムも回族が集住する地域をあえて訪れようとはしない傾向にあった。しかし二〇〇〇年代以降、中国政府主導による回族文化を観光資源とする観光開発が進められるなか、回族は非ムスリム観光客を積極的に受け入れるようになり、非ムスリム観光客も回族集住地域にやって来るようになった。こうした状況は、一見すると、回族文化の「観光化」を通して中華民族アイデンティティが形成、強化され、それによって排他的な傾向にあった民族間の関係が融和的なものに変わってきたようにもみえる。

しかし、沙甸区における観光開発の事例が示唆するように、回族の「観光化」が、地元の回族による「脱観光化」のプロセスと不可分なかたちで進展してきたことには注意が必要である。回族はイスラーム信仰によって中国政府に少数民族として認められたため、回族の「観光化」には否応なくイスラーム的要素が含まれることとなる。それは政府によって宗教活動が制限される中国において、回族がイスラームに関わる活動を、政府からの規制を受けにくいかたちで活発化させる余地を拡大させた。そのため沙甸区では、観光開発に伴うイスラーム的景観の形成とともに、それを契機の一つとするアルコール排斥運動も展開された。言い換えれば、回族たちは観光開発が進展するなか、それを観光の文脈からイスラーム復興の文脈にずらし、観光とは必ずしも直接関係しないイスラームに関わる活動を活発化させてきたのである。

くわえて、「観光化」の結果にみえる沙甸モスクにおけるボランティアガイドの設置と非ムスリム観光客の積極的な受け入れも、「脱観光化」のプロセスと切り離すことはできない。イスラーム復興に伴い、より厳格なイスラーム実践が重視されるようになるなか、回族の間では従来不可分であったエスニシティと宗教性が区別されるようになった。その結果、漢族をはじめとする非ムスリムの他民族を潜在的なムスリムとして宣教の対象とみなしうる状況が生まれた。そのため、非ムスリム観光客の積極的な受け入れは、宣教機会の拡大として推進されてきたともいえる。

他方で、沙甸区を訪れる非ムスリム観光客は、回族をアイデンティティを共有する中華民族の一員とみなしているわけでは必ずしもない。中国国内におけるムスリムが関わったとされる一連のテロ事件やイスラモフォビア的言説の拡大により、漢族を中心とする中国の非ムスリムたちは、回族などのイスラーム系少数民族を国家体制を脅かす「テロリスト」として他者化してきたといえるだろう。その意味で、非ムスリム観光客にとって、回族は中華民族の一員にはふさわしくない異質な他者であったといえるかもしれない。アルコール排斥運動も回族批判の対象となってきたことを踏まえると、非ムスリム観光客による回族の他者化の要因の一つには、回族文化を観光資源とした観光開発の「脱観光化」もあったといえるだろう。

沙甸区では観光を通して、こうした必ずしもわかり合えない「他者」たちがわかり合えないままに出会う。管見の限り、ボランティアガイドとのコミュニケーションを通じてイスラームに改宗する非ムスリム観光客はいないし、沙甸区においてアルコール排斥運動が生起する背景を理解しようとする観光客もいない。その意味で、観光を通じて回族と漢族をはじめとする非ムスリム観光客の間には、中華民族としての強固な連帯のようなものが生起することは考えられそうにない。しかし、沙甸区における観光開発は、少なくともそれまでは相互に交流を忌避する傾向にあった人々が出会い、交流するコンタクト・ゾーンを創出した。ここに観光が生み出す「善きもの」の可能性が潜在しているように思われる。

本章の冒頭で述べたように、回族は現在、中国に暮らすムスリムのなかで人口規模の大きな集団である。こうした人口規模の形成には、漢族をはじめとする非ムスリムとの通婚が歴史的に重要な役割を果たしてきた。その意味で、現在回族と呼ばれるムスリム・マイノリティと漢族との関係はつねに排他的であったわけではない。現在では回族の「伝統」と考えられている族内婚への選好も、清朝末期に起こった回族に対する虐殺を契機に強化されてきたと考えられる（e.g. 奈良 2016）。本章で示したように、観光開発とイスラーム復興に伴い、「観光化」と「脱観光化」が同時に進展するなか、とくに清朝末期以降に相互に排他的な傾向を強めて来た両者が、互いに誤解を内包しつつも邂逅し、交流する事態が生まれている。これは国家主導の国民形成とは異なるやり方で、回族コミュニティが長い年月を経て漢族をはじめとする非ムスリムに対して再び開かれていく契機をはらむものであるといえる。ここに観光が生み出す「善きもの」の萌芽を見出せるかもしれない。

注

（1）当時の現地調査の成果は、博士論文に基づく拙著（奈良 2016）を参照されたい。回族のなかにはイスラーム以外の宗教を信仰する者や棄教した者もおり、必ずしもすべてがムスリムというわけではない。しかし、本章で取り上げる回族たちは、その敬虔さの度合いに相違はあるものの、すべてがムスリムであるため、本章では便宜的に回族をムスリムとみなす。

（2）二〇二四年現在、習近平政権は「中華民族の偉大なる復興」を主要なスローガンの一つとして掲げている。中華人民共和国における国民形成は、現在進行形の未完のプロジェクトといえるだろう。

（3）例えば、新型コロナウイルス感染症の感染拡大前の統計として、二〇一九年の国際観光客数は約一・四億人、国内観光客数は約六〇億人にも及ぶ（中華人民共和国文化和旅游部 2020）。前者は世界第四位、後者は世界第一位の規模であった（UNWTO 2021）。

（4）二〇一九年に雲南省を訪れた外国人観光客数は約一五〇〇万人で、国内観光客数は約八億人に及ぶ（雲南省統計局・国家統計局雲南調査総隊 2020）。これは三三ある省レベルの行政区のなかで九番目の規模である（騰訊網 https://new.qq.com/rain/a/20201124A06IHM00 最終アクセス日：二〇二三年四月二〇日）。

（5）本章では紙幅の関係上すべてを取り上げることはできないが、曽士才は中国における民族観光を次の三つの形態に類型化している。①少数民族の村が観光スポットになっている少数民族村型、②政府主導で建設される傾向が強い民族文化を展示するテーマパーク型、③少数民族のパフォーマンスを鑑賞することができる都市部のエスニック・レストラン型（曽 2009：285–287）。

（6）沙甸区の人口は、箇旧市人民政府ホームページ（http://www.hhgj.gov.cn/zfxxgk/fdzdgknr/zdlyxxgk/dfz/202110/t20211020_549471.html 最終アクセス日：二〇二三年四月二〇日）で公開されている二〇一六年の統計を参照した。

（7）ただし、習近平政権下で二〇一六年から実施されてきた「宗教中国化」政策により（澤井 2019）、中国全土のアラブ風のモスクが中華風の建築様式に改修された。沙甸モスクも例外ではなく、二〇二四年四月までに中華風の建築様式に改修された（Last major Arabic-style mosque in China loses its domes, *The Gurdian*, https://www.theguardian.com/world/article/2024/may/25/shadian-last-major-islamic-style-mosque-in-china-loses-its-domes? 二〇二四年五月二五日、最終アクセス日：二〇二四年七月七日）。

（8）モスクからのアザーンの放送は都市部では行われないが、農村地帯の回族集住地域では一般的である。

（9）ただし、現在は「団結路」に名称が変更されている。また、道路標識のアラビア語表記も取り除かれた。

（10）ただし、すでに「沙甸回族文化芸術館」は閉鎖され、町中のドーム屋根も取り外されている。

(11)　中国政府は、国内の観光地を五段階で格付けしている。最高評価はＡＡＡＡＡ級に分類され、ユネスコ世界遺産に登録されている故宮や万里の長城といった世界的にも有名な観光地が含まれる。沙甸区が認定を目指していたＡＡＡＡ級はそれに次ぐ評価を受けた観光地のカテゴリーである。例えば、雲南省では、省内で最大の民族テーマパークである「雲南民族村」がＡＡＡＡ級に含まれる（奈良 2021, 2022）。

(12)　元陽県の棚田をユネスコ世界遺産に登録しようとする運動は一九九〇年代半ばに始まり、二〇一三年に「紅河ハニ棚田群の文化的景観」として世界遺産登録が決定した（阿部 2016）。

(13)　当時、沙甸区に暮らす一五歳〜三〇歳の四人に一人が薬物使用者で、一九九〇年から一九九六年にかけて毎年、薬物使用者が二二％増加し、四〇〇人以上にも達したとされる。しかし、その後、官民挙げて薬物撲滅や薬物使用者へのケアに取り組み、二〇〇〇年代以降には薬物関連の事件は発生しなくなったとされる（羅恵翾 2008：14）。

(14)　回族の民族認定には日中戦争期の政治状況が影響している。一九三〇年代半ば、中国西北部で日本軍ならびに国民党などと覇権を争っていた中国共産党は、「民族自決権」を認めることで現在回族と呼ばれるムスリムたちからの支持を集めようとした。その結果、中華人民共和国において回族という「民族」が創出されることとなった（e.g. 毛里 1998：33-37）。他方、台湾では、中華人民共和国で回族と呼ばれる人々は、少数民族ではなく宗教的マイノリティとして位置づけられている（奈良編 2021）。

(15)　沙甸事件の詳細については、馬紹美による報告（1988）を参照されたい。

(16)　沙甸区におけるアルコール排斥運動のプロセスについては、ルスラン・ユスポフの論文（Yusupov 2021）に詳しい。

(17)　この事件では一七〇名以上もの死傷者が出た。犯人グループはウイグル人過激派とされ、彼らが潜伏、訓練していた場所が沙甸区であったとされる（奈良 2021：76）。

(18)　中国では二〇〇〇年代以降、植民地期の北インドで一九二〇年代に始められたイスラーム復興運動であるタブリーギー・ジャマーアトの影響を受けた宣教活動が活発化してきた（奈良 2016）。タブリーギー・ジャマーアトによる宣教活動は、非ムスリムをイスラームに改宗させることよりも、活動を通して参加者および活動先のムスリム双方がムスリムとしての意識を高めることを重視する傾向にある（Sikand 2002）。沙甸区におけるボランティアガイドたちによる宣教活動も、非ムスリムを実際に改宗させることができるかどうかよりも、活動を通してボランティアガイドたち自身が宗教的研鑽を積むことが期待されているといえる。

## 文献


東浩紀、二〇一七、『ゲンロン0――観光客の哲学』ゲンロン。

阿部朋恒、二〇一六、「先住民族からみた「世界遺産」――「紅河ハニ棚田群の文化的景観」の世界遺産登録をめぐって」飯田卓・河合洋尚編『中国地域の文化遺産――人類学の視点から（国立民族学博物館調査報告一三六）』国立民族学博物館、一〇七－一二二頁。

雨森直也、二〇一二、「新たな「地域文化資源」の創造とエスニック・アイデンティティの強化――中国雲南省鶴慶県におけるペー族の観光化村落を事例として」『アジア経済』五三（六）：七二－九五頁。

太田好信、一九九三、「文化の客体化――観光をとおした文化とアイデンティティの創造」『民族學研究』五七（四）：三八三－四一〇頁。

韓敏、一九九六、「中国観光のフロンティア――創出される〝地域文化〟」山下晋司編『観光人類学』新曜社、一六九－一七七頁。

韓魯安、二〇〇八、「中国観光産業の課題と持続可能な観光への若干の展望」『人間社会環境研究』一五：一六五－一八八頁。

小嶋祐輔、二〇〇八、「中国「和諧社会」論と少数民族」『現代社会学理論研究』二：一二八－一四〇頁。

澤井充生、二〇一九、「イスラモフォビアと「宗教中国化」の親和性――中国イスラーム界のディストピア化」『人文学報』五一五（二）：一一三－一三五頁。

鈴木晶、二〇一二、「中国貴州省少数民族地域におけるインバウンド観光の考察――黔東南苗族侗族自治州を中心に」『別府大学短期大学部紀要』三一：六七－七八頁。

瀬川昌久、一九九九、「中国南部におけるエスニック観光と「伝統文化」の再定義」『東北アジア研究』三：八五－一一一頁。

曽士才、二〇〇一、「中国における民族観光の創出：貴州省の事例から」『民族学研究』六六（三）：八七－一〇五頁。

曽士才、二〇〇九、「西南中国のエスニック・ツーリズム」鈴木正崇編『東アジアの民衆文化と祝祭空間』慶應義塾大学出版会、二八一－三〇八頁。

高山陽子、二〇〇七、『民族の幻影――中国民族観光の行方』東北大学出版会。

張忠任・范為仁、二〇二一、「中国の「西部大開発」が経済と農業に与える影響」『総合政策論叢』四二：二三－四二頁。

奈良雅史、二〇一六、『現代中国の〈イスラーム運動〉――生きにくさを生きる回族の民族誌』風響社。

奈良雅史、二〇二一、「アルコール排斥の多義性と風紀の形成――現代中国における回族の実践と国家による宗教管理」高尾賢一郎・後藤絵美・小柳敦史編『宗教と風紀――「聖なる規範」から読み解く現代』岩波書店、六四－八三頁。
奈良雅史編、二〇二一、『多元化する台湾のムスリム・コミュニティ』上智大学イスラーム研究センター。
奈良雅史、二〇二二、「真正性――観光における本物らしさという価値」市野澤潤平編『基本概念から学ぶ観光人類学』ナカニシヤ出版、五七－六八頁。
松村嘉久、二〇〇一、「中国雲南省の観光をめぐる動態と戦略」『東アジア研究』二三：二五－四六頁。
毛里和子、一九九八、『周縁からの中国――民族問題と国家』東京大学出版会。
横山廣子、二〇〇四、「観光を中心とする経済発展と文化――雲南省大理盆地の場合」横山廣子編『少数民族の文化と社会の動態――東アジアの視点（国立民族学博物館調査報告五〇）』国立民族学博物館、一八一－二〇三頁。
ＵＮＷＴＯ、二〇二一、『Tourism Highlights 2020 Edition 日本語版』ＵＮＷＴＯアジア太平洋センター。
Cornet, Candice, 2014, Tourism development and resistance in China, *Annals of Tourism Research*, 52 : 29-43.
Doorne, Stephen et al., 2003, Representing identities through tourism: encounters of ethnic minorities in Dali, Yunnan Province, People's Republic of China, *International Journal of Tourism Research*, 5(1) : 1-11.
Gamper, Josef A., 1981, Tourism in Austria: a Case Study of the Influence of Tourism on Ethnic Relations, *Annals of Tourism Research*, 8(3) : 432-446.
Gillette, Maris B., 2000, *Between Mecca and Beijing: Modernization and Consumption among Urban Chinese Muslims*, Stanford: Stanford University Press.
Jamison, David, 1999, Tourism and Ethnicity: The Brotherhood of Coconuts, *Annals of Tourism Research*, 26(4) : 944-967.
Komlosy, Anouska, 2004, Procession and water splashing: expressions of locality and nationality during Dai New Year in Xishuangbanna, *Journal of the Royal Anthropological Institute*, 10(2) : 351-373.
Lipman, Jonathan N., 1998, *Familiar Strangers: A History of Muslims in Northwest China*, Washington: University of Washington Press.
MacCannell, Dean, 1984, Reconstructed Ethnicity: Tourism and Cultural Identity in Third World Communities, *Annals of Tourism Research*, 11 : 375-391.
Matthews, Harry G., Richter Linda K., 1991, Political Sciences and tourism, *Annals of Tourism Research*, 18 : 120-135.
Oakes, Tim, 2003, Ethnic Tourism, Jafar Jafari ed., *Encyclopedia of Tourism*, London and New York: Routledge, pp. 204-206.

Sikand, Yoginder, 2002, *The Origins and Development of the Tablighi Jama'at (1920–2000) : A Cross-country Comparative Study*, Hyderabad: Orient Longman.

Smith, Valene L., 1982, Tourism to Greenland: renewed ethnicity?, *Cultural Survival Quarterly*, 6(3) : 26–27.

Stronza, Amanda, 2001, Anthropology of Tourism: Forging New Ground for Ecotourism and Other Alternatives, *Annual Review of Anthropology*, 30 : 261–283.

Turnbull, Lesley, 2016, Localizing Transnationalism in Post-Reform China: Sino-Islamic Identities among Hui-Muslim Women in Yunnan, Rong, Gui, Hacer Zekiye G. and Zhang Xiaoyan eds., *Hui Muslims in China*, Leuven: Leuven University Press, pp.129–157.

Urry, John and Jonas Larsen, 2011, *The Tourist Gaze 3.0*, SAGE.（加太宏邦訳、二〇一四、『観光のまなざし』（増補改訂版）法政大学出版局。）

Yusupov, Ruslan, 2021, The Ban on Alcohol: Islamic Ethics, Secular Laws, and the Limits of Ethnoreligious Belonging in China, Harris, Rachel, et al. eds., *Ethnographies of Islam in China*, Honolulu: University of Hawaii Press, pp.57–73.

Zhu, Yujie, Lu Jin and Nelson Graburn, 2016, Domesticating Tourism Anthropology in China, *American Anthropologist*, 119 (4) : 730–735.

《当代中国的民族工作》編輯部編、一九九三、『当代中国的民族工作（上）』北京：当代中国出版社。

費孝通、一九八九、『中華民族多元一体格局』北京：中央民族学院出版社（西澤治彦ほか訳、二〇〇八、『中華民族の多元一体構造』風響社）。

箇旧市年鑑編輯組編、二〇〇九、『箇旧年鑑２００９』昆明：雲南美術出版社。

箇旧市年鑑編輯組編、二〇一三、『箇旧年鑑２０１３』昆明：雲南美術出版社。

箇旧市年鑑編輯組編、二〇一四、『箇旧年鑑２０１４』昆明：雲南美術出版社。

箇旧市沙甸区委・区政府編、一九九六、『沙甸的昨天・今天』雲南民族出版社。

桂榕、二〇〇九、「回族農村的〝権力文化網絡〟：雲南沙甸和諧社会的政治人類学研究」『雲南民族大学学報（哲学社会科学版）』二六（四）：四九－五二。

国務院第七次全国人口普査領導小組辦公室編、二〇二一、『中国人口普査年鑑――２０２０』北京：中国統計出版社。

李慶昆、二〇一四、「従沙甸大清真寺建築芸術特点看文化認同」『攀枝花学院学報』三一（二）：五七－五九。

林芸・馬祺、二〇一六、「雲南沙甸：一箇回族農村社区的社会発展研究」『回族研究』一〇二：二五－三〇。

羅恵翾、二〇〇八、「宗教信仰在郷村回族社区中的功能：以雲南沙甸為例」『西南民族大学学報（人文社科版）』二〇二：一一－一五。

馬紹美、一九八六、「社会主義新時期沙甸経済発展情況」雲南省編輯組編『雲南回族社会歴史調査（三）』昆明：雲南人民出版社、七五－七八頁。

馬紹美、一九八八、「〝沙甸事件〟概述」沙甸回族史編写組編『沙甸回族史料』四六－五七頁（出版社不明）。

馬海燕・金范宇・張玉瑋、二〇一七、「旅游開発背景下的清真寺景観符号建構：江蘇菱塘回族郷的調査研究」『湖北民族学院学報（哲学社会科学版）』三五（五）：七三－七八。

雲南省統計局・国家統計局雲南調査総隊、二〇二〇、「雲南省2019年国民経済和社会発展統計公報」（http://stats.yn.gov.cn/tjsj/tjgb/202004/t20200414_938595.html　最終アクセス日：二〇二三年四月二〇日）。

張春玲、二〇一四、「浅談回族文化資源開発与河南省旅游経済発展」『黒竜江民族叢刊』一四一：八一－八五。

中華人民共和国文化和旅游部、二〇二〇、「中華人民共和国文化和旅游部2019年文化和旅游発展統計公報」（http://www.gov.cn/xinwen/2020-06/22/content_5520984.htm　最終アクセス日：二〇二三年四月二〇日）。

周星、二〇一五、「寧夏〝八景〟与〝回族風情〟：景観观的変遷及其作為資源的意義」『広西民族大学学報（哲学社会科学版）』三七（四）：六〇－六七。

朱強勇、二〇一五、「東蓮花村回族馬幇文化旅游」『太原城市職業技術学院学報』一七一：二二一－二二三。

# 第6章　アートプロジェクトにおけるゲストとは誰か

## ――新潟市「水と土の芸術祭」を事例に

越智郁乃

本章では、新潟市「水と土の芸術祭」を事例に、アートプロジェクトに関与するさまざまな人々の長期にわたる活動に関するエスノグラフィックな記述を通じて、現代アートによる地域振興の有り様を描き出すことで、アートプロジェクトに関わる当事者にとっての「観光」「観光客」とはいかなるものかを考察する。

## 1　問題の所在

### 芸術祭およびアートプロジェクトと地域振興・観光との関係

芸術祭（アートフェスティバル）とは、数年に一度の周期で美術館やその他の公共空間、文化遺産などを会場に催される現代美術の展覧会の一つである。二年に一度開催されるビエンナーレ、三年に一度開催されるトリエンナーレなど形式はさまざまであるものの、国内外のアーティストを招き、一定期間アートによって祝祭的な空間を演出するという点では一致している。そのため、大半の芸術祭は観光産業と結びつき、地域振興の役割が期待されることも多い。一八九五年に始まったヴェネツィア・ビエンナーレでは、オリンピックや万博のように国別参加によって展示がなされる。またドイツ・カッセルで五年に一度開催されるドクメンタでは、一人のディレクターによって国の枠組みとは無関係に参加アーティストを選定させる方式をとる。これらの実施方法はそれぞれ「ヴェネツィア式」「ドクメンタ式」と呼ばれている。欧州を中心に開催されてきたが、一九九〇年以降はアジアでも開催が増加している（福住 2012）。

一方、アートプロジェクトとは、作品展示にとどまらず、同時代の社会に入り込んで、個別の社会的事象と関わりながら展開される共創的芸術活動を意味する（熊倉監修 2014：9）。近年、アートプロジェクトが増加している原因について、長津結一郎は、バブル景気の後退後、社会的にハードからソフトへと関心が移行したことを挙げる。一九九五年の阪神・淡路大震災を契機に、アートの存在意義について疑問を持ち始めたアーティストたちが、アートの社会貢献への視点を持つようになった。そこから芸術内にとどまらず、まちづくりといった分野とも結びつき、社会の仕組みへ働きかける活動へと発展させていった（長津 2014）。

日本では二〇〇〇年以降、地域振興を目標に掲げた現代芸術祭やアートプロジェクトが増加した。アートプロジェクトは、近年自治体主催の観光文化イベントとして組織され、東京一極集中によって経済的にも文化的にも地方が相対的に剝奪されるなか、これを反転させるための地域の魅力創出の仕掛けとして活用され始めている（金光 2018）。

その代表例として挙げられるのが「大地の芸術祭　越後妻有トリエンナーレ」（以下、「大地の芸術祭」）である。開催地である新潟県越後妻有地域は山間の豪雪地帯で、温泉やスキー場で知られる越後湯沢に隣接しながらもバブル景気によるリゾート開発からは取り残されてきた。新潟県による地域振興策「アートネックレス構想」としてアートディレクター北川フラムのディレクションにより二〇〇〇年に「大地の芸術祭」が初開催された。開催当初は二八の集落[1]においてその地にあった作品が展示されたり、アーティストが滞在しながら制作することで、その地においてのみ成り立つ作品（アート・スペシフィック作品）が展開された。「大地の芸術祭」は、東京二三区よりも広大な地域のあちこちに作品を点在させ、鑑賞者の回遊性を高めることで、過疎化・高齢化に悩む越後妻有地域を

「日本の原風景」として発見させた。また、住民と地域外からの人々によるボランティア団体が組織され、芸術祭開催期間中だけでなく期間外にも地域に働きかける仕組みが作られた（暮沢 2008）。

「大地の芸術祭」は反開発の思想から始まったが、二回三回と会期を重ねるごとに作品や常設施設を増加させ、通年で観覧客を集める芸術祭へと変化している。また、古民家をリフォームし農家レストランを開くようなコミュニティビジネスにも発展した（暮沢 2008；熊倉 2014）。広大な地域で作品を見て回る間に、飲食だけでなく宿泊も必然的に発生する。それらの観光行動に伴う経済効果が新たなインフラ整備へと結びついている様相が確認できる（越智・鍋倉 2021）。

二〇一〇年に香川県・岡山県において始まったトリエンナーレ「瀬戸内国際芸術祭」にも「大地の芸術祭」同様の展開が見られる。回を重ねるごとに会場となる島や集落が増え、ランド・アート(2)にくわえて空き家そのものを作品化する「空き家プロジェクト」や、美術館をはじめ拠点となるような常設施設が増加している。冬場は豪雪に見舞われる「大地の芸術祭」と比較すると、首都圏からは離れているものの、瀬戸内の温暖な気候と少雨の影響で天候に左右されず訪問できる「瀬戸内国際芸術祭」は、会期も長く設定され、訪問客数もそれに応じて増加している(3)。

## 芸術祭とアートプロジェクトの批判的検討

まちづくりや観光に連関しながら地域振興に貢献する、あるいはそれを促すようなアートプロジェクトに対し、批判的な議論も展開されている。文芸評論家の藤田直哉は、地方を舞台にした芸術祭や、開催される地域名を冠したアートプロジェクトを「地域アート」と呼び、社会批判機能が弱く、地域活性化に奉仕していると指摘する（藤田 2016）。大小さまざまなアートプロジェクトを見たり実際に参加した藤田は、そこで多様な人がプロジェクトを通じてつながり「元気」になっている印象から、物質としての作品より「関係性」自体がもたらす快楽が「美」として認識されているかのようであると述べる。「関係性の美」という考えについては、既存の美術に対するカウンターとして打ち出されたときには斬新であったにせよ、その批評性が正しく認識されないまま拡がることで、「単に素朴なもの」への肯定が起こり、結果として日本の美術がプレモダンに後退すると藤田は危惧する（藤田 2016：19–20）。

貞包英之は、消費社会論の観点から、国や自治体が多額の税金を投入し地域振興を目的に催す地方都市の芸術祭が、大都市の権力と資本、そして大都市からくる観覧客に従属を深めている点を指摘する。「大地の芸術祭」に関しては、田中角栄の時代にさかんだったインフラ的投資が立ちいかなくなった地域がイメージアップを図るために、インフラ整備より安価な投資として実施した例として挙げる。芸術祭は、バブル経済以後に衰退していった地方が都市間競争を勝ち抜く手段として利用してきた側面が色濃い。結果として現代アートに世間の関心が寄せられたものの、地域振興のための芸術祭が持つ政治性の是非を、議論し批判することは許されない状況にあるという。また、新潟に限ったことではなく、日本全国において代わり映えのしない大政翼賛的な芸術祭が繰り返されていると指摘する（貞包 2016）。

これらに対して、橋本和也（2018）は「大地の芸術祭」「瀬戸内国際芸術祭」を例に、観光人類学の観点から「地域文化観光」としての芸術祭の意義を説いた。橋本はアクターネットワーク理論を参照し、現代アートがどのようにエージェンシーを発揮してモノや人のネットワークを構築し、相互に影響を与え合うのかを考察する。大地の芸術祭では、廃校や空き家、棚田といったモノが喚起する地域の人々の過去の思い出＝「ものがたり」が作用し、作品や場を大事にしようとする人々の動きにつながっているという。作品やそれを作るアーティストだけでなく、地域とアーティストを仲介する芸術祭のボランティア団体の活動がまたさまざまなアクターを動かす様子を通じて、芸術祭という外部のものを内部に取り込む「地域化」が起こり、地域が活性化すると論じた（橋本 2018：145–167）。

また、環境社会学の観点から、宮本結佳（2018）も「大地の芸術祭」「瀬戸内国際芸術祭」での住民の動きに注目する。成功した芸術祭でなにが生まれ、なにが消費されているのか、そして地域住民がどのような役割を担うのかを問うことで、地域とアートが手段として消費されない持続可能なアートプロジェクトを展望する。例えば、「瀬戸内国際芸術祭」の会場の一つである直島で行われたアートプロジェクト「スタンダード展」[4]（二〇〇一年）において、美術作家の大竹伸朗は廃業した店舗の名残を活かした作品を制作した。そこに近隣の人が通うようになり、次第に店番をしながら来場客に思い出を語ったりして交流するうちに、近隣の人までもが作品の一部と化していった。このような「思い出の語り合い」は芸術祭の各所で見られ、住民は語り合いを通じて思い出を再構成するなかで、作家が取り出した直島の歴史とはなんなのかをより詳しく語り、自らの生活実践を可視化させることで観光における主体性を確立すると指摘した（宮本 2018：115-132）。他方で、同じ直島において美術家の杉本博司が神社を作品として改修した「護王神社」では、住民が寄進した石灯籠の位置をめぐって作家と住民の意見に相違が生じた。くわえて、神社が作品化されたため、住民がお百度を踏んでいた場所に立ち入れなくなったことで、住民が杉本に対して理解を求めるよう交渉する事態になったという（宮本 2018：147-151）。

芸術祭のような大規模なアートプロジェクトでは、住民による「参加」「協働」が盛んに謳われながらも、実際のところ、アート作品の企画の段階から住民が中心的な位置を占めることは少ないため、住民ができあがった作品の撤去や変更を求めることは難しい。二〇一六年に第一回が開催された「茨城県北芸術祭」のように、市民の好評を得て、二回目の開催が議会で承認されながらも、首長の意向で中止された事例もある。このように芸術祭に働く「ポリティクス」や「ディレクション及びキュレーションの権力」に注意しつつ、地域住民のアートプロジェクトへの関与とそれを通じた観光との関係について捉え直すべきではないだろうか。

以上を踏まえ、本章では、新潟市「水と土の芸術祭」を事例として取り上げ、アートプロジェクトに携わる地域住民にとって観光とはいかなるものかを検討する。「水と土の芸術祭」は、「大地の芸術祭」「瀬戸内国際芸術祭」と同じく北川フラムがディレクションを手がけたが、二〇〇九年の初回限りで退任し、その後は住民主体のアートプロジェクトが開始され、トリエンナーレ形式の芸術祭としては二〇一八年をもって終了した。本章では、芸術祭に関与する自治体、アートディレクター、拠点美術館、美術作家、住民、来訪客の長期にわたるやりとりを中心にアートプロジェクトの展開を描き出し、アートプロジェクトを実施する住民が求める「観光」および「観光客／ゲスト」とはいかなるものかを考察する。(5)

## 2　「水と土の芸術祭」とアート・ディレクション

「水と土の芸術祭」が開催される新潟市は、日本海に面した人口約七七万人（二〇二三年現在）の政令指定都市で、東京からは上越新幹線で約二時間の位置にある。本節では、芸術祭開催以前からの美術館や芸術祭をめぐるポリティクスとディレクターの関与、住民が企画したアートプロジェクト誕生までの経緯を示す。

### 新潟市における観光・文化芸術政策の軋轢と芸術祭の開催

「水と土の芸術祭」の初代アートディレクターを務めたのは「大地の芸術祭」「瀬戸内国際芸術祭」と同じ北川フラムである。彼は当時の新潟市長、篠田昭（在任二〇〇二－二〇一八年）に請われて、二〇〇七年に新潟市立美術館の館長に就任した。新潟日報の記者だった橋本啓子（2012）によると、北川は就任当初から「開かれた美術館」のあり方をめぐり現場の学芸員や前館長と対立していたという。しかも、二〇〇六年に篠田市長が二期目就任と同時期に着手した新潟市立美術館の改革は、コレクション方針と運営をめぐって学芸員と市長とが対立するようになっており、新潟市議会においても美術館予算や文化政策が批判の的だった（橋本 2012：50-51）。

このような状況で「水と土の芸術祭」の開催を市長に提案したのが北川であった。芸術祭は、二〇〇七年に起きた中越沖地震と柏崎刈羽原子力発電所での火災による「風評被害」を払拭し、新潟に暮らす人自らが将来を構想するための運動として考えられた。とりわけ平成の大合併で市域が広がった新・新潟市にとって、市民が「共有できる物語」はなく、対外的にアピールするイメージづくりが急務であった。芸術祭を全市的な取り組みとすることで、市民が広くなった市域を知り、対外的には芸術の街、水と土に育まれた豊かな街を発信できる、一石二鳥、三鳥の取り組みだった（橋本 2012：58）。

北川の提案を受け、トリエンナーレ形式の芸術祭を二〇〇九年に行うと決定したのは篠田市長であった。二〇〇九年と決めた理由は、新潟市での国民体育大会の開催、越後が舞台となるＮＨＫ大河ドラマ「天地人」の放送開始、そしてＪＲディスティネーションキャンペーンの開催が重なったためで、新潟県も二〇〇九年を「大観光交流年」と位置づけていた（橋本 2012：63）。市外県外からの観光客の取り込みを意図した「大観光交流年」や、越後妻有での「大地の芸術祭」と会期を合わせた新潟市での新しい芸術祭の開催の決定からは、市がこれらとの相乗効果を期待していたことがうかがえる。

筆者の聞き取り調査でも、北陸新幹線開通前に新潟市で芸術祭を行うことにより、観光地としての優位性を持たせたいという思惑が市長にはあったのではないかと、市の元職員は当時を振り返りながら語った。芸術祭を通じた観光化という市長の意向に対して、市の観光関連部局では、北陸・金沢の観光における圧倒的な優位性の前に、「北陸新幹線の開通後数年はなにもしない方がまし。なにかやって失敗するより、しばらく静かにしていた方がよい」という反応もあったという。しかしながら市長の意向通り、二〇〇七年一一月に芸術祭の企画が正式に発表された。発表から二年足らずの期間での開催に向けた急速な準備は、やがて批判を招くことになる。

## 芸術祭のコンセプト、組織体制、アート・サイトの決定プロセス

「水と土の芸術祭」という名称は、篠田市長と北川によって決定された。「水と土」というコンセプトについて、篠田市長は自著『水と土の文化王国にいがた――日本海政令市の指針』において信濃川、阿賀野川、低湿地帯（潟）、日本海に育まれた土地に由来すると述べる（篠田 2008：27-29）。また北川にとっては、信濃川上流で繰り広げてきた「大地の芸術祭」と「水と土の芸術祭」とを川を通してつなぎ、日本海への出口である新潟市と対岸との交流を視野に置いて、地域内で閉じずに他者を受け入れ、離れた人同士が呼応する関係を作り上げていくという構想であった（橋本 2012：62）。

組織体制は、ディレクターである北川以外にアドバイザーとして、たほりつこ（東京藝術大学美術学部先端芸術表現科教授）、大熊孝（新潟大学名誉教授）、大倉宏（美術評論家）、紙谷智彦（新潟大学自然科学系教授）が名を連ねた（肩

書はいずれも当時）。また、市民サポーターズ会議の代表には小川弘幸が就任した。市民サポーターズ会議とは市民のボランティアを束ねる団体で、「大地の芸術祭」の「おおへび隊」や「瀬戸内国際芸術祭」の「こえび隊」に相当する。代表になった小川は、新津市（現・新潟市）出身で、現代美術を主に扱う民間美術館である創庫美術館「点」勤務などを経て、一九九二年にイベントプロデューサーとして独立し、NPO法人「文化現場」を設立して代表を務めていた。この市民サポーターズ会議に登録した市民ボランティアは、芸術祭に参加する作家の送り迎えから滞在、制作の支援にまでかかわることで、作家に一番近い場所で芸術祭とはなにかを知り、二回目以降の芸術祭の開催にも大きくかかわっていくことになる。

アート・サイト、つまり作品を制作・設置・展示する場所の絞り込みは、北川と芸術祭事務局スタッフよってなされた。当時の職員への聞き取りによると、「フラムさんを案内して、新潟市の名所旧跡等をまわった。（県内最大の湖沼である）福島潟にも案内したが、『ここにアートは必要ない』と言われた」とのことで、北川は、市側が考える観光名所であり、新潟の名称にも含まれる潟という「自然」そのものに「アート」は必要ないと考えていたと職員は解釈している。これら展示候補地を取りまとめたうえで、出展作家の決定は北川が担った。

また北川が主導して作品を設置するゾーンの設定が行われ、「砂丘と海のゾーン」「川と里山のゾーン」「田園と農のゾーン」という名称に地域の自然や生活の営みが組み込まれた。しかし、作品設置のない区が存在することになったのを受けて、市長からは「すべての区でなにかしらやってほしい」という意向が出されたという。そこで事務局では、作家だけでなく市民が参加するような企画も必要だろうという意見から、「企画提案イベント」「地域イベント」という名称で、作品設置のない区においてもなんらかの関連イベントを実施することになり、地域のコミュニティ協議会等に企画立案を呼びかけたという。

「アート空白地帯」を埋める「企画提案イベント」は「地域の『水と土』に関する魅力を高め、また、伝統芸能や祭り、美術や演劇、地域を巡るツアーなどの様々な活動を行っている団体や個人の取り組みを公募・支援」する助成制度を用いる。上限五〇万円に対して一四七件の応募があり、七〇件が助成を受けた。また、「地域イベント連携」は、「市民・地域が行っている祭り、伝統芸能、職などの事業と連携し、ホームページなどで一体的に紹介し、各地域を巡り、見て、知って、水と土の暮らし文化を確認してもらう契機」とするイベントである。登録した一九〇団体の活動についてホームページでイベントカレンダーを整備し、作品展示施設ではチラシやポスターの設置などの広報協力を行って、各団体の情報発信を支援した。これらのイベントを通じ、地元の野菜で作った獅子頭で舞う江南区「桟俵《さんばいし》神楽」、西蒲区「のぞきからくり」、郷土玩具の「鯛車」などが広く市民の知るところとなった（新潟市文化観光・スポーツ部観光政策課 2010）。

ここで注目したいのは、これらの「イベント」が芸術祭においては「アート作品」とみなされていないことである。「企画提案イベント」は上記の通り公募形式をとり、その審査には北川も加わった。「企画提案イベント」には第二回芸術祭で市民プロジェクト（市民が企画するアートプロジェクト）につながる応募も存在したが、第一回芸術祭では「企画提案イベント」では「アート」という言葉の使用は避けられ、作家名を冠した「作品」または「アートプロジェクト」とは明確に区別したものとカテゴライズされている。また、芸術祭終了後の最終報告書でも、各事業は「1、歴史文化の再発見」「2、地域の魅力の発信」「3、アート作品」と記載され、上記「企画提案イベント」は2に含まれていた。つまり、「企画提案イベント」および「地域イベント連携」は第一回芸術祭において「アート作品」ではなかったのである。

## 第一回芸術祭の開催と北川の解任騒動

第一回「水と土の芸術祭」（以下、「第一回芸術祭」）は二〇〇九年七月一八日から一二月二七日まで開催された。最終的な予算は四・七億円で、来場者は延べ五四・九万人、内訳は新潟市内七二％、新潟市以外の県内一二％、県外一五％であったことから、来場者の八割強が新潟県内在住者であることがわかる。また県外からの来場者のうち六割以上が関東圏居住者である。県内外からの来場客による経済波及効果は一二億円と算出された。新潟交通により土日祝日を中心に作品鑑賞バスツアーが企画され、レンタサイクル、ベロタクシーといった交通機関とも連携した移動手段が提供された(6)。また区の事業、助成金支援団体、コミュニティ協議会等が企画する「まちあるきツアー」も実施された。

「アート作品」は、六一作家による七一作品が展示された。このうち、ランド・アートとして会期後も常設作品として継続展示されたのは一〇作品、美術館等に保管されたのは六作品であった。ゾーン設定と作品群の特徴には、同じく北川のディレクションによる「大地の芸術祭」のコンセプトと参加作家に重複が見られる。以下、ゾーンごとに作品を紹介する。

「砂丘と海のゾーン」

ジャウマ・プレンサ「The Heart of Trees」は、信濃川やすらぎ堤にある木々を抱きとめるような人を造形した作品で、会期終了後も現在まで展示されている。王文志「Water Front-在水一方」は、竹を用いたドーム状の大型作品として期間展示され、ボランティアとともに制作が行われた。会期中に台風によって倒壊したが、市民有志で寄付を募り再建された。王は第二回「水と土の芸術祭」にも参加し、市民から提供された古布を編み込んで再び大型のドーム状の作品を制作し、芸術祭のアイコン的な作品となった。

チーム・モノリス「はがしたての地球——土壌モノリス」は、新潟市および日本各地の土壌を布と接着剤を使いそのままはがし標本にして展示した。「大地の芸術祭」にも参加する磯辺行久の「土のオベリスク」と「信濃川火焔土器プロジェクト」は対をなす作品である。新潟市内に点在する縄文時代から平安時代の遺跡で出土した土器を、できるだけ自然のままでオベリスクのなかに展開するプロジェクトで、いずれも新潟市立美術館に期間展示された。

「川と里山のゾーン」

太夫浜で展示された南川祐輝「お昼寝ハウス」は大型の木製シェルフのような形で、九つの小部屋に分かれた最小限の建築作品である。場所や高さによって空、海、砂浜の比率が違って見える。会期後は浜から移して公園に展示されたが、耐久性の問題から撤去されることになり、SNSには市民から惜しむ声が寄せられた。磯辺行久の「阿賀野川はここを蛇行していた」は、かつて十二潟の両端に縄を張り、手繰りながら木舟で行き来していた様子を再現するプロジェクトである。新津美術館に展示された土屋公雄「水の記憶」は、藁を混ぜた土壁、美術館のある秋葉区の小学校旧講堂の部材、深田で用いられた田舟が素材として組み合わされている。

「田園と農のゾーン」

遠藤利克の「Trieb—氾濫」は、旧亀田浄水場の水槽に、水を貯めるのではなく逆流させ、滝のように水を溢れさせた。作品解説では「水の恩恵を受けながら農業を営む一方、水と戦い、水の恐怖に向き合いながら日々を過ごし、また水をめぐり争ってきた新潟の人たちの愛憎交錯する水への感情・情念を湧き上がらせる」（水と土の芸術祭実行委員会事務局 2009:61）とある。会期中、夏場は子どもたちが水を浴びる人気のスポットになり、二〇一二年の第二回芸術祭で再展示された。同じく旧亀田浄水場の通称「みずっちたんく」というタンクを用いた日比野克彦「明後日朝顔」は、「朝顔の育成を通して、人と人・人と地域・地域と地域のコミュニケーションを促し、現代社会に於ける人と地域の関係を検証する」プロジェクトで、「大地の芸術祭」をはじめとして日本各地で行われている。「明後日朝顔」プロジェクトの新潟市版では、「港」をキーワードに船乗りが出航を待ちながら行う作業時間を意味する「スプライス」と銘打ち、タンクの上から朝顔のツルが這うロープを制作した（水と土の芸術祭実行委員会事務局 2009）。ロープに市民の古着などを利用したのは新潟市版の特徴で、第一回芸術祭以降、現在まで市内各所で「明後日朝顔」プロジェクトが実施されている。

会期中、北川の解任につながる出来事が起こる。新潟市美術館に展示された久住有生「土の一瞬」という作品で、土壁からカビが発生したのである。美術館に地元新聞「新潟日報」を始め[7]メディアが殺到し、芸術祭に批判が集まった。さらに美術館の次の企画展「新潟への旅」に展示された作品の一部からクモが発生した。クモは駆除され問題は数日で解決したはずだったが、この企画展の後に控えていた奈良の仏像展の開催を管轄する文化庁から美術館へ管理に対する憂慮が伝えられた。その数日後、篠田市長によって北川は館長職を解任された（橋本 2012：89–91）。クモやカビが一つも発生しない美術館はない。しかし、美術館の前館長や学芸員と市長との対立が、次第に館外の美術関係者も巻き込んで市民運動へと発展したことや、短期間で芸術祭開催を決定し、予算規模に関して市議会を紛糾させながら開催にこぎつけたことに加えて国宝を含む仏像展の開催が危ぶまれたことが、北川の解任につながったのだと橋本は指摘している（橋本 2016）。

## 3　市民プロジェクトの展開

市長の方針で芸術祭は第二回も開催されることになり、市長から館長職を退いた北川に一時は芸術祭のディレクター続投の要請があったが、最終的に北川はディレクターからも離れることになった。二〇一二年の第二回芸術祭プロデューサーには、第一回で市民サポーターズ会議代表を務めた小川弘幸が就き、北川が担ったディレクターは佐藤哲夫（新潟大学教育学部教授）、竹久侑（水戸芸術館現代美術センター学芸員）、丹治嘉彦（新潟大学教育学部教授）、堀川久子（舞踊家）の四人が担当することになった。以降、「水と土の芸術祭」では複数人のディレクター採用による分業制が採られている。本節では、第二回以降の芸術祭の特徴である「市民プロジェクト」を取り上げる。

### ポスト北川の芸術祭と市民プロジェクト

第二回には、「アートプロジェクト」として、第一回同様の美術作家によるアート作品展示とともに、講演や対談、討論を行う「シンポジウム」、そして市民提案企画型のアートプロジェクトである「市民プロジェクト」という三つの柱が据えられた。「市民プロジェクト」とは、第一回の「企画提案イベント」「連携イベント」を継続実施するための枠組であるとともに、アート・ディレクターではなく市民や市民団体が企画するアートプロジェクトである。内容も多様で、一回きりのイベントから、美術作家を選定・招聘して長期間実施するプロジェクトまである。
他の大規模芸術祭にない「市民プロジェクト」誕生の経緯について第二回芸術祭のプロデューサー小川に尋ねたところ、「フラムさんによる強いディレクションがなくなり、私たちの芸術祭とはなにかを考えた結果、『市民プロジェクト』に行き着いた」と答えた。当時の芸術祭事務局職員への聞き取りによると、第一回での「企画提案イベント」が「市民プロジェクト」に発展したという。これらの発言から、あらためて第一回芸術祭における北川フラムの強力なディレクションがわかる。また北川を失った第二回目以降、一人の強いディレクションから離れて複数のディレクターにキュレーションを任せるだけでなく、「企画提案イベント」を「アートプロジェクト」として実施していく枠組みができあがったのである。

市の事業実施報告書によると、第二回には市民プロジェクトの公募助成予算として四〇八〇万円が計上された。一六二件の応募に対して一六〇件が採用され、最終的に実施されたのは一三七件であった。対象事業は、グループ・団体（法人含む）が芸術祭に賛同して行うイベントなどで、かつ「水と土」の歴史・文化などを紹介するもの、アートを活用して地域の賑わいを創出するもの、来訪者にさまざまなかたちで「おもてなし」をするもの、新潟市の「食」の魅力を発信するもの、東日本大震災による被災者・避難者などを支援するもの等が挙げられる。会期中はイベントのみならず、アート制作やパフォーマンス、まちづくり・地域活性化につながるプロジェクトなどの取り組みが、市内各地で展開された。

この第二回において、芸術祭の正規プログラムとしてアート・ディレクターではなく市民あるいは市民団体が企画するプロジェクトに「アート」という言葉が盛り込まれるようになる。第一回芸術祭でも美術作家と市民との協働は随所でみられたが、第二回以降の市民プロジェクトは市民が企画者であり、その企画に沿って作家が選ばれたということである。また、第二回芸術祭以降、次のトリエンナーレ開催年まで毎年プロジェクトに対して助成が行われた。以下では助成を受けた二つの市民プロジェクトを取り上げ、経緯や実施内容の詳細を示す。

## 旧亀田町庁舎を活用した地域プロジェクト

現在、新潟市江南区に属する亀田町は、近世より舟運で栄えた在郷（農村の町場）である。明治期以降に商店街ができて商業的に発展してきたが、高度経済成長を経て新潟市中心地域への人口流出が続き、現在の商店街には閉店した店のシャッターが目立つ。この場所で市民プロジェクトを主催したのは福祉ＮＰＯ団体である。筆者が調査した二〇一三年当時の代表Ａ氏は、結婚を機に亀田町に暮らすようになったが、まちの空洞化に危機感を持ち、足元から地域での助け合いの仕組みとしてＮＰＯを作ったという。また、社会福祉協議会と連携し、「まち歩き（まちの案内と散策）」も実施することで、少しずつまちに愛着を持つ人が増えてきたと語った。ＮＰＯでは旧亀田町庁舎を歴史的建造物として残す呼びかけを行ったという（越智 2014：101-102）。

ＮＰＯの芸術祭参加の発端は、第一回芸術祭における「企画提案イベント」であった。プレイベントでパネル展示「なつかしの亀田郷」を開催し、農業の歴史やドジョウの産地であったことを紹介した。新潟では乾田化以前、胸まで泥に浸かりながら田植えを行い、収穫の際は田舟に刈り取った稲を乗せて運んだ。その厳しい農作業で野良着として用いられていたのが亀田縞である（越智 2014：103）。

第二回の芸術祭参加にあたりＮＰＯは「旧亀田町庁舎を活用した地域プロジェクト」を企画として市民プロジェクトに応募し、助成を得た。上述したように旧亀田町庁舎は、Ａ氏が保存を呼びかけていたが、老朽化による建て替えが決定して、旧庁舎の解体は不可避となったことから、最後に旧庁舎を地域内外の人に知ってもらうために芸術祭参加を決めたという（越智 2014：105）。

この地域プロジェクトには二人の美術作家が参加している。一人目の村木薫は亀田本町の出身で、「大地の芸術祭」にも参加して集落の家々のトタン壁を土壁に戻す「修景プロジェクト」を実施した。「水と土の芸術祭」には第一回から参加し、土壁に加えて雁木（雪除けの張り出し屋根）を修復する「修景プロジェクト水土二〇〇九」を本町商店街で実施した。その後、ＮＰＯ代表のＡ氏が参加する「かめだ学会」（地域史を学ぶ地域住民の会）に講師として招聘されたことが契機となり、第二回の市民プロジェクト参加につながった（越智 2014：104-105）。「旧亀田町庁舎を活用した地域プロジェクト」では、近隣小中学校の生徒が参加するワークショップにおいて共作された「土の卵」と古い田舟を旧庁舎の一階に展示し、そこに昔の亀田の写真をプロジェクターで投影し、屋外には建物内の作品から飛び立つように展示された藁の鳥「藁にお」のインスタレーションを制作した（越智 2014：107）。会期終了後、A氏はせめて「土の卵」は残したいと考えていた。しかし土や藁といった環境循環型の素材を作品に用いてきた村木は、作品を通じて人のつながりに昇華されればそれでよいといって、土や藁を自然に返したという（越智 2014：112）。

二人目の参加作家である酒百宏一も第一回芸術祭から参加している。彼は第一回芸術祭では、前年から新潟に住み込んでリサーチを重ね、作品を制作した。また、新潟在住のボランティアグループが、第一回の作品制作や設置・展示に深く関与していた。第一回芸術祭では「Niigata 水の記憶プロジェクト」と題して、田舟や水車など水の記憶と関係のある場所や道具に紙をあてて色鉛筆でなぞるフロッタージュという手法によって水の色を描くワークショップを実施した。市民が土地の記憶に触れながら作品として残した合計五〇〇〇枚に及ぶ水の記憶を波状につないで水面の形にし、解体の決まっていた旧・木津小学校体育館に展示した。会場には卒業生など学校に縁のある人々が集まって別れを惜しんだという（越智 2014：106）。酒百は、第二回芸術祭では芸術祭事務局の仲介によって、木津小学校と同じく解体の決まった旧亀田町庁舎における市民プロジェクトに招聘という形で参加することになった。第二回も地域の小中学生が参加して数千枚のフロッタージュを制作し、庁舎二階の一室を潟に見立ててフロッタージュを一枚一枚貼り付け、傍に艀と田舟を配したインスタレーションを仕上げた（越智 2014：107-108）。

旧亀田町庁舎は二〇一二年の第二回芸術祭終了後に解体されたが、地域プロジェクトは「アート亀田」と名称を変えて、二〇一三年から二〇一五年にかけて年に一回から二回のペースで実施された。旧庁舎からほど近い神社の境内に場所を移して、「藁にお（稲藁を積み上げたもの）」を作成し、佐渡市出身の舞踏家・松崎友紀による奉納舞が行われた年もある。二〇一六年にいったん活動は中止されたが、NPOの若手スタッフB氏が企画を引き継ぎ、二〇一九年からは Kameda Art & Light と題して、第一回・第二回の芸術祭で使用された写真の投影を行うプロジェクトを開始した。キャンドル・アーティストを招いて夜の境内でキャンドルを点灯し、地元演奏家による楽器演奏会も行われた。

B氏は、芸術祭への参加を機に「アートについていいなと思うようになった」といい、二〇一二年から二〇一四年にかけて通信制の美術大学に通って、学生やアマチュアとして作品を作る人々を見るうち、自分も光を使った作品展示を近隣の神社で行いたいと思うようになった。Kameda Art & LightにおけるB氏の企図は、キャンドル点灯や写真の投影だけでなく、写真を囲んで多世代が話す場を作ることだという。実際に開催してみると、初回には二〇〇人から三〇〇人の参加者があり、とくに若い層が多く集まったことに驚いたという。それほど広報はしていないため、おそらく参加者の八割は地元の人であると推測している。

二〇二〇年から二〇二二年は、コロナ禍のため地域の神社の夏祭りである「かめだ祭り」は中止された。しかしKameda Art & Lightは、B氏と神社・氏子との協議を踏まえて晩秋に実施された(8)。実施できた理由としてB氏は、夏の間コロナ感染者が多く、参加人数が多く見込まれる夏祭りは地域としても中止せざるを得なかったが、Kameda Art & Lightは大きなイベントではなく小回りも効くため、直前の様子を見て開催の可否を決定できるからだと答えた。

Kameda Art & Lightは二〇二二年には区の産業振興課の助成を得て開催された。B氏は、他のまちづくり団体に招待され講演を行うようにもなっている。このように亀田では、芸術祭を契機にアートプロジェクトの持続的な活動が見られる。

### 小須戸ARTプロジェクト

秋葉区小須戸《こすど》は、近世以降、舟運で栄えた川港の街である。亀田同様に商店街には町屋・雁木が残るが、戦後は人口流出が起こり商業的には衰退し、過疎高齢化に悩む点でも亀田と共通する。

吉田（2019）によると、小須戸は、「水と土の芸術祭」開始以前にも自治体の地域振興助成をいくつか受けてきた。また二〇〇三年には「地域振興プラン策定事業」、二〇〇五年には商工会による「まち育て支援事業」、二〇〇七年にはコミュニティ協議会「町屋めぐり事業」などのまちづくり活動を行ってきたが、第一回芸術祭の連携提案イベントでは「舟運で栄えた在郷町 小須戸の町屋・町並み」を小須戸小学校区コミュニティ協議会主催で実施した（吉田 2019）。旧酒屋である「薩摩屋」を改装して町屋ギャラリー「薩摩屋」という施設にし、いくつかの助成金を組み合わせながら、コミュニティスペースとして使うためにトイレ等の水回り設備を整えた。

小須戸が芸術祭で参加美術作家らと関わるようになったのは第二回芸術祭からである。第一回のイベント実績から、芸術祭事務局を通じて美術作家・南条嘉毅の作品展示の会場として打診を受け、南条が薩摩屋二階で滞在制作を行うことになった。南条は日本海に浮かぶ砂利船を描いた屏風絵と、信濃川の上流から下流にかけて河岸の風景が茅葺屋根の家から現代的なマンションへと移り変わる様子を描いた屏風絵「信濃川」を滞在制作した。これが契機となり、小須戸ではその後も南条と連携しながら「薩摩屋ARTプロジェクト二〇一三」を開催することになり、「アートプロジェクト」を名乗り始めた。二〇一四年以降は小須戸本町通りに新たに出店した店舗を中心に複数の会場でアート作品を展示公開する「小須戸ARTプロジェクト」という活動を始めている（小須戸ARTプロジェクト 2018）。

現在の小須戸ARTプロジェクト代表のC氏は地元出身で、大学で建築を学んでいたときに先輩が小須戸の町屋を調査したことから小須戸商店街の活動に関わるようになった。第二回芸術祭の頃にギャラリーの店番として南条らと交流するうち、次第にプロジェクトの中心的な存在になっていった。プロジェクト名は、二〇一三年の「薩摩屋ARTプロジェクト」を経て、薩摩屋以外の町屋や商店主とも連携することで、二〇一四年に現在の名称である「小須戸ARTプロジェクト」へと変えた。二〇一五年の第三回芸術祭では市民プロジェクト「小須戸ARTプロジェクト二〇一五」として参加し、薩摩屋に加えて飲食店に改装した町屋を含む七会場で、八名の作家による一六作品を展示した。南条の過去作を展示したほか、後に新潟市でアートユニットOBIを立ち上げる鈴木泰人、二〇一七年に新津美術館で個展を開く野原万里絵、二〇一八年の第四回芸術祭の際にも小須戸に招聘されることになる飯沢康輔の各作品が、小須戸の商店街の町屋で展示された。これらの作家招聘には、代表C氏と南条が大きく関与している。また、C氏の親族が所有する町屋を改装してアーティスト・イン・レジデンスを実施し、作家が滞在制作できる施設の整備もC氏が南条と議論しながら進めてきた。

小須戸ARTプロジェクトは、金銭的には主に助成を受けながらプロジェクトの継続を図っている。芸術祭は三年に一回開催されるが、開催年の間の二年間も市から市民プロジェクトへの助成は行われたため、小須戸ARTプロジェクトも応募した。しかし、C氏への聞き取り調査では、「市民プロジェクト（の助成）だけではお金も全然足りないし、使い勝手も悪いので、他の助成金とつなげて活動を継続している」という。例えば二〇一三年から二〇一八年まで継続的に新潟市から市民プロジェクトの助成（数十万規模）を受けつつ、アサヒアートフェスティバルをはじめ民間の助成金も受けて活動している。また、南条の人脈を通じて参加作家を募りながら、活動の幅も広げている。参加作家が自身で助成金を獲得し、小須戸で滞在制作を行う場合もある。後述するように、トリエンナーレとしての芸術祭は二〇一八年をもって終了したが、小須戸ARTプロジェクトはその後も自治体以外から助成金を受けて活動している。

さらに、代表C氏は他のアートプロジェクトからも依頼を受けて講演を行うなど、よその地域との横の連携も進めている。「東京で小須戸」（二〇一六年）、「京都で小須戸」（二〇一七年）では、C氏を交えたトークイベントだけでなく、小須戸ARTプロジェクトの参加作家がアーティスト・イン・レジデンスやワークショップなどを実施した。以上のことから、小須戸ARTプロジェクトでは市民プロジェクトや新潟市という枠組みを越えた独自の活動が展開されている様子がわかる。

## 4　市民プロジェクトの行方

二〇〇九年の第一回芸術祭から一〇年目の二〇一八年に催された第一回芸術祭の会期中に、篠田市長（当時）からトリエンナーレ形式での芸術祭開催は「これで最後」という事実上の終了宣言があった。四期目を迎えた市長は退任が決まっていたため、退任後に次の市長によって芸術祭が終了させられる前に自分の手で終わらせたかったのではという憶測が広がり、市民プロジェクトの助成を受けている団体からは落胆の声が聞かれた。本節では、終了宣言を受けた後の市民プロジェクトの動きを示しながら、一〇年にわたって実施されたアートプロジェクト、とりわけ市民プロジェクトを通じて市民が求めていたことを考察する。

## 市民プロジェクトの継続

二〇一八年の市長の終了宣言を受けて、芸術祭のボランティアを束ねる市民サポーターズ会議や市民プロジェクト実施団体からは反発の声が上がった。二〇一八年当時の市民サポーターズ代表は、市長も出席したトリエンナーレ閉会式の挨拶において、なんらかの形での芸術祭継続を市側に求めた。しかし、芸術祭の会期中も次の市長選に立候補すると見られる人物の街宣車が「芸術祭廃止」を喧伝するなど、芸術祭の開催は政治問題化していた。篠田元市長は二〇二三年に行った筆者の聞き取りに対し、「芸術祭は反対派から見たら篠田が勝手にやっているものだと言われ、政争の具になり、正当な評価が得られない」「『文化がない』と言われていた新潟で、多くのアートプロジェクトが実施されたことで、一定程度役割を果たした」と考えて終了を宣言したと語っている。

二〇一八年の選挙で当選した中原市長（篠田前市長と同会派）は、トリエンナーレ終了後も「市民がやりたいと言っているものは続ける」として、市民プロジェクトの継続実施が決まった。継続にあたり重視されたのは「市民の自発性」である。元職員への聞き取りでは、篠田前市長の二期目以降、つねに芸術祭開催の是非が政治問題化するなかでも、市民プロジェクトは市議会から評価されていたという。なかでも小須戸ＡＲＴプロジェクトは「まちづくりの成功例」とされ、市内外の自治体や商工会議所、まちづくり団体からの視察が相次いでいたことから、市民プロジェクトを芸術祭から切り離して実施することで、市の取り組みによる成果として示すことができる市民活動として重視されたのではないだろうか。

**表6-1**　市民プロジェクトの総額推移

| 年度 | 予算（円） | 件数 | 備考 |
|---|---|---|---|
| 2012 | 40,801,145 | 137 | 開催年 |
| 2013 | 9,789,790 | 30 | |
| 2014 | 9,370,000 | 24 | |
| 2015 | 40,063,000 | 109 | 開催年 |
| 2016 | 6,500,000 | 23 | 以降、8割助成 |
| 2017 | 5,855,000 | 20 | |
| 2018 | 34,023,000 | 82 | 開催年 |
| 2019 | 3,422,000 | 15 | 以降、半額助成 |
| 2020 | 5,660,000 | 7 | |

出典：新潟市文化スポーツ部文化創造課市民プロジェクト担当資料より

しかし、二〇二一年に新潟市の市民プロジェクト担当部局に聞き取りを進めると、トリエンナーレ形式の芸術祭の終了によって、市を挙げて市民プロジェクトを進める枠組みが失われていたことが明らかになった。そのため二〇二二年度には市の事業見直しが行われ、市民プロジェクトはアーツカウンシル新潟に移管される予定だという市の説明があった。文化芸術に特化した外郭団体への移管は、ある種の市の事業からの切り離しであり、事業予算規模や権限も限られる（表6-1）。「水と土の芸術祭」は、北川の強力なディレクションから離れた後、市民プロジェクトが特色となって市民主体による多様な「アート」活動が行われたが、トリエンナーレ終了を期に、全市的な取り組みとしての市民プロジェクトは消えようとしていた。

このような状況において、元市民サポーター代表を「仮想ディレクター」とした「（仮想）みずとつちの芸術祭」（以下、「（仮想）芸術祭」）が二〇二一年に実施されることになった。仮想ディレクターへの聞き取りでは、二〇二一年は、もし「水と土の芸術祭」がトリエンナーレ形式で実施されていたなら第五回となっていたはずだ、と答えた。「（仮想）芸術祭」のＨＰには「芸術祭を市民の手で行うとしたらという仮定としての想像を、本当に存在するもので組み合わせ、掛け合わせて、あたかも芸術祭が存在しているかのように表現し、新しい形での芸術祭の可能性を探る」というステートメントが記されている。この「（仮想）芸術祭」は、第二回芸術祭のプロデューサーであった小川弘幸が現在館長をつとめる新潟市芸術創造村・国際青少年センター「ゆいぽーと」を会場に、「水と土の文化ギャラリー企画展示」と題して実施され、Kameda Art & Lightや美術作家・村木薫も、協力団体ないし協力者として参加した。

しかしながら、筆者が、かつての市民プロジェクトに参加し、「(仮想) 芸術祭」にも参加する団体に、市ではなくアーツカウンシル新潟の支援助成に応募するかどうかを聞いたところ、「必ずしも『アート』がしたいわけでない団体にとって、アーツカウンシルに移管してしまうと助成金が使いにくくなるのでは」という不安の声が聞かれた。では市民プロジェクトが求めていることとはいったいなんだったのだろうか。

## 新潟市にとっての芸術祭

第2節で示した二つの市民プロジェクトの動向を通じて、市民プロジェクトがなにを求めていたのかを検討する前に、比較対照として、市側が芸術祭に求めていたことをまず検討する。

芸術祭開催が決定された背景にあった、「大観光交流年」や「大地の芸術祭」と同じ開催年であることから考えると、新潟市にとって芸術祭は、市外からの来場客を呼び込むイベントとして意図されていたことがわかる。これまで新潟市は、観光地佐渡島への玄関口として日本全国からの観光客を迎え、マスツーリズムに影響されてきた。ゆえに来場客を呼び込むイベントである芸術祭には、ホストとしての新潟市民、ゲストとしての市外や県外からの観光客という、新潟市が進めてきた観光政策に沿った「ホスト—ゲスト」概念が見出せる。ここではゲストを便宜的に「狭義のゲスト」と呼ぶ。先述したように、芸術祭を通じた観光化を目指す市長に対して、市の観光関連部局では、北陸新幹線の金沢までの開通を目前に観光客が北陸へ流れることを予測し、「数年はなにもしない方がましなにかやって失敗するより、しばらく静かにしていた方がよい」といった反応を示していた。観光の目玉なしに「狭義のゲスト」を首都圏から呼んでくることがいかに大変か、観光関連部局が知悉していたからである。

芸術祭のもう一つの意義として、平成の大合併で拡大した市域が共有できる物語づくりと、市民相互の交流の機会があげられる。例えば第一回の芸術祭では、準備期間、作品の制作・展示期間を合わせて約一年にわたり市民がさまざまな方法で関わった。具体的には、地域での説明会、材料・場所の提供、実際の制作に関わる支援、作家との交流、会場の受付、バスガイド、地図や広報誌の発行、来場者へのもてなし、イベントの広報などである。そして、作品の観覧自体も支援であると考えられていた（五十嵐 2012）。これは市民全員がホストになるわけではなく、アート・サイト内外から訪れる新潟市民がゲストに含まれることもある、ということである。つまり平成の大合併によってゲストに含まれる対象が変化し、従来の「狭義のゲスト」に加えて市民が「広義のゲスト」と捉えられるようになったのである。

市外からの来場客にせよ、市民相互の交流にせよ、芸術祭において「狭義／広義のゲスト」による「観光」の機会はどちらも重視されていた。芸術祭は「企画提案イベント」や「連携イベント」によって新潟市内の多様な地域性や「伝統行事」を「観光化」し、それを市外から来た人だけでなく、市内にいながらそうした行事を知らなかった人にも見せる役割を果たしていた。

しかしながら市側は、芸術祭の理念を都市計画や文化政策として中長期的に組み込むことをしなかった。篠田市長の四期にわたる長期市政にもかかわらず、市のマスタープランに「水と土の芸術祭」の理念が反映されることはなかったのである。筆者が聞き取りをした住民の一人も、「所詮芸術はイベント。芸術祭はコスパの悪いイベントだ。全市ではなくもっと限られた場所でやればよかった」と語った。

前述したように、トリエンナーレの終了により市は「脱芸術祭」を図り、芸術祭からは「狭義のゲスト」が消え、「脱観光化」された。他方で継続された市民プロジェクト助成事業は、全市的な取り組みの支援からコミュニティ単位での自発的な取り組みへの支援へと縮小されたのである。そこで「狭義／広義のゲスト」はどのように捉えられたのだろうか。

## 市民プロジェクトが求めること

市民プロジェクト開始当初から、地域文化の再発見を通じた地域資源の形成が図られてきた。第一回芸術祭での「アート空白地帯」に生じた「連携提案イベント」を基に近世・近代の地域史の掘り起こしが始まり、農業や川湊がテーマ化され、庁舎や町屋の保存や活用がプロジェクトに発展している。また、芸術祭のアートプロジェクトに参加する人々は、そこでの活動を通じて美術作家らと知己を得て、単なるイベントや情報発信から自ら企画するアートプロジェクトへと活動内容を変質させた。そこで作品を通じてその地の歴史を語り直すことは、宮本（2018）の指摘にもつながる。しかし、歴史の語り直しとともに市民プロジェクトでつねに重視されていたのは、現在の地域の状況に住民の関心を集めることであった。

亀田では、NPO代表のA氏が福祉団体を立ち上げた際に掲げた「足元からの支援」と同じように、「足元の地域文化」を掲げ、亀田の住民が地域文化をあらためて知り、地域に愛着を覚えることが重視された。活動の必要性について、A氏や参加作家・村木薫、そして、NPOのアートプロジェクトを引き継いだB氏は以下のように語っている。

> A氏：亀田の人と結婚して子育てに忙しく、いざ両親の介護が必要になったときに頼れる人がいない。それで助け合いの制度、といっても、最初は井戸端会議ができる場所を求めてNPOの基になる場所を作った。まち歩きの活動も同じで、亀田に住んでいるといっても、自分のように外から来た人間ばかりで、学校の先生にしても数年で異動することを考えると亀田のことを知る余裕もない。だから子どもたちに亀田のことを教えることもできなかった。それでまち歩きの機会を作って学校の先生たちに参加してもらった。その中で紹介した旧庁舎は、新潟のシンボルである万代橋と同じ昭和九年生まれ。それでぜひ残したいということをまち歩きで話した。（二〇一三年聞き取り）

村木：亀田の小中学生とともに土からテラコッタポットを作成した。そこに葉牡丹の種を入れて、商店街や周辺地域に並べ、地域住民に芸術祭会期中に育ててもらい、終了後に中学生が回収するプロジェクトを行った。これは「地域に目を向ける仕掛け作り」。通りで葉牡丹を育てることで植物を育てる責任が生まれたり、会話をする契機が生まれたりする。プロジェクトに関わったある中学校の先生は、参加した学生が地域の人との関わりを持ったことで、学生が挨拶したり感謝の意を表したりといった対人的なコミュニケーションが取れるようになったと話していた。（二〇二三年聞き取り）

B氏：その日キャンドルを灯すだけのイベントではない。イベント化してしまうと人が来るだけになってしまう。地域の人たちとコミュニケーションなしでイベントをするのはだめ。神社は祭礼時以外の普段にも、地元の人たちや散歩している人たちがいて、お年寄りに話を聞くと神社で結婚式を挙げた第一号だ、なんていう人もいた。（中略）神社で行われる祭礼は、新規に移住してきた人や地域外から来た人は参加しにくい。そこで新しいことを始めたら、新しく亀田に住み始めた人も参加できるのではないだろうか。（二〇二三年聞き取り）

三人が語るのは、市全体から見たら小さな取り組みかもしれない。しかしながら、第一回芸術祭から一〇年続いたトリエンナーレ形式の芸術祭終了後もプロジェクトは継続された。例えば、コロナ禍に山車を押し合うような「かめだ祭り」は中止されたが、屋外で「密」にならない Kameda Art & Light は実施されたことから、市民プロジェクトの企画が地域イベントとして根付いていることがわかる。また、上述したように、以前はＮＰＯの若手スタッフだったＢ氏が、まちづくりのプレーヤーとして亀田の外でも活躍していることからも、芸術祭終了後も団体の努力で継続されたアート亀田の取り組みは、地域イベントとして定着し、コロナ禍で地域のつながりを維持するような「善きもの」になりえたのではないだろうか。

また、小須戸では、人口流出によって学校や郵便局などの地域の公的施設が減ることで生活に不便が生じ、さらなる人口流出が起こることが危惧されていた。住民は人口流出を食い止めるための方策として、亀田同様にまず住民自らが自分たちの暮らす地域の商店街に関心を持つ必要性を感じ、プロジェクトを開始した。プロジェクトの代表は以下のように語っている。

そもそも観光客を呼ぼうとしていない。見てもらったらわかるように観光客どころか街にほとんど人がいないでしょ。観光地化する可能性はほぼない。住んでいる人が満足していればいい。現状は好きですよ。みんな平和に暮らしているし。でもこの先、維持できないだろうから、活動していくという意識。芸術祭を契機に新しくできた店舗にとって大事なのは、遠くから来る客ではなく、何度も通ってくれる人。（地域には）応援してくれる人もいるが、多くは黙っているという感じ。でもそれを否定的に考えるのではなく、「批判されなきゃいい」「足を引っ張られなきゃいい」という感じ。地域の全員一致や全員の賛同は無理。地域内の関心のない人に働きかけるより、地域外の関心のある人に働きかけたほうがいいと思っている。でもチャンネルは人それぞれだから、現代アートの活動以外もやっている。クラシック音楽のミニ演奏会なんかもあって、その方がお客さんは来ますよ。（二〇一八年聞き取り）

小須戸は、市民プロジェクト発祥のアートプロジェクトのなかでは参加作家の人数も一番多く、拠点としての町屋を活かしたアーティスト・イン・レジデンス事業などの規模では抜きん出ている。しかしながらプロジェクト代表は、「大地の芸術祭」「瀬戸内国際芸術祭」のように県外、とりわけ首都圏からの訪問客を多く迎えるような「狭義のゲスト」に頼ることを否定している。商店街の維持、新規開店した店舗への集客に必要なのは、新潟市内から継続的に来る客、つまり「広義のゲスト」なのである。また、アートプロジェクトで地域がまとまったりすることはないことも承知している。むしろアートプロジェクトは一つの方策に過ぎず、より多様な策によって地域に働きかける必要があることを理解しているのである。右の語りには、内外からこの場に関与する人を増やす仕掛けとしてのアートプロジェクトに対する考えが示されている。

## 5　市民プロジェクトが芸術祭にもたらしたもの

新潟市「水と土の芸術祭」でアートディレクターの交代を発端として始まった、市民キュレーションとしてのアートプロジェクトである「市民プロジェクト」の展開を通じて、以下のことがいえる。まず、市長や北川が期待したように芸術祭が「合併した市域をまとめ」、「市民が共有できる物語を作り出す」ことはない。コミュニティを束ねる力さえも持たない。むしろ個々のアートプロジェクトは、多様・雑多な地域文化を描き出している。地域文化が併存していることを面白がるような人の動きがあることを、市民プロジェクトの実施者らは期待している。

また、第一回限りで北川が退いたことで、芸術祭の枠内で市民主体のアートプロジェクトが生まれ、市民による「地域文化」の提示や発展が見られた。そこからプロジェクトに対して実際に市民の求めることが明らかになる。「狭義のゲスト」、つまり「大地の芸術祭」「瀬戸内国際芸術祭」のように「外」＝遠方から多くの訪問客を集めるよりは、地理的には近くであってもまず地域の関心を集め、市内からの訪問客を集めることで持続可能な地域形成を求めているのである。芸術祭終了によって、アートプロジェクトは全市的な取り組みから地域イベントに「ダウングレード」されつつも、結果として「狭義のゲスト」ではなく「広義のゲスト」を求めるようになった。そして、アートプロジェクトに関与する人々のなかには、B氏やC氏のように、自ら「ゲスト」となって他地域のアートプロジェクトに関わる人もあらわれた。

北川フラムが当初想定したように、芸術祭は都市の将来を考え直す機運をもたらす。しかしながら、「水と土の芸術祭」における市政ならびにディレクションの権力と市民との綱引きを通じて明らかになったのは、皮肉にも地方政治の安定と強いディレクションによって継続的なアートプロジェクトが可能になっているという、日本の芸術祭の特徴でもあった。貞包（2016）は、芸術祭というバブルは、一部の「勝ち組」を残していずれ退潮していくことだろうと予見する。地方や地方都市は、権力や資本やメディアの集まる「大都市」が地方を見出すという「承認」のゲームから抜け出す必要がある。そして、問題の多い地方の現実を真摯に、かつ知的に探ることで、自ら世界の美しさや残酷さを見つめなおす場として芸術祭を利用する必要性を指摘する（貞包 2016）。その一歩として「水と土の芸術祭」における市民プロジェクトが果たす役割は大きいのではないだろうか。

## 注

（1）二〇〇〇年の開催当初の参加集落数は二八、作品数は一五三。二〇一八年は、参加集落数一〇二、作品数三七九（十日町市 2022）。
（2）アース・ワーク、アース・アートとも呼ばれる。一九六〇年代末から実践された、屋外で土や砂などの自然の物質を用い、土木工事に匹敵する大規模な制作プロセスを経た美術作品のこと（沢山 2012）。本章では、芸術祭のために制作・設置されたものだけでなく、すでに制作されたものを自治体が買い上げて屋外に恒久展示した作品も含む。
（3）コロナ禍前の二〇一九年には一〇七日間の会期中に一一七万人が訪問した（瀬戸内国際芸術祭実行委員会事務局 2022）。
（4）「瀬戸内国際芸術祭」が始まったのは二〇一〇年であるが、現代アートを通じた直島の開発は一九八〇年代後半から始まり、一九九二年には美術館とホテルの複合施設「ベネッセハウス」がオープンした。当初は直島ととくに関連のない作品が展示されていたが、一九九四年の企画展以降、場所に固有な作品（サイト・スペシフィックワーク）を制作するように方針転換した（宮本 2018）。
（5）一次資料は、二〇一二年から二〇二三年にかけて毎年短期間調査に訪れて収集した。二〇一八〜二〇二一年は、科研費基盤研究（C）18K01198の助成を受けて調査研究を行った。
（6）先に挙げたように、市内と県内からの来場者が多数を占め、多くは自家用車で訪れるためか、回を重ねるごとに作品鑑賞バスツアーの規模は縮小された。
（7）市内各地にある農業用水を使って発電した電力で充電をしながらビデオ撮影する作品の制作で使用した電動カートを目視点検とアルコール消毒の後で展示室に搬入したが、そのカートからクモが見つかった（橋本 2012）。
（8）亀田本町では八月に「かめだ祭り」が行われる。岩万燈という山車の一種を押し合ったり、木遣り歌を歌ったりする祭りである。

## 文献

五十嵐政人、二〇一二、「市民が参加するアートプロジェクト――水と土の芸術祭」『社会教育』六七（七）：三八-四〇頁。
越智郁乃、二〇一四、「芸術作品を通じた人のつながりの構築と地域活性化の可能性――新潟市における芸術祭と住民活動を事例に」『アジア社会文化研究』一五：九五-一一九頁。
越智郁乃・鍋倉咲希、二〇二一、「芸術祭のフィールドワーク――学生の調査から観光まちづくりを問いなおす」市野澤潤平・碇陽子・東賢太朗編著『観光人類学のフィールドワーク――ツーリズム現場の質的調査入門』ミネルヴァ書房、二七-一三七頁。
金光淳、二〇一八、「アート・フェスティバルは地域をどのように表象し何を可視化するのか――島連想イメージのネットワーク分析」『理論と方法』三三（一）：一一四-一三一頁。
熊倉純子監修、二〇一四、『アートプロジェクト――芸術と共創する社会』水曜社。
暮沢剛巳、二〇〇八、「パブリックアートを超えて――越後妻有トリエンナーレと北川フラムの十年」暮沢剛巳・難波祐子編『ビエンナーレの現在――美術をめぐるコミュニティの可能性』青弓社、四六-七四頁。
小須戸ARTプロジェクト、二〇一八、「プロジェクトについて」（https://kosudoart.wixsite.com/mysite/about 二〇二三年六月一日閲覧）
貞包英之、二〇一六、「アートと地方の危険な関係――「アートフェス」はいつまで続くのか？　地域おこしに潜む政治力学」『現代ビジネス』（https://gendai.ismedia.jp/articles/-/49691 二〇一九年一〇月一日閲覧）
沢山遼、二〇一二、「ランド・アート」『Artword（Web辞書）』artscape DNP museum information Japan。
篠田昭、二〇〇八、『水と土の文化王国にいがた――日本海政令市の指針』新潟日報事業社。
瀬戸内国際芸術祭実行委員会事務局、二〇二二、「瀬戸内国際芸術祭2022の総来場者数について」（https://setouchi-artfest.jp/seto_s_ystem/fileclass/img.php?fid=press_release_mst.20221109105245cf879268d49f50884 6a564ae2c1582d 二〇二三年六月一日閲覧）
十日町市、二〇〇二、「入込客数・参加集落・作品数一覧」（https://www.city.tokamachi.lg.jp/soshiki/sangyokankobu/kankokoryuka/geijutsusaikikakugakari/gyomu/1450417285352.html 二〇二三年一月三日閲覧）
長津結一郎、二〇一四、「アートプロジェクト概説」熊倉純子監修、菊池拓児＋長津結一郎編『アートプロジェクト――芸術と共創する社会』水曜社、一五-三〇頁。

新潟市文化観光・スポーツ部観光政策課、二〇一〇、『水と土の芸術祭２００９　総括報告書』新潟市文化観光・スポーツ部観光政策課。

橋本和也、二〇一八、『地域文化観光論――新たな観光学への展望』ナカニシヤ出版。

橋本啓子、二〇一二、『水と土の新潟――泥に沈んだ美術館』アミックス。

福住廉、二〇一二、「国際展」『Artword（Web辞書）』artscape DNP museum information Japan。

藤田直哉、二〇一六、「前衛のゾンビたち――地域アートの諸問題」藤田直哉編『地域アート――美学／制度／日本』堀之内出版、一一‐四三頁。

水と土の芸術祭実行委員会事務局、二〇〇九、『日本海政令市にいがた水と土の芸術祭２００９――アートが呼び起こす、「水」の記憶、「土」の匂い』水と土の芸術祭実行委員会事務局。

宮本結佳、二〇一八、『アートと地域づくりの社会学』昭和堂。

吉田隆之、二〇一九、『芸術祭と地域づくり――〝祭り〟の受容から自発・協働による固有資源化へ』水声社。

# 第7章　観光の衰退、連帯の生起
## ――フィリピン・ボラカイ島と愛知県南知多町の「脱観光化」とノスタルジア

東　賢太朗

### 1　観光と連帯、共同性、そしてノスタルジア

環境汚染やオーバーツーリズムなど、「観光化」がこれほどまでにネガティブに語られる現在、同時進行する「脱観光化」の局面に目を向け、そこになんらかの「善きもの」への展望を描けないだろうか。本書序章で示した問題意識は、要約すればそのようなものになろう。

経済格差、差別、思想的対立など現代社会を特徴づける分断や排除が、観光においても負の影響として現れている。そのような流れが趨勢であるなかで、それでも観光における「善きもの」を探求することはいかにすれば可能だろうか。

そこで、社会的分断に抗し、乗り越えるためのポテンシャルとなる連帯や共同性のあり方を、特定の観光地の「脱観光化」という具体的な文脈のなかで考えていくというのが、本章の議論である(1)。

観光における連帯を論じ、近年もっとも重要な参照点になっているのは、東浩紀による「郵便的マルチチュード」（東浩紀 2017）の議論である(2)。すでに詳細は序章で示したが、東浩紀は、定住する村人でも移動し続ける旅人

でもなく、ホームを確保しつつときに旅立つ観光客に他者との連帯の可能性を見出す。旅先を気ままに訪れる観光客は、目的地で住民やほかの観光客とコミュニケーションする。そこにはとくに連帯に向けた明確な理念やイデオロギーはない。

しかし、その行動が観光地にもたらすノイズは「誤配」として、既存の秩序や規制を組み替えうる。事後的にみれば、それは社会を書き換える連帯らしきもののように見えるかもしれない。だが再び、観光客は連帯に向けた理念やイデオロギーをなんら共有してはいない。観光客の個別のコミュニケーションの束が、偶発的なつながりや関係として浮かび上がる。この不確実で曖昧な連帯のようなものが、「郵便的マルチチュード」である。

この高度に洗練された連帯の可能性は、それが徹底的に偶発的であることによって、現実の文脈に実装することが非常に困難であるという印象を与える。(3) 思想と現実、あるいは哲学と人類学の差異を乗り越え、いかに「郵便的マルチチュード」を実践へと連結していくのかが本章の課題となる。

しかし、それにしても「郵便的マルチチュード」とは、儚く刹那で偶発的な連帯である。東はそれを、「連帯の失敗」による連帯であるとすらいう（東浩紀 2017：159）。この困難をさらに深く検討するために、連帯や共同性の儚さについて思索を深めたJ・L・ナンシーによる「分有」の思想を導入したい。

一九八三年初出の論文を基に、一九九九年まで増補を重ねフランスで刊行された『無為の共同体』（Nancy 1999=2001）は、旧来の地縁や血縁、さらには同時代のファシズムや共産主義、ナショナリズムといった「共同体」の論理を抜本的に読み替えている。(4)

ナンシーによれば、「共同体」とは国家や民族といったなにかのカテゴリーを共有し、それによって私たちが合一したり包括されたりするものではない。近代が喪失してしまった「共同体」という幻想は私たちを縛り付けているが、そもそも「共同体は実際には生起しなかった」（Nancy 1999=2001：22）とナンシーはいう。

合一の内在性と親密性による共同体が生起しなかった、あるいはすでに失われているのだとすれば、私たちが共にあるということ（共同性、共存在）はいかに示しうるのか。ナンシーが注目するのは死とその経験である。必ず死すべき運命にある私たちは、しかしながら決して自らの死を経験することはできない。知りうるのは、同じく経験できない他者の死のみである。

ナンシーは、他者の死のなかに共同体が開示されるという（Nancy 1999=2001：28）。死は、私たちを個へと分断してしまう。死は共有されることはないが、しかし必ずそれぞれの個に死は訪れる。この共有しえない断絶を示しながら各個人に分かたれている有限性のあり方を、ナンシーは「分有」と呼ぶ。(5)

私たちは死だけを「分有」するのではない。他者とのコミュニケーション自体が、そもそも「分有」である。コミュニケーションは絆や合一ではなく、自らの特異性を外部にさらす営みそのものである。恋人たちの接吻のように、結合の瞬間に特異存在は分かたれている。そのことにより、私たちは分割されながら互いに共に出現する（Nancy 1999=2001：49-56）。

それは融合でも合一でもなく、生産や活動のための企てでもない。ナンシーが共同体を「無為」であるとする所以である。共同体は生産的な営みを行わず、ただそこにあり、私たちの有限性や特異性を露呈している。

あらゆる意味でのコミュニケーションが「分有」であるとすれば、そこにナンシーと東浩紀との親和性を見出すことができるだろう。他者とのコミュニケーションが決して合一へと至らず、それぞれの特異性とその限界を示すという「分有」の発想は、個々人の意図とは関係のない「誤配」によって連帯のようなものが生じてしまう「郵便的マルチチュード」を根源的に説明しているようである。ナンシーが「書くことを止めてはならない」（Nancy 1999=2001：74）というコミュニケーションの連鎖のなかに、「連帯の失敗」による儚い連帯の到来を読み込むことは可能だろうか。

ところで、徹底的に偶発的で決して合一に至らない、儚い連帯や共同性への欲望はどこから来て、どこへ向かうのであろう。若林（2022）の議論を手掛かりに、ノスタルジアという観点から、刹那で儚い「郵便的マルチチュード」と「分有」にわずかばかりの必然や持続を読み込んでみたい。(6)

若林は、マンハイムや見田宗介、大澤真幸らを引きながら、「人間とその社会が、〈いま・ここ〉に自らの存在を定位することを支え、意味付け」ているのは、「〈いま・ここ〉を超えた時や場所との関係」であるという（若林 2022：138）。たった一つの〈あること〉としての〈いま・ここ〉で、始原や超越といった不在の時間と場所を〈あるべきこと〉として希求する感情を持って生きることは、「多くの文化・文明に共通してみられる世界感覚と感情」であると若林はいう（若林 2022：13-15）。

しかし、急加速する資本主義化やグローバル化によって、現代の世界は一つに閉じられてしまった。その過度な同一性は、私たちから世界の意味づけや方向づけを奪い、抑圧や破壊をもたらしてしまうという。それでも、「同じ人類として〈あること〉と、……言語や文化や歴史や生き方や志向が異なるものとしても共に〈あること〉を、相互に関係づける〈あるべきこと〉のイメージ」を構築することが、同一性に閉じられた世界を差異や多様性へと開いていく可能性であると示している（若林 2022：150-152）。

グローバルな世界を共に生きる私たちが、じつは個別に異なった存在であるということは、ナンシーが「分有」に託した、特異性を顕わしながら共にあることとも共鳴する。

さらに興味深いのは、特異な共存在を関係づけるという〈あるべきこと〉が、ノスタルジアによってイメージされるということだ。若林のいうノスタルジアは、単に過去に存在した時間や場所を指すだけではない。人間や社会が本来〈あるべきこと〉から欠如したり逸脱したときに、〈いま・ここ〉に〈あること〉は、〈他の空間〉としての地上や天上、また〈他の時間〉としての始原や終末に向けて「ユートピアへのノスタルジア」を発動させる（若林 2022：139）。世界の喪失を、世界を超える広がりに位置づけ、意味づけなおすためには、別の時空間を想像するノスタルジアが必要なのである。

「郵便的マルチチュード」の連帯（の失敗）は偶有的であり、共同体はそもそも合一ではなく「分有」として特異性を露呈する。しかし、その失敗も露呈も、〈いま・ここ〉に〈あること〉として、他の時空間における〈あるべきこと〉への想像力＝ノスタルジアに支えられて意味づけられる。

であるならば、「無為」に曝されるだけの共同性において、私たちがただコミュニケーションを継続することを支え、また世界の喪失を意味づけるための想像力として、ノスタルジアに賭けてみることは無謀だろうか。いつかどこか、他の時空間において可能であった／ありうる連帯や共同性に導かれて、またそれらに向けて、私たちはコミュニケーションを止めない。〈いま・ここ〉の現実とは異なったノスタルジアへの志向の重なりが儚い共存在を支え意味づけ、無為の／郵便的な共同性の未来がわずかにでも開かれていくのであれば。

若林のいうノスタルジアには、観光が本来的に抱え込んだ「喪失」をめぐる共同性への道筋も示されている。観光客の偶発的連帯の可能性は、観光地における始原や喪失といったノスタルジアと不可避に結びついているからである。

観光客が希求する喪失以前は実際にあったかもしれないし、あるいは単にイメージされたいつかどこかの楽園かもしれない。しかしいずれにしても、異なった時空間へのノスタルジアを前提としながら、観光の現場では日々コミュニケーションが継続している。偶有的にコミュニケーションする観光客が、無為に連帯を失敗し特異性を露呈する観光地という場において、観光を意味づけ、未来の可能性を開くための〈あるべきこと〉として、ノスタルジアは作用しうるだろうか。そこに、観光における「善きもの」としての連帯や共同性のポテンシャルを見定めたい。

以下本章では、二つの異なった観光地の事例を紹介していく。二ヶ所は、ともにこれまで「観光化」を経験し、現在「脱観光化」の過程にある。また二ヶ所ともに、それぞれ異なった喪失の体験を強く抱え込んだ観光地である。それぞれのフィールドで、「観光化」と「脱観光化」の過程で流通するノスタルジアに注目しながら、偶然に生じうる共同性の萌芽を描出し、「善きもの」としての観光の可能性を考える手掛かりとしたい。

## 2　ボラカイ島の観光開発と環境汚染

### 世界一のビーチリゾート

ボラカイ島は、フィリピン共和国の西ビサヤ地域に位置する広さ一〇平方キロメートル、長さ七キロメートルほどの小さな島である。住民の人口は三万二二六七人（二〇一五年国勢調査）、行政的にはアクラン州（province）マライ町（municipality）に属しており、三つの行政村（barangay）で構成されている。この島は世界有数のビーチリゾートとして開発されてきた歴史を持つ。二〇一九年には二〇〇万人以上がこの島を観光目的で訪れており、その半数は外国人観光客である。

ボラカイ島は、世界でも指折りの美しいビーチリゾートとして知られている。二〇一二年には、観光雑誌 *Travel+Leisure* 誌の「島」部門で世界一位の格付けを受けた。島の西側に四キロメートル続くホワイトビーチを筆頭に、島内にはいくつかの小さなビーチが点在している。白い砂浜と青い空と海の対比は、観光業界のいわゆる「3S（sea, sand, sun）」の条件を十分に満たしている。ホワイトビーチ沿いの小道にはヤシの木が立ち並ぶ。夕方になるとホワイトビーチの真正面に夕日が落ちていく。観光客は滞在中、思うままに海水浴や日光浴を楽しみ、ビーチを散歩し、読書や飲食、アクティビティやパーティーに興じる日々を過ごす。島には想像する限りの典型的な「楽園」ビーチリゾートの風景がある。

他方、島内の観光設備は十分に整っている。世界的チェーンから安宿までホテルは数多く、林立するレストランは世界各国の料理を提供している。ホワイトビーチには大小の売店に加えD'Mallという商業地域もあり、土産や日常品などを購入することができる。そのほか島内では近年いくつかのショッピングモールが営業を開始し、本格的な買い物や映画鑑賞なども楽しむことができるようになった。電気や水道はもちろん、携帯の電波とインターネットも整備されているので、観光客はホームとほぼ変わらない生活を送ることができる。この美しい自然環境と十分に開発された商業施設のバランスもボラカイ島の魅力であるといえる。

## 急速な観光開発と環境汚染

ボラカイ島内にまだ電気も水道も通っていなかった一九七〇年代、ボラカイ島はヨーロッパから偶然訪れたバックパッカーたちによって「発見」されたといわれている。当時はわずかな住民のみが暮らす、豊かな自然環境に恵まれた手つかずの「楽園」であったボラカイ島は、その後急速な観光開発の波に飲み込まれていく。やがて、オーバーツーリズムが進展した結果、ボラカイ島は深刻な環境問題に直面し、最終的に「脱観光化」に至る。

ボラカイ島は一九九〇年代になると国内外のメディアで紹介され、世界的な観光地としての知名度を獲得した。観光客が増加することで観光施設の整備や拡充も課題となっていく。その頃には、対岸のパナイ島より電気と水道が供給されるようになった。二〇〇〇年代には、それまで個人旅行が主であったボラカイに旅行会社によるツアーの手配網が整備され、世界中からマスツーリストたちが大挙して訪れるようになった。フィリピン国内や欧米からはもちろん、韓国や中国を筆頭にアジア諸国やロシア語圏からのツーリストもよく見られるようになっていく。年間の訪問観光客が一〇〇万人を超えた二〇一二年頃には、ボラカイにアクセスするための二つの空港からの交通網が設備され、個人経営が中心であった飲食や宿泊などの観光施設にも大手資本が参入するようになっていった。この時期に、ボラカイ島ではマスツーリズムが完全に定着したといえるだろう。

急速に進んだ観光開発の結果、島内のみならず町や州レベルにも及ぶ経済的効果は非常に大きかった。しかしそれゆえに、観光開発による環境汚染への対策やインフラの整備などは遅れがちであった。その結果、ボラカイ島は二〇一八年には観光活動を継続することが不可能になるほどの深刻な環境問題に直面することになる。じつは、すでに一九九七年には、フィリピン環境天然資源省（ＤＥＮＲ）によるボラカイ島の水質汚染に関する報告がなされており、それ以降、島内の環境汚染はボラカイ島にとって大きな懸案であり続けてきた。しかし、観光客は年々増加の一途をたどり、それに応じて観光開発も急速に進んでいった。そのため、環境汚染への対策は後手に回らざるを得ず、「楽園」の喪失は目に見えて進行した。

例えば、ボラカイ島の美しさの象徴であったホワイトビーチでは、水質汚染によるサンゴ礁の破壊と浸食によって海岸線が上昇し、満潮時には観光客は日光浴どころかビーチを徒歩で移動することもできないほどになった。また同じく水質汚染が原因とされる緑色の藻の大量発生により、青い海と白い砂のコントラストを誇った海岸は不気味な緑色で覆われ、子どもたちが藻にまみれて泳いでいる光景もみられる。また環境汚染は観光エリアだけではなく、住民の生活エリアにも影響を与えている。観光施設から毎日排出されるゴミや下水、排水は島中に汚染や悪臭をもたらす。自動車やバイクが増えすぎたため排気ガスや渋滞も問題となる。これらの環境汚染は、年間二〇〇万人以上という観光客数がすでに島の許容量を凌駕していることに起因している。

観光開発による環境汚染という課題を前に、州や町は持続可能な観光開発を目指し、インフラや規制の整備によって対応しようとしてきた。とくに問題が深刻化し始めた二〇一〇年前後にはさまざまな条例が制定されている。例えば、ごみ処理施設や下水用排水管の整備、ごみの分別の徹底化、ビーチでの禁煙、アクティビティの制限、港へのアクセスの一括管理などである。しかしそれらの規制は、観光のホストとゲスト双方にとって管理や監視として抑圧的に作用した。また、規制に反すれば科される罰金はもちろん、施設・設備の整備やアクティビティの制限なども関係者自身に金銭的な負担を強いる措置であった。そしてなによりも、これらの規制をしても、あまりに急速に増加する観光客への対応はとても追いつかず、ボラカイ島の自然環境は日増しに汚染されていった。

二〇一七年頃からは、フィリピンの国内大手メディアによって、ボラカイの汚染についての報道が頻繁になされるようになった。ボラカイの環境汚染の実情を憂う記事や、規制への違反が横行する現状を暴く記事に続き、ついにはボラカイへの観光客数を制限すべきではないかという意見が次第にみられるようになってきた(7)。

## ノスタルジアに向かう／から生起する共同性

二〇一〇年代のボラカイは、キャパシティを超える過剰な観光客で埋め尽くされ、島の自然環境の破壊が進行していた。しかし自治体に入る莫大な収入や関連業者の営利活動と生活を考えると、抜本的な観光客の制限は難しい。袋小路に陥ったボラカイでは、島内に「楽園」喪失への嘆きと失われた過去を懐かしむノスタルジアが蔓延していた。

「ホワイトビーチの水はまったくきれいじゃない。もう泳ぐ気なんてしないよ」、「ビーチは藻だらけ。観光客は緑の藻のなかを泳いでいるけど、あれは楽しいのか？」、「海岸を歩いていたら、下水管から下水が浸み出していて、ひどく臭うんだよ」、「メインロードはトライシクルでいつも渋滞している。排気ガスが臭くてたまらない」。観光産業従事者やリピーターが数人集まって話をすれば、必ずと言っていいほど「楽園」喪失を嘆く声が聞かれた。そしてひとしきり嘆いた後に続くのは、喪失前の記憶についてのノスタルジックな語りである。

十分に観光開発が進み観光客でにぎわう一方で美しさを失う目の前のボラカイ島と比べ、昔は「なにもなかった」という。水も電気も来ておらず、観光客ももっと少なかった。宿やレストランの選択肢は限られていて、ショッピングモールもなく不便だった。しかしすべての過去は、現在と比べれば必ず美しい記憶である。強調される「観光客でにぎわう今」と「なにもなかった昔」との対比から、「初めてボラカイに来た頃は……、それに比べ今は……」というフレーズが繰り返されることになる。そしてその思い出の連鎖は、語り手と聞き手を手つかずの「楽園」というノスタルジアへと導いていく。

では、誰が喪失を嘆きノスタルジアを語るのか。ボラカイ島の過去について語るとき、それぞれが想起する過去の時期は異なっている。観光化以前を知るか知らないか、観光地化後であってもその初期なのか本格化以降なのか、それによって記憶は大きく異なる。ただ大規模開発による環境汚染を経験した「現在」は、いずれの「過去」の訪問や滞在時と比べても必ず喪失している。現地住民であっても、長期滞在者であっても、また数年前に訪れたことのあるリピーターであっても、懐かしがる「過去」の時期は異なるが、それぞれの「過去」と比較した「現在」のボラカイ島の喪失を嘆き、過去へのノスタルジアを語る点では共通している。喪失が問われ始めた九〇年代以降、ボラカイ島にまつわるノスタルジアは一貫して継続しているのである。

喪失への嘆きの背景も一枚岩ではない。まず、純粋にボラカイ島の自然環境の喪失を嘆き、過去の自然の豊かさを懐かしむ者たちがいる。次に、観光産業従事者にとってみれば、「楽園」喪失は貴重な財である観光資源へのダメージであり、自らの利益や収入の減少へとつながる切実な問題である。さらに、ボラカイ島に暮らす住民や長期滞在者にとっては、自然環境の喪失は自らの生活環境への直接的ダメージとなる。彼らは排ガスや汚水、ゴミを生活環境の悪化として捉え、また過度な観光化による観光客の増加も渋滞や騒音を生み出す要因として問題視している。

このように、喪失を嘆く者たちそれぞれにとっての過去は異なり、そして嘆く立場や背景も一枚岩ではない。しかしながら、そういった時間や立場の差異を超えて、喪失の嘆きと過去へのノスタルジアによってつながっていく状況を垣間見ることができた。それは、非常に偶有的かつ限定的なものではあるが、島の窮状を目の前にして異なる立場の者たちがなんらかの連帯に向けて動き出す萌芽であったのだろうか。以下は、そのような現場を記したフィールドノートからの抜粋である。

①「昔の写真」（二〇一六年二月のノート）

誰かが自宅の倉庫から見つけてきた、二〇年前のボラカイ島の古い写真をみんなで見ていた。ある人が「これはどこだろう、ヤシの木ばかりでどこかわからないな」とつぶやく。たまたま通りかかった男性が写真を見て、「あ、この小さな建物はバッチョイがうまくて安かった食堂じゃないか。よくここで飯を食べていたんだ」と語る。居合わせたみんなも、「ああ、そうだ。よくあの食堂には食べにいっていた」とうなずく。「あのあたりは大きな建物ばかりになって、すっかり変わってしまったからわからなかった」と全員が納得する。

②ビーチクリーニング（二〇一七年八月のノート）

あるホテルでは、目の前のビーチ清掃はずっと従業員が行っていた。砂浜に打ちあがる緑の藻やゴミで汚くなったビーチを、従業員は機械的な作業として朝食前や夕食前に掃除していた。清掃は上司から命じられた義務的な仕事だった。ある頃から常連客であるダイバーの発案がきっかけで、その清掃作業に近隣のダイビングショップの店員や客が加わるようになり、やがてダイバー以外の宿泊客も参加するようになっていった。この、ホストとゲストを交えたビーチクリーニングの活動は次第に大規模になり、最終的にはホテル側が組織する週一回の定期的な活動となった。参加者は全員ボランティアである。みんな、ホテルが用意した揃いのTシャツを着て、それぞれの立場を超えてビーチを共に清掃している。

③緑の藻は恐ろしいものか？（二〇一八年二月のノート）

ボラカイの環境汚染が進行するに伴い、ホワイトビーチに緑の藻が大量発生するようになった。ビーチの白い砂浜と透明な水に緑色の物体が浮かぶ様子は不気味で目に付く。観光客は、緑の藻で覆われたビーチでの海水浴や日光浴を躊躇する。

メディアはこの藻の大量発生を、一見してわかりやすいボラカイの環境汚染の証拠として取り上げてきた。自然科学の研究者による調査もまた、緑の藻の増加がホワイトビーチの下水システムの不備と関連していることを明らかにしている。こうして緑の藻は、ボラカイの環境汚染の象徴となっていった。

しかしながら他方で、緑の藻についてはまったく正反対の意見が、住民や島の昔を知る観光客ら「安全派」によって共有されてもいる。その人々は、緑の藻の増加は近年の新しい現象ではなく、ずっと昔から毎年発生していたと主張する。それは「自分たちが子どもの頃からずっとここにあった」ものであり、さらには「藻が海の水をきれいにする」、また「藻がビーチの白い砂を作り出す」という意見も聞かれる。

このような意見は、緑の藻を汚染の象徴とするメディアや研究者らによる解釈とはまったく異なったものである。緑の藻を、むしろ手つかずの「楽園」時代から続く美しい自然の名残だとノスタルジックに再解釈し、ポジティブな意味さえ付与する。ここにみられるノスタルジアは、単に過去へと向かう欲望ではなく、現在進行形の環境問題と結びついている。言い換えれば、過去へのノスタルジアが最終的に現在に追いつき、それを塗り替えようとしているのである。

これら三つの事例にみられる発言や行動は、喪失とノスタルジアを基にしたある種の連帯を想起させる。その連帯らしきものは、昔の写真を眺める人々にみられるように、ボラカイ島の過去の美しい自然を懐かしむうちに形成されているようである。他方で、「楽園」の喪失を嘆く人々も、現在の文脈のなかに必然的に埋め込まれている。例えばビーチクリーニングは、過去の美しい自然を希求しつつも、同時に現在のビーチの環境をわずかでも延命させようとする活動である。緑の藻をめぐる「安全派」は、それを「汚染の象徴」とする解釈に対して、過去の美しい自然へのノスタルジアによる再解釈を試みる。

これらのつながり、あるいは連帯の兆しのようなものが、さまざまな境界線上に現れ、対極にある二者間を結び付けている点は興味深い。連帯は、ホストとゲスト間で、雇用者と従業員の間で、内部者と外部者の間で、また国境の垣根も超えて生じうる。さらには、「緑の藻」にみられるように、過去と現在をアクロバティックに連結させてしまう。ノスタルジアを基軸にした連帯は、一見過去志向の無力なものにみえるのだが、ときに失われつつある島の現在をさまざまな方法で作り替えてもいるようである。はたしてそれは、「脱観光化」による停止の直前に現れた、方向転換の兆しなのであろうか。

## 3　間奏――フィールドの「脱観光化」あるいは観光のフィールドワークの停止

### ボラカイ島の「閉鎖」

ボラカイ島の環境汚染は、最終的に大統領介入による島の「閉鎖」決定へと至った。二〇一八年二月に、剛腕な政策で知られるドゥテルテ大統領（当時）が島の視察に訪れた。大統領は、「ボラカイは汚水溜めだ」と発言し、緊急に環境問題への対策を行うよう指示した。そして、その警告の効果がないと判断したドゥテルテ大統領は、ボラカイ島を四月二六日より最長半年間にわたり閉鎖することを決定したのである。その期間、観光客は入島を禁止され、観光活動は事実上停止した(8)。

一つの島が観光活動を停止し、閉鎖するという事実は想像しがたい。それはホストにとってもゲストにとってもそうであるが、とくに観光産業を中心に生計を立てている人にとっての不安は大きく、実際に反対運動も起こった(9)。

閉鎖決定の直後から、私は閉鎖中のボラカイ島に行く方法を探った。[10]普段は観光客であふれるボラカイから一切の観光客が消えるという非常事態下でなにが生じるのか、現地に赴き、なんとか自分で直接確認したかった。しかし、あらゆる手段を試みたが、結局それは徒労に終わり、閉鎖中のボラカイ島の地を踏むことはできなかった。

そのため、閉鎖中はもっぱら島内に残ったインフォーマントでもある友人たちとメールやSNSを通じた連絡を継続した。島の友人たちから送られてくる情報は、島内の混乱した状況を伝えていた。閉鎖後、環境汚染対策の規制はさらに強化され、当初は治安の悪化を懸念して軍隊まで配備された。下水の排出に関する規制の要件を満たせなかったホテルやレストランは強制的に取り壊された。労働者は観光業から収入を得られなくなり、政府による経済支援を受ける者もいれば、建物の解体工事現場で働く者もいた。また、島を離れて別の仕事を探す者もいた。幸運な労働者のなかには、再開後の労働力の不足を懸念する雇用主から給与を受け取っていた者もいた。

現地に行くことができず、しかし刻一刻と生じる非常時の変化や事件をより把握したい私の気持ちは強く、普段以上にSNSをチェックしメッセージのやりとりも頻繁に行った。

これまでに体調不良やスケジュール上の問題、また資金不足などでフィールドワークを断念したことは何度もある。しかし、フィールドが突然閉鎖し、こちらが行ける状況でも行くことができないというのは初めての経験だった。[11]

ボラカイ島は、予定通り半年後の二〇一八年一〇月二六日に観光活動を「再開」した。[12]

今振り返ると、ボラカイ島の閉鎖による六ヶ月間の渡航不可期間とはなんだったのか。巨視的にみれば、それは一九九〇年代から現在まで続くボラカイ島の観光開発の果てに環境汚染という問題が深刻化し、規制により観光の持続可能性が模索されながらも、最終的には大統領介入による閉鎖へと至る一連の流れとしてみることができる。それを本書では「観光化」と「脱観光化」という表裏一体の動きとして位置づけている（序章参照）。「脱観光化」は縮小、停止、方向転換を含むが、ボラカイ島の閉鎖は突然生じた停止の典型例だといえよう。

さらに指摘しておきたいのは、その「脱観光化」は観光地で人類学的調査を行う私自身のフィールドワークの停止へとつながったということだ。この、ボラカイ島の「脱観光化」とフィールドワークの停止の連結は、ここで終わらず再度繰り返されることになる。

## 新型コロナウイルスによる海外渡航停止と国内調査の開始

二〇一八年一二月にボラカイ島を再訪した私は、二〇一九年には予想外にスケジュールの調整がうまくいかず、結局二〇一九年一二月から二〇二〇年一月にかけて、一度渡航滞在することができたのみだった。観光再開後のさらなる規制や観光客数の制限により、環境汚染対策はある程度の効果を上げており、今後長期間の閉鎖は行われないであろうと私は予想していた。そのため、継続的な調査の実現に向けて、とくに不安は抱いていなかった。

だが、その見通しは、二〇二〇年より急速に感染が拡大した新型コロナウイルスによって大きく崩れることとなった。世界中で実施された感染防止のための渡航禁止や移動制限によって、私は二〇二〇年一月を最後に二〇二三年七月までの約三年半、ボラカイ島どころか国外に一切渡航することができなかった[13]。

二〇二〇年以降の新型コロナウイルスによる海外渡航の停止は、私だけに降りかかったものではなく、世界中で同時に等しく実施されたものであり、その意味では環境汚染による閉鎖のケースとは大きく異なる。しかし興味深いのは、二〇〇〇年代以降さらに加速した「観光化」の背後で、オーバーツーリズムや持続可能性の問題が生じ、最終的に感染拡大防止のため「脱観光化」へと至ったという大きな枠組みは、ボラカイ島の閉鎖と相通じるものがある。

もちろん環境汚染による「脱観光化」とパンデミックによる「脱観光化」とを同列に並べることはできないが、いずれも行き過ぎた「観光化」が導いた観光客の過剰が、前者は環境汚染を、後者はウイルス感染をもたらす要因となり、その過剰自体を停止によって「脱観光化」するという動きである[14]。

また、両者共にフィールドが「脱観光化」したことによって、私のフィールドワークが停止してしまったことも共通している。人類学者はこれまでにも数多く、さまざまなフィールドの状況の変化により、フィールドワークの実施が不可能になったり、調査地からの撤退を強いられたりしてきた。その多くは政変や内線、戦争による。しかし、全世界で同時に、人類学者が国外でのフィールドワークをこれほどの期間、中止せざるを得なかったことはあっただろうか(15)。

私自身も人類学者として、新型コロナウイルスによる国外フィールドワークの停止によって大きな影響を受けた。幾度も波が繰り返す感染の終息を願いながら、フィリピン各地の友人たちとSNSを中心に情報を交換し、ステイホームで授業や大学の業務をこなす日々は、年に五回程度は数週間単位での海外フィールドワークを繰り返してきた私のこれまでの生活を根本から変えてしまった。

なかでも、もっとも大きな変化は、この期間に、日本国内のとある地域とつながりを持ち、そこでフィールドワークを開始したことであった。コロナ禍のステイホームにもすっかり慣れた二〇二一年七月頃、父親がセカンドハウスとして活用していた住宅を個人的な事情で引き継ぐことになり、その片付けや売却に向けた諸手続きのために、自宅から高速道路で一時間ほどの距離にある愛知県知多郡南知多町（以下、南知多）に頻繁に通うことになった。

南知多での行政手続き、業者との打ち合わせ、宿泊や飲食といった活動を通じて、とくに意図してはいなかった偶然の出会いが重なり、現地で興味深い人々と知り合うこととなった。当初はやむを得ない事情から通い始めた南知多に、気づくと親しい人と場所が増えてきて、毎回の訪問を楽しみにするようになっていった。

後述するように、南知多はさまざまな点でユニークな観光地であり、私の出会った人々には観光や移住に関わる人々が多かった。そのような経緯で、ボラカイで中断していた観光の調査をこの場所で継続してみようと思い立ったのが、南知多でのフィールドワークを始めるきっかけとなった。その内容については、次節で詳しく紹介する。

## フィールドの「脱観光化」とフィールドワークの停止

私がフィリピン・ボラカイ島で経験した二度のフィールドワークの停止は、環境汚染と新型コロナウイルスによる「脱観光化」に深く関わっている。フィールドが「脱観光化」すること、そしてフィールドワークが停止することという二つの連結は、人類学におけるフィールドワークのあり方や、観光と人類学の関係を考えるための手がかりを与えてくれる。

そもそも人類学者のフィールドはつねに変化する可能性を孕んでいる。それは、フィールド自体の状況が移り変わること、そして人類学者が別のフィールドに移動することの二重の意味での変化の可能性である。そのいずれの変化も、ある人類学者にとって思い入れのある時空間を過去のものにしてしまう。

それはときに、自分の「昔のフィールド」や「昔のインフォーマント」たちについての人類学者の語りやノスタルジアを生み出す。初めてあるフィールドを訪れたとき。人生でもっとも長期間にわたって滞在したフィールド。もう今は亡くなってしまったとても親しかったインフォーマント。ある限定された時空間でのみ営まれるフィールドワークであるからこそ、それは貴重なものであり、そしてそこに厳密な意味で戻ることはできない。その意味では、フィールドの「脱観光化」もフィールドワークの停止も、そういった一回性の営為としてのフィールドワークの条件に導かれたものだといえるだろう。

それでは、フィールドワークが観光に関わるものである場合、その可変性はどうなるだろうか。新型コロナウイルスが明らかにしたのは、グローバルな観光がじつはとても脆弱なものであるということだった。同様に、人類学者もパンデミックの前ではフィールドワークを中止せざるを得ない。

現代のフィールドワークは、フライトやパスポートといったグローバルな観光の仕組みに依拠して行われている。とくに国外で調査を行う人類学者は、観光が停止した際に自分たちがそのシステムのなかに包摂されており、その仕組みに巻き込まれながらフィールドワークを行っていたことについて再帰的な省察を迫られるのである（序章第4節を参照）。

さらに、観光をフィールドワークする人類学者の営みそのものが、観光地にみられる受け入れや排除の状況と直接かかわり、影響を受けている。ある観光地に出会い、受け入れられ、調査を中断しまた再開し、終了する。あるいは排除や拒絶され、また別のフィールドと出会い、そこで新たな関係を構築する。このようなフィールドの受け入れや排除は、人類学者の移動を偶然に方向づけ道筋を指し示す。

私の場合であれば、ボラカイ島の閉鎖により調査が中断され、ようやく再開したのもつかの間、新型コロナウイルスが国外でのフィールドワークそのものを停止してしまった。そしてそれを契機として、偶然にも日本国内の観光地と出会い、そこでフィールドワークを開始することになった。「脱観光化」によってフィールドワークは停止したが、しかしそれが新たな国内の調査地との出会いの契機となる。その意味で、「脱観光化」は、縮小や停止によって人と人とのつながりを断ち切っていくように見えながら、新たな出会いを導く方向転換ともなりうる。

観光とフィールドワークの可変性と脆弱性が導く、偶発的な関係性。それは、本章の冒頭で示した観光と共同性の問題とも重なるものである。ボラカイ島の「脱観光化」と私のフィールドワークの停止は、その点を考察するための間奏曲であった。

## 4　南知多の観光と移住

### 南知多とはどのようなところか

調査を開始して日も浅く、またコロナ禍の限定された移動や調査であったため十分なデータを蓄積できたとは言い難いが、それでも、またそれゆえに垣間見ることができた南知多町をめぐる観光と共同性の創出を、いくつかの事例から提示したい。

愛知県知多郡南知多町は、知多半島の最南端に位置する自治体である。一九六一年の三町二村の合併により南知多町となった。面積は三八・三七平方キロメートルで、二つの離島を含む九つの地域で構成されている。人口は一万五六三六人（二〇二四年九月）[16]。主要産業は、県内最大の漁獲量を誇る漁業[17]やパイロットファーム事業で発展した農業、そして観光業である。

南知多は名古屋市から車なら高速道路で約一時間、また名鉄電車でも一時間程度の距離にある。このアクセスのよさが観光客や二拠点居住者にとって魅力的であり、また住民にとっても名古屋に買い物等に出かけるには便利である。中部国際空港（愛称はセントレア）のある常滑市ともほど近く、空港へのアクセスも悪くない[18]。

しかし他方で、南知多内の交通網は不便である。名鉄電車は町内北端の内海駅までしか通っておらず、町内の公共交通手段はバスが主流である。バスには名鉄グループの知多乗合株式会社が運行する師崎線と、コミュニティバスの海っ子バスがあるのみで、運航時刻も地域も限定的である[19]。そのため、南知多内での移動には自家用車が不可欠である[20]。

## 南知多における観光の盛衰と新たな潮流

南知多の観光は、明治期からの海水浴と戦後開始したみかん狩り、その後盛んになった釣りや潮干狩り、いちご狩りなどが主要な資源である。南知多町は、一九五一年には南知多県立公園（一九六八年には県立自然公園に名称変更）に、一九五八年には三河湾国定公園に指定されている。

二〇二一年度の全観光客数は約一八八万人、その内宿泊者数は約二八万人である。名古屋都市圏から日帰り可能な距離であるため、宿泊客の少なさは課題とされる。観光客の目的は約半数が遊覧、次いで釣りが三割、海水浴が一割、残りは温泉四％、フルーツ狩り三％、潮干狩り一％となっている。

一九八〇年代のバブル期には、名古屋都市圏から近いレジャー地として大規模なリゾート開発が行われ、観光ブームを迎えた。大規模観光開発の過程では、例えば名鉄によって南知多ビーチランドが一九八〇年に、内海フォレストパークが一九八二年に開設されている（後者は二〇〇三年に閉園）。一九九四年には後述するリゾートマンションヨン、チッタナポリも開業した。

しかしながら、観光ブームが過ぎ去り次第に南知多への観光客は減少していく。最近十年の観光客数は、二〇一三年の最大時約三七二万人から、新型コロナウイルスの感染拡大直前の二〇一九年には約二八〇万人まで減少し、二〇二一年には約一八八万人となっている。もっとも古い統計のある一九七〇年から一九九二年までは年間六〇〇万人ほどであったが、それ以降次第に観光客が減少していった。[21] 観光客の減少に伴い宿泊客も減ったため、旅館やホテルの閉鎖も相次いでいる。

南知多の観光は、バブル期の大規模観光開発を最盛期に衰退の一途にあり、本書でいう「脱観光化」の典型例だといえる。だがそれは、オーバーツーリズムなど観光の負の影響による主体的な縮小や停止ではなく、むしろ観光開発による「観光化」の最盛期を記憶に留め、そこから次第に衰え行く現状を否応なく経験する、ノスタルジアを内包した「脱観光化」である。

南知多では、観光業の衰退と同時に急激な人口減少と少子高齢化も生じている。住民人口は二〇〇二年に二万三〇六一人、二〇一二年は二万三二一人、そして二〇二二年に一万六三二一人まで減少している。高齢化率は三八・八%となり、高齢者への医療福祉支援は行政の重要な課題である。一五歳未満人口は八・八%で小学校や中学校の統廃合が進行している（人口データは二〇二〇年国勢調査より。小数点第二位以下切り捨て）。

南知多では人口減少と少子高齢化に対して、行政を中心に子育て支援や若者の定住促進を進め、移住者の呼び込みによって人口減少に歯止めをかける「人口ビジョン」を定めている。[22]

外部からの移住者やUターン者を積極的に招き入れ、人口を増やし、地域を活性化する。そのためのターゲットとして、「結婚により転入する女性」、「転入する子育て期の世帯」、「南知多の魅力を楽しむ来訪者・宿泊者」という外部者が明記されている。とくに、来訪者や宿泊者は、潜在的な将来の移住者でもあり、またその訪問自体が地域経済を潤し、町を活性化する。[23] つまり、人口減少という問題を抱えた南知多は、その解決のために移住者と観光客に期待を寄せているのである。ここにおいて、観光業の衰退と人口減少という問題が重なることになる。

外部者への期待によって、現在、南知多の観光には衰退の一途からの転回にむけた新たな流れが生まれている。それは、各種の移住者（Iターン、Uターン、二拠点生活）が観光業の担い手となったり、起業や情報発信をすることから派生したものである。

移住者には、定住以外にもセカンドハウスや二拠点居住といった居住形態の選択肢があり、また観光客にもリピーターや長期滞在者となり南知多と一過性ではないかかわりを持つ者もいる。さらには両者共に、地域で余暇の時間を過ごすだけでなく、労働やボランティア活動を通じて地域と深くかかわる可能性もある。その点で、南知多が期待する外部者としての移住者と観光客の境界はそもそも曖昧である。(24)

この二者の境界が曖昧な領域において、南知多に今、新たな潮流が生じている。そこには、移住、Uターン、二拠点居住、釣り、マリンアクティビティ、農業ツーリズム、スタディーツアー、ゲストハウス、離島観光など各種の移住と観光が重なる多様な活動が含まれる。バブル期のインフラ中心の大規模開発と、その最盛期からの衰退という大きな筋書きを逸脱するかのように、「オルタナティブ・ツーリズム」と呼びうる新たな潮流によって、南知多は縮小一途の「脱観光化」から方向転換する兆しを見せているのである。

以下では、南知多の観光の新たな潮流において、本来は結ばれるはずのなかった人と人がつながり偶発的な関係性が生じている二つの事例を紹介したい。

### 南知多の移住と観光をめぐる諸活動

①チッタナポリの観光客と移住者たち

南知多ではバブル期の大規模開発時代に、数々の観光リゾート施設のインフラ開発が進行した。南知多の片名地域に位置するリゾートマンションのチッタナポリも、一連の開発ブームで建設が進められ、一九九四年に入居が始まった。

チッタナポリという名称は、「知多」と南イタリアのナポリの組み合わせである。南国風のイメージに合わせ、マンション敷地内にはヤシの木が随所に植えられており、そこに間取りや形態の異なるマンション棟が立ち並んでいる。もっとも目を引くのは三四階建て、高さ一一一メートルの高層タワーマンション、ナポリタワーである。白いタワーがそびえたつ様子は中部国際空港に離着陸する飛行機からもよく見え、南知多のシンボル的存在となっている。

一九九四年当時は、バブル景気を反映し投資対象となり売値は高騰したが、竣工から約三〇年経過した現在では老朽化が進み、修繕と保持が課題となっている。また、売り出される中古物件も値下がりを続けている。敷地内で営業していた飲食店や売店はすべて閉業し、スポーツ施設やプール、テニスコートなども閉鎖中である。管理組合を中心に毎年企画されていた餅つきや花火などのイベントも、現在は行われていない。

チッタナポリは、南知多の観光開発の最盛期に誕生し、ブームと衰退という歴史と共に歩んできたといえる。太平洋を眼前にそびえたつナポリタワーは、その「観光化」と「脱観光化」の双方を象徴し、見る者は過ぎ去った輝く時代を思い起こす。それは、南知多のノスタルジアを内包した「脱観光化」を具現化してもいる。

しかしその「脱観光化」は現在、いくつかの新たな潮流を生み、方向転換の兆しを見せている。まず、長期的あるいは短期的に「住む」場所であったチッタナポリは、現在「見る」、あるいは「撮る」場所として知名度を高めている。チッタナポリの敷地自体は私有地であり、部外者は侵入禁止である。しかし、敷地内を通っている道路は公道であり、誰でも立ち入ることができる。そのため、観光客がチッタナポリの見物に訪れ、道路から写真を撮ることはこれまでもよく見られることだった。ところが、近年のインスタグラムの流行と共に、いわゆる「インスタ映え」スポットとして有名になったのである。

インスタグラムを「#チッタナポリ」で検索すると、本章執筆時点（二〇二三年）で八三九三件の投稿が表示された。その多くが、ナポリタワーやヤシの木と海を背景に自動車やバイクが撮影された写真である。コメントの内容から、ドライブやツーリングで南知多を訪れた観光客の投稿であることがわかる。(25) 南知多には海や離島、灯台など、美しい写真を撮影できる「インスタ映え」スポットが多い。チッタナポリもその一つとして、観光客の目的地になっているのである。(26)

これはチッタナポリが、「住む」場所でありながら、インスタグラムという新たなＳＮＳの流行を通じて「インスタ映え」スポットとして認識され、そこに住民ではない観光客が訪れ、「見る」そして「撮る」場所としての意味を付与されていく過程であるといえる。もちろんそのような現象が生じているのは、チッタナポリの商業施設が閉業し、イベントも行われない現在、住民による活動が表立っては見られず、それゆえ部外者が立ち寄り写真撮影をしやすいという「脱観光化」に部分的には起因している。だが、それが予想外の「インスタ映え」を目的地とした新たな活用へと進んでいることを、単に縮小ではない「脱観光化」に生じた方向転換であると読むこともできるだろう。

続いて注目したいのは、現在チッタナポリ内の物件を所有するオーナーたちである。売り出しから高値が続いていたチッタナポリの物件は、地価の下落と老朽化により、現在はかなりの安値で売買されている(27)。

手頃な価格帯になったため、リゾートマンションとしてだけでなく、移住先やセカンドハウスとして活用する購入者も少なくない。とくに中高年層にとっては、退職後の移住先として名古屋都市圏より比較的温暖な南知多は魅力的であり、当面の二拠点居住とその後の移住を目的としてチッタナポリを購入するケースもある。

チッタナポリの物件オーナーとなった人々は、移り住んだり、二拠点居住をしながら、それぞれの趣味や嗜好に応じた時間を南知多で過ごす。また、そのようなある種気楽な立場でチッタナポリを活用する過程で、オーナー同士が知り合い、次第に親しくなり、交流を重ねるようになるケースも見られる。

先述の通り、チッタナポリの管理組合が主催するイベントは現在行われていない。しかし、自生的かつ自発的な交流はさまざまな形で行われており、またそれはＳＮＳ等を通じてグループ化することもあれば、南知多地域におけるＮＰＯや市民活動と結びつくこともある。

以下に事例として、現在チッタナポリの物件オーナーである三名とその交流の状況を示す。なおプライバシーの観点から、情報には内容に影響が出ない程度で修正を施してある。

（a）ＨＭ：四〇代後半女性。歯科医。七年前にチッタナポリの物件を購入。購入当初は、名古屋市内で歯科医院を営む夫および小学生だった子どもたちと、セカンドハウスとして活用していた。しかし、次第に一人で訪れることが多くなり、南知多内で農園を借りて野菜やハーブを育て始めるようになる。農業活動が本格化する過程で、農園で知り合った移住者たちと共同で軽トラックを購入した。また、農業観光で地域おこしを目指すＮＰＯ法人[28]に参加し、中核的な役割を果たすようにもなった。現在は歯科医としての仕事の日数を減らし、可能な限りチッタナポリに滞在して農業やＮＰＯ活動に従事している。

（b）ＴＹ：六〇代後半男性。郵便配達員。六年前の退職と離婚をきっかけに南知多に移住し、家族が所有していたチッタナポリの部屋で生活を始めた。地域内で再就職し、郵便配達員として収入を得ている。魚釣りや農業、ウクレレなど多趣味で、空き時間はすべて趣味の時間に充てている。仕事と趣味を通じて南知多在住者や移住者の友人が増えてきた。また酒を飲むことも好きなので、友人と宴会を開くことも多い。ＨＭが参加数するＮＰＯ法人のメンバーでもある。

（c）ＳＮ：七〇代前半男性。造園業。愛知県の近隣自治体に家族と暮らし、仕事を続ける傍ら、家族には内緒で四年前にチッタナポリの物件を購入した。それまでも、週末や長期休暇には一人で趣味のサーフィンに出かけることは多かったが、チッタナポリ購入後は休暇の多くを自ら「秘密基地」と呼ぶチッタナポリの物件で過ごすことが多い。南知多では、サーフィンも時折楽しむが、テラスで日焼けをしながら読書をし、新鮮な魚を買って料理をすることが多い。

上記三名は共に名古屋都市圏出身であり、南知多の観光開発最盛期の記憶を持ち、その時期のチッタナポリも知っている。そして、そのノスタルジアを抱えながら物件を購入し、それぞれのライフスタイルに合わせ、楽しみながら時間を過ごしている。

三名はチッタナポリで知り合い、それ以来友人として交流を続けてきた。右にもあるように、HMとTYは同じNPOで農業観光に関わっている。自分たちの作った野菜やハーブを交換し合うこともよくある。HMとSNはチッタナポリの同じ棟の住人として言葉を交わすようになり、HMはSNに時折野菜を贈るという。

三名は現在、いずれも一人でチッタナポリに滞在しており、それぞれの部屋を訪問して頻繁にパーティーを開催している。パーティーでは、農作物や釣果を持ち寄り、料理を食べ、酒を飲み、ときにTYがウクレレを演奏する。会話の内容は、農業や酒、近隣の飲食店、そしてチッタナポリの管理や売買相場などが多く、基本的にお互いの家族や仕事などのプライベートな話題は出ない。

また、HMとSNは二拠点居住であるが、三名はSNSでグループを作って情報交換をし、三人の滞在日程の調整をするなど、日々つながっている。またそれぞれの地域との関りには濃度があり、非常に積極的なHMやTYに対して、SNはそれほど南知多の地域や住民と関わることはない。

②Uターン者が手掛ける南知多のイタリア料理店

次に取り上げるのは、Uターンしてきた三四歳の男性NYが営業するイタリア料理店である。サルデーニャ（仮称）は新型コロナウイルス感染の拡大が続く二〇二一年に、南知多の大井地域で開業した。

NYは南知多の師崎地区で生まれ育った。実家は漁業の卸業を営む。名古屋市内の公立高校を卒業後、東京の私立大学を卒業している。中学からサッカーを続けており、高校も大学も、サッカーのコーチの勧めで選択し進学した。大学時代には、応援していたイタリアのサッカーチームにあこがれてイタリアを一人で旅行した。そこでイタリア料理に出会い、東京都内のイタリア料理店でアルバイトを始めた。大学卒業後は東京丸の内にある高級イタリア料理店に就職し、料理人として修業を積み、食材や調理についての知見を深めた。

二五歳になった二〇一四年に独立し、南知多近郊にある愛知県半田市でイタリア料理店を開業した。実家や知り合いの業者から南知多産の新鮮な魚介類を仕入れ、また東京の高級店で学んだサービスや情報発信を取り入れた店舗は、ＳＮＳやレヴューサイト等で高く評価され、開店当初から経営は順調であった。二〇一九年頃になると名古屋など比較的遠方からの客に加え、地元の常連客も定着し、経営は順風満帆だったが、ＮＹはあまりにも多忙な生活に疑問を抱き始めた。そこで、店舗を長期休業し、かねてよりの夢であったイタリアへの移住と料理修行の準備を始めた。

その準備期間中に、二〇二〇年の新型コロナウイルス感染拡大が始まった。海外渡航が絶望的だと判明したので、ＮＹはイタリアに行くための資金を活用し、故郷の南知多で新たな店舗を開業することにした。南知多は半田市よりも人口が少ないが、生まれ育った懐かしい場所で顔の見える関係を大切にしながら、持続可能な範囲で営業することを決意したという。そうして、南知多の大井地区にあった古い倉庫を買い取って改修し、二〇二一年四月にイタリア料理店を開業した。

新店舗でも半田の店舗のときと同じく、実家とそのネットワークを通じて新鮮な魚介類を仕入れている。またメニューには、南知多の特産品としてよく知られるシラス、エビ、アジ、シャコなどを季節に合わせて取り入れている。店内の薪釜で焼くピザや肉料理を中心とした本格的なイタリアンと、南知多の地元の魚介類の組み合わせが店の売りである。

開店当初はコロナ禍ということもあり営業時間やアルコールの提供などさまざまな制限があったが、Ｕターンしてきた知り合いの地元の客が訪れるようになった。また、以前の半田の店舗の常連客も、開店直後から頻繁に来店した。そしてその後は、Ｕターン者や移住者を中心に固定客が増えていった。「南知多らしさ」と「都会らしさ」が組み合わさった店の雰囲気は、同じく南知多の内と外をどちらも経験している移住者にとって心地のよい場所であり、次第に移住者コミュニティの情報交換の場ともなっていった。とくに先述のチッタナポリにはバスや徒歩で通える距離にあり、住人たちも好んで利用している。店内が空いている時間帯には、チッタナポリの住民グループがワインを飲み歓談している姿をよく見かける。

また、若くして開業し、店舗経営や海外移住に関して独自のビジョンを持つＮＹに共感し、サルデーニャは地域の若者たちが集まり未来を共有する場所ともなっている(29)。

ＮＹの同級生で同じくUターン者の男性は、南知多内のシラス卸売業に勤めながら小説家を目指している。新人賞に応募するため書き上げた小説を、ＮＹや常連客たちに読んでもらい、お礼にシラスをふるまうといったコミュニケーションは日常茶飯事である。

東京の高校を卒業後、漁業にあこがれ漁師になった一八歳の男性は、予想外につらい日々の仕事の後に店を訪れ、カウンター席でＮＹや常連客に話を聞いてもらい、将来の起業のプランを練っている。

給仕のアルバイトをしている二五歳の女性は、ランチタイム後からディナータイムまで店内を「間借り」して、洋菓子を手作りし販売している。それは、いずれ開業を考えている洋菓子店の経営の実験であり、プロモーションでもある。「間借り」営業中に固定客をある程度確保し、新たな店舗で開業するのが彼女の狙いである。

ＮＹの実家の知り合いが訪れることも多い。とくに、ＮＹの父親も昔から知っている南知多の漁師たちは、サルデーニャを頻繁に利用する。漁のない月曜日の夕方早い時間から、イタリア料理店の一角でピザをつまみながら焼酎で酒盛りをする漁師の一団は、店の風物詩となっている。

このように、南知多の地元住民と移住者を顧客として抱えるサルデーニャだが、ＮＹの予想に反して、観光客も多く訪れてくる。南知多には地元の魚介を売りとした観光客向けの有名飲食店が複数あり、当初ＮＹは一見の観光客をそれほど期待していなかった。しかし近年、バブル期に開業した南知多のイタリア料理店の閉業が続き、愛知県最南端のイタリア料理店のサルデーニャには競合店がない。

そのうえ、地元の魚介類を用いたメニューをＳＮＳで積極的に発信したこと、また観光客の目につく南知多のフリーペーパーで紹介されたことなどをきっかけとして、とくに休日や祝日のランチタイムを中心に観光客が来店するようになった。サルデーニャは南知多でもあまり観光客が訪れない大井地区にあり、しかも国道から一本奥に入った路地に面しているというわかりにくい場所にある。だが、ＳＮＳやレヴューサイトで情報を入手し、Google Mapを頼りに自動車で移動する観光客にとって、立地は阻害要因とはならない。結果的に休日や祝日のランチタイムの店内は、観光客を中心としてつねに満員で待ち時間が生じている(30)。

Uターン者NYの経営するサルデーニャには、南知多の内と外の程よいバランスの組み合わせにより、多様な客層が訪れている。それは南知多の地域住民であり、人生のどこかのステージで再度あるいは新たに南知多と関わり始めたUターン者や移住者であり、南知多を気ままに訪れる観光客たちである。ある飲食店で経営者と客の間に生じる関わりは、故郷としての南知多へのノスタルジア、自分の人生の道筋を新たに位置づける移住者のネットワーク、語り合うことで構想するそれぞれの将来、また偶発的に訪れる観光客をも巻き込み、過去と現在、そして未来をなんらかの形で結んでいるようにも見える。

振り返れば、NYが南知多でイタリア料理店を開業したのは、なにか積極的な動機や前向きな意欲からではなかった。多忙さに疲れたNYが、コロナのため海外移住を諦めた消極的選択のなかで、小さな規模でできる限りを目指し、あえて観光が衰退し少子高齢化が続く南知多へのUターンを選んだのである。そのような「脱観光化」の文脈が重なるなかで、偶発的なつながりが生じているのは興味深い。衰退する故郷へのノスタルジアが結果的に招いたサルデーニャの開業は、今後未来に向けていかなる新たな潮流と方向転換をもたらすのであろうか。

南知多の観光は、一九八〇年代から一九九〇年代の「観光化」時代へのノスタルジアを色濃く残しながら、衰退の一途をたどってきた。それは、「観光化」の最盛期を記憶に留め、次第に衰え行く現状をまなざすような、「脱観光化」による縮小の典型例である。

人口減少への対策として行政が打ち出した移住者や観光客の呼び込みは、地域にやって来る外部者への期待へとつながり、結果的に南知多の観光には新たな潮流が生まれている。それら移住と観光の境界線上のオルタナティブ・ツーリズムによって、南知多は縮小の「脱観光化」から方向転換する兆しを見せている。そこにみられる新たな人の流れ、つながりや関係性を、チッタナポリとイタリア料理店サルデーニャの事例から確認してきた。

チッタナポリは、太平洋に面してそびえたつナポリタワーの存在自体が観光開発のピークとその後の衰退を象徴的に表している。しかし現在、チッタナポリには、「インスタ映え」を求める観光客が「見る」ために、「撮る」ために予想外に訪れるようになっている。またマンションオーナーたちは、移住や二拠点居住によって、自分の人生の後半を移住者のネットワークに接合し、さらには南知多という地域自体に深く関わらせていく。

イタリア料理店サルデーニャは、南知多出身のNYが、東京から愛知県へのUターンと独立開業を経て、最終的に生まれ故郷南知多に店を構えた。その経緯は、新型コロナウイルスの感染拡大とも重なり、NY本人にとっても想定外のものであった。店には地元住民からUターン者、移住者、そして観光客まで幅広い客層が訪れ、NYを中心とするネットワークが生じている。その関わりは、故郷である南知多という過去を基軸としながら、お互いが語り合う未来に向けても開かれている。

チッタナポリもサルデーニャも、過去としての南知多が現在の移住や観光の活動と偶然に結ぶ場で、偶発的に訪れる観光客もうまく取り込みながら、多種多様な人々の関わりが生じている。それは、過去と現在をつなぎ、そしてそれぞれの人生に応じた未来へと開かれた関係である。南知多の各種のノスタルジアを内包する「脱観光化」が迎えた現在進行形の方向転換は、今後どこに向かうのであろうか。

## 5　「脱観光化」とノスタルジアと共同性

「脱観光化」とは、縮小と停止、そして方向転換を含む多様な観光現象を包括的に表す用語である。「脱観光化」においては、新たな文脈が生起する過程で、刹那で偶発的な連帯や共同性の萌芽がみられる。しかし、それは儚い。確固たる連帯や共同体として運動や抵抗に向かうには、あまりにも脆弱な基盤である。東浩紀の「連帯の失敗」による連帯や、ナンシーによる融合も合一もない「分有」からは、偶然こそが唯一の必然なのだろうかという諦めの地点に行きついてしまうようである。(31)

しかし、その儚さにもわずかな希望を見出すことができる。「脱観光化」の過程には、喪失した過去やあるべき理想を志向するノスタルジアが強く織り込まれている。そのことによって、偶発性は刹那の〈いま・ここ〉だけに閉じられない。ノスタルジアという別種の時空間への志向は、連帯の失敗や無為にさらされる共同性を、現在から未来に向けて意味づけ、方向づけていく。

ノスタルジアが、いかに「郵便的マルチチュード」や「無為の共同体」に必然性や持続性をもたらしうるのか。さらに、人類学的な実践としては、思想的な可能性を探るだけではなく、現場で実際につながる人々に目を向け、なにが生じているかをとらえる必要がある。本章では、そのためにボラカイ島と南知多の二つの「脱観光化」の事例を確認してきた。

ボラカイ島は、一九九〇年代から現在まで継続して、観光開発に起因するオーバーツーリズムが環境汚染へ至る「脱観光化」の過程にある。それは、最終的には二〇一八年の大統領介入による観光の停止へと行きつくのだが、その直前の時期まで、ボラカイ島には美しかった「楽園」の喪失を嘆くノスタルジアが蔓延していた。

それと並行して、過去へのノスタルジアを基軸としながら、現在の活動において未来を志向するような連帯の萌芽が垣間見られた。昔の写真を通じて見知らぬ者同士が急速な観光開発を思い起こす。またホストとゲストが、わずかながらでも美しい過去を取り戻そうと共にビーチクリーニングにいそしむ。あるいは、環境汚染の象徴である緑の藻を過去の「楽園」の名残とすることで現在の汚染問題を読み替えていく。これらノスタルジアと並行する連帯の萌芽は、ボラカイの「脱観光化」が停止へと至る直前に現れた方向転換の兆しだといえるだろうか。もしいえるのであれば、二〇一八年の停止と再開を経た現在から未来に向けて、なにが生じうるのであろう。

南知多では、一九八〇年代の大規模観光開発を最盛期として、その後は「脱観光化」が進展している。それは最盛期という過去をまなざしながら、現在の観光の衰退を経験するというノスタルジアを内包した「脱観光化」の過程である。

ところが近年、行政による人口減少への対策が外部者に対する期待へとつながり、移住と観光の境界線上にオルタナティブ・ツーリズムの新たな潮流が生じた。つねに過去の最盛期を思い抱きながらも、そうではない可能性が偶発的に生じ（チッタナポリで撮影する観光客）、また人々は自分の人生のあるステージを他者と結んでいく（チッタナポリのオーナー）。あるいは、故郷としての南知多に戻り、集い語り共有する場で、未来を構想する（イタリア料理店サルデーニャ）。南知多では、「脱観光化」による縮小の過程で思わぬ偶然が連続し、観光と移住に関わる複数のアクターがそれぞれに方向転換を進めているようである。

ボラカイ島と南知多の観光の方向転換を推進するアクターはいずれも、過去へのノスタルジアでつながりながらも、それぞれが思い描く「過去」は異なっている。ボラカイ島のホストとゲストたちは、島への初訪問時期がいつであるか、またそれが観光開発と環境汚染のどの段階にあたるか、さらにはどのように観光と環境のバランスを意識していたのかによって、現在と比較する過去のイメージが異なっている。南知多も、一九八〇年代の大規模開発という象徴的な時期を知っているのか知らないのか、またその後衰退をたどり現在に至るまでに、どの段階でどの程度南知多に関わっているのかによって、各アクターが抱く過去の地域イメージは大きく異なる。

さらには、両地域に関わるアクターそれぞれの立場も異なっている。ボラカイ島には、観光のホストとゲスト、そして生活者という区分が大きく存在する。しかし、ホストにもゲストにも永住から短期までの居住者と移住者がおり、観光と生活の領域は乗り入れている。この曖昧な領域で、観光活動に参加するのかどうか、そして島で利益を得るのか消費するのかという複雑な立場が分岐している。南知多は、ボラカイ島に比して観光の占める比重は低く、観光活動と地域住民が生活する領域はより明瞭に分かれている。しかし、近年の移住者やUターン者への期待の高まりと観光活動への関与は、やはり生活と観光の曖昧な領域を生み出し、そこに地域住民と移住者、観光客の錯綜したレイヤーが生じている。

このように多様な過去を経験し、複雑な立場からそれらを解釈する人々であるが、しかしながら、地域に対してなんらかのノスタルジアを共有している点では一致する。[32] 若林（2022）が言うように、ノスタルジアとは、ここではない、いつかどこかの時空間である。それは始原や楽園といった、より抽象的で理想的なものでもありうる。ボラカイ島でも南知多でもみられるのは、ある地域の歴史上の特定の時点を各自が懐かしがるというよりも、広がりのある時空間をそれぞれの立場から解釈したありうべき理想が、互いに異なりながらも関わりあい、「ノスタルジアの共同性」とでも呼びうるものを構成する様相である。

そうだとすれば、ノスタルジアも「分有」されるのだろうか。各人が特異な過去や理想を互いに露呈しながら、なにかが共にそこにある。いや、むしろ各自のノスタルジアが特異なものであるからこそ、その「分有」ゆえに、それぞれに異なった、いつかどこかの未来を思い描けるのではないか。

「脱観光化」の過程で生じた、儚いつながりや関係性が、決して必然にも持続にも至らないながら、異なる時空間への想像力＝ノスタルジアによって、わずかに結ばれ未来へと開かれていく。それは失敗や無為であると名指してしまうには、あまりにもいとおしい。しかし、確固たる連帯や共同体として成立していくものでもない。「ノスタルジアの共同性」には相変わらず融合も合一も見出せない。ここまで紡いできた共同性の儚さのなかに、ノスタルジアによるわずかな未来へのポテンシャルを見出す試みは、それではどのようなプロジェクトへと実装しうるだろうか。

ありうるとすれば、それはフィールドに巻き込まれてしまった人類学者の実践として、共同性のなかに参画していくことだろう。人々がそれぞれの独自性を露呈する境界線上に私自身も参画し、「分有」の場に向かい合う。フィールドの人々が各自思い描き織りなすノスタルジアに、私がフィールドへと抱く、いつかどこかへのノスタルジアを重ね、他ならぬ個々人が向かう未来を共に構想する。

この数年で経験した、ボラカイ島をめぐるフィールドの「脱観光化」とフィールドワークの停止。南知多という新たなフィールドとの出会い。そして今まさに、新型コロナウイルスの終息を経て、再度ボラカイ島でのフィールドワークを開始するときが訪れている。

やはり刹那で儚い人類学者としての私自身のフィールドへの関わりを、これまでのフィールドワークで築いてきたさまざまな関係性をノスタルジックに抱きながら、なにかしら現在において意義あるものに、未来を展望できるようなものとして開いていけるだろうか。それが今、「脱観光化」からまなざすことができる「善きもの」の姿である。

## 注

（1）その背景には、私個人が観光研究を始める以前から、国内外のさまざまな地域を旅するなかで、数えきれないほどの出会いを経験し、そこから紡ぎえた関係性のなかでよく楽しみ、学んできた経緯がある。観光のもたらす負の側面を確認しながらも、誰もが経験しうる旅立ち、出会い、学ぶことの楽しみや幸せを、なんとか思想的な可能性として示せないか。それも、可能な限り具体的な現場の文脈に基づいて。

（2）本章で「郵便的マルチチュード」を論じるために参照した論考は、東浩紀（2017）と続編となる東浩紀（2021）までである。『観光客の哲学』は二〇二三年に増補版が刊行されているが、本章ではその議論はフォローできていない。

（3）そしてそれはおそらく事実である。その後、東浩紀（2021）では「観光客」は、アイデンティティが「訂正可能性に支えられる持続可能な共同体」（東浩紀 2021：73）として「家族」と連結され、開かれた公共性に向けての政治思想が展開していく。東浩紀にとって、「観光客」も「家族」も日常的な用法を基礎にしつつも、最終的には希望を込めて抽象化された理念型となっている。

（4）翻訳者の一人である西谷修によれば、「共同体」は「共同性」と読み替え可能である（西谷 2001）。また訳書中では、「共存在」という用語もよく用いられている。

（5）フランス語の partage の日本語への翻訳について、西谷（2001）は、旧版で「分割」としたものを新版では「分有」と改めたという。そのことにより、分かたれるという意味合いは薄くなったのではないだろうか。

（6）本書第3章では紺屋が、パラオの日本植民地統治経験者にみられるノスタルジアをコロニアル・ノスタルジアとして、帝国主義的ノスタルジアと切り分け論じている。

（7）"12 Boracay establishments dumping dirty water into sea," Inquirer.net, Aug 28, 2017.
"Time to limit number of tourists in Boracay: experts," ABS-CBN News, May 18, 2017.
"Blue waters, green shores: The environmental impact of Boracay's population boom," GMA News, March 20, 2017.

（8）閉鎖中に、大規模な排水処理施設の整備工事が実施された。また観光客の制限などの検討により、持続可能な観光活動の再開が目指された。

（9）それに対して、大統領は省庁や自治体と協力し、失業者への予算措置や雇用保障などの手段を講じた。

（10）例えば、観光客とは異なった立場で入島するため、日本のマスメディアの取材スタッフの一員として取材許可証を取得する試みなどである。

(11) もちろん、紛争や内戦、その他調査地側の事情でフィールドワークを実施できなかったり、撤退を余儀なくされた人類学者はこれまでにも数多くいる。私のそれまでのフィールドは、政治的には比較的安定した地域であったということだろう。

(12) 再開後、私は二〇一八年一二月二一日にボラカイ島を訪れ、年末年始を過ごした。その際に観察や記録した情報については、すでに別に報告している（Azuma 2020；東賢太朗 2021）。

(13) 滞在中にボラカイ島の定宿で、CNNが伝える中国武漢のコロナウイルス報道を完全に他人事として観ていた自分を思い出す。その頃の私は、グローバルな観光がいかに脆弱なものであるか、いまだ実感できていなかった。

(14) ここに、それが小さな島でも地球規模であっても、「観光化」と「脱観光化」が切り離せないコインの表裏であること、またそれが社会的な状況によって二極のいずれかに揺れたり偏ったりするという本書の視座（序章を参照）の有効性を確認できるだろう。

(15) 同様の状況として、二度の世界大戦はフィールドワークの実施にとって、著しい阻害要因となったであろう。しかし、マリノフスキーが第一次世界大戦のために帰国することができず、その偶然ゆえにトロブリアンド諸島での長期フィールドワークが実現したことは有名な逸話である。また第二次世界大戦期にも、例えば日本の人類学者による植民地での調査についての報告などがあり、戦争は必ずしもフィールドワークを阻害するだけでなく、軍事データとしての活用も含め、需要を喚起する側面もある（中生 2016）。

(16) 南知多町公式ホームページ（https://www.town.minamichita.lg.jp/gyosei/tokei/1001663/1002442/index.html, 2024.11.15）。

(17) 農林水産省海面漁業生産統計調査、平成三〇年度（市町村別統計は平成三〇年で廃止）。

(18) 二〇〇五年には隣接する美浜町と合併し、「南セントレア市」と改称することが決定されたが、住民投票により反対多数となり、合併案自体が不成立となった経緯がある。

(19) 二〇二三年九月には師崎線が廃線となり、海っ子バスと統合された。

(20) もちろん、離島へは船が利用される。名鉄海上観光船が篠島と日間賀島にいくつかの路線を運航している。

(21) 『南知多の観光』（南知多産業振興課、二〇二二年）（https://www.town.minamichita.lg.jp/_res/projects/default_project/_page_/001/001/392/r4minamichita_kankou.pdf）。

(22) 「南知多町人口ビジョン」（南知多町発行・企画部企画課編集、二〇一六年）（https://www.town.minamichita.lg.jp/_res/projects/default_project/_page_/001/001/744/jinkou_vision.pdf）。

（23）「南知多町人口ビジョン&南知多町まち・ひと・しごと創生総合戦略【概要版】」（南知多町発行・企画部企画課編集、二〇一六年）（https://www.town.minamichita.lg.jp/_res/projects/default_project/_page_/001/001/744/sougou_senryaku_gaiyou.pdf）。

（24）小野（2019）は、従来の「労働を中心とした日常生活」と「余暇活動を中心とした非日常」の二項対立に対して、現在移住者と観光客の関係が流動的になっていることを「ライフスタイル移住」の事例から示している。そこにおいては、ホストとゲストという役割すら揺らいでいる。

（25）https://www.instagram.com/explore/tags/%E3%83%81%E3%83%83%E3%82%BF%E3%83%8A%E3%83%9D%E3%83%AA/, 2023.01.19

（26）例えば、同じく南知多の「インスタ映え」スポットとして有名な野間灯台は、ハッシュタグが二万三六九一件検出された（二〇二三年本章執筆時点）。野間灯台が南京錠の願掛けで「恋人の聖地」とされているのに対し、チッタナポリはバイクや自動車の愛好者という比較的限定されたコミュニティが訪れることによる差異だと考えられる。

（27）ある不動産サイトでチッタナポリの現在売出中の物件を検索したところ、間取りや形態によるが、三五〇万円から一七〇〇万円の物件が表示された（https://suumo.jp/b/kodate/kw/%E3%83%81%E3%83%83%E3%82%BF%E3%83%8A%E3%83%9D%E3%83%AA%E3%80%80%E4%B8%AD%E5%8F%A4/, 2023.01.20）。

（28）NPO法人の活動は農業を通じた地域活性化を目指す多様なものである。主な活動に、高齢化を理由に休耕している田や畑を借り受け、オーナーや農作業参加者を募り、南知多に外部から人を集める活動などがある。

（29）NYの店舗経営の哲学は、独自かつ明確である。彼は、「もう大きな店で修行して都会に店を出す時代ではない。いかに自分で学ぶか、いかにオリジナリティを出すか、いかにその地域で受け入れられるかが重要だ」と語る。

（30）ある祝日のランチタイムには、二時間ほどで五〇枚のピザを焼いたというNYは「こんなはずじゃなかった。休日の昼の僕はピザ製造機ですよ」と苦笑していた。

（31）偶然性の必然性を問う哲学は、メイヤスーが主導している（Meillassoux 2006a, 2006b）。到来する神による死者の復活など、まったく新たに世界が変貌する可能性が私たちの共同性の儚さを救済するのだろうか。私は、デリダの「痕跡」を継承し、時空間の持続という観点からメイヤスーを批判するヘグルンド（Hägglund 2008）に賛同する。そして、デリダの影響下にあるナンシーや東浩紀も、ヘグルンドと同様に世界をまなざしていると考える。その意味で、いつかどこかへのノスタルジアに必然や持続を読み込む本章の試みも、それほど突拍子もない思考ではない。しかし、東やナンシーの思想において必ずしも必然性や持続性が志向されていない可能性は否定できず、「脱観光化」の実践のなかにそれらを読み込むことの可否は、いまだ課題として残る。人類学における理論と事例の一致にかかわる古典的な問題も含め、さらに検討の余地がある。

(32) もちろん、「ノスタルジアの共同性」をまったく共有しない一見の観光客や地域住民も想定しうる。そのような人々の存在とありうる葛藤や排除に関して事例を蓄積することは今後の課題である。

## 文献


東賢太朗、二〇二一、「ビーチリゾートで調査をする——日常と非日常のあいだで」市野澤潤平・碇陽子・東賢太朗編『観光人類学のフィールドワーク——ツーリズム現場の質的調査入門』ミネルヴァ書房、二一七-二三三頁。

東浩紀、二〇一七、『ゲンロン0——観光客の哲学』ゲンロン。

東浩紀、二〇二一、「訂正可能性の哲学、あるいは新しい公共性について」『ゲンロン』一二：三一-一〇五頁。

小野真由美、二〇一九、『国際退職移住とロングステイツーリズム——マレーシアで暮らす日本人高齢者の民族誌』明石書店。

中生勝美、二〇一六、『近代日本の人類学史——帝国と植民地の記憶』風響社。

西谷修、二〇〇一、「〈分有〉、存在の複数性の思考——あとがきに代えて」J・L・ナンシー『無為の共同体——哲学を問い直す分有の思考』以文社、二七七-二九一頁。

若林幹夫、二〇二二、『ノスタルジアとユートピア』岩波書店。

Azuma, Kentaro, 2020, "Two dimensions of 'the social': Oppression and solidarity in tourism development of Boracay Island," Koki Seki ed. *Ethnographies of Development and Globalization in the Philippines: Emergent Socialities and the Governing of Precarity*, Routledge, 143-155.

Hägglund, Martin, 2008, *Radical Atheism: Derrida and the Time of Life*, Stanford University Press.(吉松覚・島田貴史・松田智裕訳、二〇一七、『ラディカル無神論——デリダと生の時間』法政大学出版局。)

Meillassoux, Quentin, 2006a, *Après la finitude: essai sur la nécessité de la contingence*, Paris: Seuil.(千葉雅也・大橋完太郎・星野太訳、二〇一六、『有限性の後で——偶然性の必然性についての試論』人文書院。)

Meillassoux, Quentin, 2006b, "Deuil à venir, dieu à venir," *Critique*, 704-705: 105-115.(岡嶋隆佑訳、二〇一五、「思弁的実在論と新しい唯物論」『現代思想』一月号：九〇-九九頁。)

Nancy, Jean-Luc, 1999, La Communauté Désœuvrée, Paris: Christian Bourgois.（西谷修・安原伸一朗訳、二〇〇一『無為の共同体――哲学を問い直す分有の志向』以文社。）

# 第8章　「フェイク」と「オリジナル」の交錯と消失

## ――ポスト・ツーリスト化した「マサイ」

中村香子

「マサイ」ほど「観光のまなざし」にさらされ続けている人々もほかにはないだろう。広大なサバンナを背景に、赤い布をまとい高く跳躍するマサイの男性、あるいは巨大なビーズの首飾りをつけたマサイの女性の姿は、「文明」から切り離された非日常を想起させる格好の表象として、ガイドブックや旅行パンフレットを飾り続けてきた。こうした「マサイ」の姿と結びつけられた「野性」「伝統」「未開」といったイメージは、広く世界にいきわたり、過去一〇〇年以上にわたって驚くほど変わらないままである（Kasfir 2007）。

本章では、この固定化したイメージが、当事者である「マサイ」の人々にどのように作用してきたのかを詳述したい。すなわち彼らが、自分たちに対して他者がいだくステレオタイプなイメージとどのように出会い、なにを感じたか、そして観光業に従事するなかでステレオタイプをいかに利用しつつ内在化してきたのかというプロセスについて論じる。そのうえで、その内在化されたステレオタイプが、観光業とは切り離された文脈においてはいかなる重要性をもちうるのかについて「脱観光化」という概念を用いながら考察する。

観光に従事する人々にとっての「観光化」と「脱観光化」という二つのプロセスをとらえるうえで、私が着目したいのは、観光の現場で誕生し、彼ら自身がよく口にする「フェイク」や「オリジナル」という言葉である。観光というセッティングにおいて、他者のイメージに合わせるために、故郷のあるべき「オリジナル」とは異なる、あるいは「オリジナル」をねじまげるような「誤った」行為や事物や現象を、当事者である「マサイ」の人々はいかに認識しているのか、そしてそれはいかに変化してゆくのか——その約三〇年間のプロセスを紐解いてみたい。

## 1　「マサイ民族文化観光」とサンブル

本章で事例としてとりあげるサンブルとは、ケニアにおいて、マサイとともに「マサイ民族文化観光」を牽引している人々である。マサイがケニアとタンザニアの国境をまたぐ広い地域を居住域としているのに対して、サンブルはケニアの北中部に居住しており、マサイとは異なる地域に住む異なる民族グループである。しかしながら、両者はどちらも「マー語（マサイ語）」を話し、年齢体系と呼ばれる独特な社会システムをもつ。年齢体系とは、人々を性別と年齢によっていくつかの年齢範疇に分類し、それぞれに特定の社会的な役割や行動規範を付与する社会システムである。また、両者は身につけているビーズを多用した装身具や赤い布などの衣装も類似しており、さらに歌やダンスにも共通する部分が多いことから、観光客だけでなく多くのケニア人にとっても、マサイとサンブルを区別するのはとても難しい。とくに観光地においては、ほとんどの場合、サンブルも「マサイ」と呼ばれている。

お互いが区別されないことについて、マサイとサンブルの人々がどのように捉えているかといえば、彼ら自身もさして違和感はもっていないようである。その最大の理由は、両社会が酷似した年齢体系を有し、その体系に従った通過儀礼によってマサイもサンブルも、男性は「少年（誕生～割礼）」「モラン（「戦士」と訳されることもある）（割礼～結婚）」「長老（既婚男性）」、女性は「未婚」と「既婚」に大きく分けられ（Spencer 1965, 1993）、この年齢範疇の規範に従って生きていることにあると考えられる。こうした通過儀礼を規範通りに行っていくことと、彼らが自分たちを「マサイ」あるいは「サンブル」であると感じることとはつよく結びついている（Spencer 1993：中村 2011）。年齢体系というアイデンティティ基盤を共有しているという事実によって、マサイとサンブルはお互いを起源を同じくする「兄弟」と感じているのである。

実際に観光地では、ダンス・ショーなどの場面でサンブルがマサイのグループに参加して共に踊ることもあるし、その逆も起きている（写真8－1）。ブルーナー（Bruner 2005=2007）は、ケニアがイギリス植民地から独立した直後の一九六〇年代終わりに植民地期の入植者によって開始されたマサイの民族文化観光について詳述している。このもっとも初期の事例においても、マサイとサンブルは異なる民族として位置づけられながら、両者が互いのダンスに加わっていたことが示されている。

**写真8－1**　観光客向けのダンス・ショー
出典：筆者撮影

ブルーナーの記述からもわかるように、サンブルの人々が観光業に関わるためには故郷から出稼ぎに行くという方法が一般的であった。その後、限られた地域では自分たちが居住している集落に観光客を招き入れる人々が登場した。ケニアを訪れる観光客の第一の目的は、野生動物を観察する観光、あるいはインド洋岸のビーチ観光である。マサイの民族文化観光はほとんどの場合、それらのオプションとして位置づけられており、一部の人々によってごく短時間楽しまれているにすぎない。そのため、多くの観光客が訪れる野生動物保護区の入り口周辺に居住する人々だけが、自身の居住集落で観光に従事することができる。すなわち、大部分のサンブルにとって観光業に従事することは、自分たちの日常から空間的に離れることを意味していた。

サンブルの人々の出稼ぎは、一九七〇年代後半に一般的になり始めた。彼らの社会で出稼ぎに行くのは多くの場合、未婚青年の「モラン」である。一九九〇年代には過半数のモランが現金を稼ぐために都市へと向かった。その目的地は、首都のナイロビか海岸の観光地モンバサである。ナイロビで従事する仕事は門番か夜警が多く、モンバサでは観光業が多い。一九七〇～九〇年代に、モランはまったく学校教育を受けていない

**写真 8－2**　観光客に装身具を販売するサンブルの「モラン」

出典：筆者撮影

人が半分以上を占めていた。彼らは、観光地で観光客とコミュニケーションをとるために必要な英語や、ケニアの他民族と交渉するためのスワヒリ語を話すことができない。このため、言葉がほぼ必要ないために誰でもすぐにできる夜警やダンスの仕事にまずは従事する。その後、観光客とやり取りする必要がある装身具販売などの仕事を誰かのサポートを受けながら少しずつ開始し、徐々に母語以外の言語を身につけていく（写真8－2）。

## 2　グローバルな他者イメージとのファースト・コンタクト

サンブルの人々が暮らす地域から首都ナイロビまでは約三五〇キロメートル、モンバサまでは約八〇〇キロメートル離れている。初めてナイロビやモンバサといった大都会を目にするサンブルにとっては、絶え間なく行き交う車や高層ビル群など、目にするすべてが驚きである。なかでも、あちこちで目にする「マサイ」の写真や絵には特別の驚きを感じるようだ。観光立国ケニアの町にはツアー会社や高級ホテル、土産物店が無数にある。多くの看板広告、パンフレットの表紙、絵はがき、ポスターには、「マサイ」の戦士やマサイの女性の姿が用いられている。また観光客向けのホテルやレストランの室内の装飾には、彼らのビーズ装飾やトレードマークである赤い布が使われており、道を歩いているだけでこうしたものが次々と目に飛び込んでくる。

　初めてナイロビに出稼ぎに行った当時のことを、Aさんは次のように語った。彼は一九七三年生まれで、一九九〇年に割礼を受けてモラン（「戦士」）になった。小学校には七年生まで通った[1]。その後、一九九四年に二一才で初めてナイロビに出稼ぎに出た。学校の成績が優秀だった彼は、英語もスワヒリ語もその時点で堪能だった。彼は多くの観光客が訪れる土産物店で販売員の仕事を得た。

初めて見たナイロビの町には、いたるところに「マサイ」の絵や写真があってとても驚いた。人々はわれわれ「マサイ」がとても好きなのだと知った。私は外国人観光客に土産物を売る店で働いた。私の売り場スペースにはマサイとサンブルのビーズの装身具や槍、木彫りの椅子、ビーズ飾りのついたひょうたんのミルク容器など、故郷で見慣れたものが売り物としてとても美しく陳列されて、とても高い価格で売られていた。そこには、マサイやサンブルの写真集や本もあった。私はそれらを手に取った。写真に映し出された故郷の風景や自分たちの姿を見て驚いた。実際に故郷で風景や人々を見ているときも、私はそれをとても美しいと思っていたが、写真集で見ると、それはまったく違う美しさだった。本当にすばらしかった。また、自分たちの「文化」というものについて、これらの写真集や本をとおして学んだ。儀礼のことや装身具のことなど、故郷の誰もがよく知っていることが、文字として印刷されていることに「重さ」を感じた。英語で書かれているということは、つまり「白人」が読みたがり、世界中で売られているということである。自分たちの「文化」はそれほどに重要なのだと感じた。（二〇〇九年三月採録）

Aさんは、土産物として集められ美しく陳列された故郷の日用品を観光客が愛でて買い求めるのを見たり、自分たちの姿が他者の「まなざし」によって切り取られている写真に出会った。また、自分たちの生活や文化について他者が説明する文章を読むことによって、故郷では「生活」というコンテクストに埋め込まれ、空気のように意識もせずにいたさまざまなものが、そのコンテクストを剝ぎ取られているさまを目の当たりにした。首都ナイロビの仕事場である土産物店の片隅という空間で、彼にとっての故郷の日常はまさに「脱埋め込み」（Giddens 1990=1993）されたのである。これはグローバルな他者イメージとのファースト・コンタクトと呼びうる体験である。

Aさんたちが働いていたナイロビでは、サンブルの人々は洋服を着て生活している。門番であろうと観光客を相手にする仕事であろうと、出勤するときも家にいるときもシャツにズボンを着ている。しかし、観光客を相手にする仕事では、「マサイ」らしくあること、すなわち赤い布とビーズ装飾を身につけるように指示される。Aさんはこうも語った。

私が働いていた店の経営者はアメリカ人女性だった。大きな店で、ほかにもケニア人の販売スタッフが多くいたが、私だけが故郷の衣装、つまり赤い布とビーズの装身具をつけて販売するように言われた。他のスタッフ、キクユやカンバといった民族(2)の販売員はその店舗の制服を着ていた。男性であればシャツとズボン、女性はシャツとスカートの制服である。観光客は決まって私の写真を撮りたがり、私がそれを承諾すると、多くの人がお礼にチップをくれたし、私の売り場の品物を買ってくれる人も多かった。このために私の売り上げは、二〇人ほどいた販売員のなかでいつも上位だった。ほかの民族の売り子はそれに嫉妬を感じているようだった。その店の給与は少なかったが、売り上げに応じたコミッションが加算された。サンプルであることを見せることが自分の仕事を助けると感じた。（二〇〇九年二月採録）

Aさんは、自身の「『マサイ』らしい外見」が外国人観光客に喜ばれること、売り子としてそのような外見でいることが店舗での販売を大きく助け、経済的な効果をもたらすことを経験した。同様のことは観光客向けのダンス・ショーに出演することを仕事にしているモラン（「戦士」）たちによって、より顕著に経験されていた。ショーのマネージャーに彼らは、赤い布とビーズの装身具を必ず身につけて出演するように指示され、ダンスでは高いジャンプをできる限り披露するように言われる。その通りに振る舞えば観光客は喜ぶ。派手な装身具をつけていればいるほど、ダンスの終了後には観光客に一緒に写真を撮ることを求められ、その後にチップをもらえる確率もずっと高くなる。もっと稼ぎたいと思うモランの多くは、故郷に居るときよりも頭飾りや腕輪の数を増やしてショーに臨んでいた。赤い布とビーズの装身具、そして細かく編み込んだ「長髪」。この三つは観光地のモランにとって重要な商売道具となっていた。

## 3 観光の現場における「フェイク」の誕生

こうした状況下で、故郷ではありえない奇妙なことが起き始めた。すなわち、故郷では身につけるはずのない人が、特定の装身具を身につけるようになったのである。前述したように、サンブル社会には年齢体系というシステムがある。男性は「少年」「モラン（戦士）」「長老」という三つのカテゴリーに分けられ、それぞれのカテゴリーにはそれぞれの行動規範がある。モランは派手に着飾り、ダンスや歌で社会に華やぎを与える存在であるのに対して、少年がモランのように着飾ることは「らしくない」態度として誹られるし、結婚後にいつまでも着飾っている男性は長老らしい威厳がないと批判の対象になる。装身具には、その人がどの年齢カテゴリーに所属しているのかを示す「制服」のような役割があり、割礼や結婚といった通過儀礼を経て、まるで生まれ変わったかのようにがらりと装いも態度も変えるのが「美しい」生き方であると考えられている。すなわち装身具には、一つのカテゴリーから次のカテゴリーへの「変身」を演出するという重要な役割が与えられているのである。ところが観光地では、こうした故郷の「あたりまえ」に反することが起きていたのである。

私がケニアのビーチリゾートであるモンバサで観光業に従事する人々の調査を開始したとき（中村 2007）、当時モランであったBさんとCさんが助手として同行してくれた。モンバサには多くのモランが出稼ぎに来ていた。二人はこのとき初めてモンバサを訪れたのだが、到着した当日に彼らをまず驚愕させたのは、この地にモランの「フェイク」が存在していたことであった。すでにモランを卒業する儀礼をおこない、結婚して長老となっている年齢組[3]に所属する男性たちが、モランの衣装を身につけて商売していたのである。これを見たBさんは、「長老となった男性がモランの装身具を身につけているのは、本当に不似合いで、見ている私が恥ずかしい気持ちになる。故郷では、第一子が誕生した時点でまだモランの耳飾りをつけている男はいいない。なぜなら、もし彼の子どもがその耳飾りに触れ、それが耳から外れて地面に落ちれば、その男は死ぬと言われているからだ。いつまでもモランの装いをしていることはそれほどに不吉なことなのである。それにもかかわらず、彼らは完全に故郷の規範を無視して平気でいる。彼らは、（どのように生きるべきかを見失った）『迷い人』になっている」と批判した。

また、Cさんは「とても不吉なものを見た。気分が悪い」と言った。彼は自分と同じ親族集団に所属するモランに会ったのだが、その青年は数週間前に彼らの集団に属する仲間の一人が亡くなったことを知っていたにもかかわらず、剃髪して喪に服さずに、観光用の商売道具として長髪を続けていたというのである。故郷では、モランとなった男性は、モランになったその日から髪を伸ばし始める。そして、何年もかけて編み込みながら伸ばしていく。ようやく完成する「長髪」は一人前のモランであることの証であるとともに、彼らをとても魅力的に見せる重要な特徴である。けれども、同じ集団に所属する仲間が亡くなると、その集団に所属するモランは全員いっせいに大切な長髪を剃髪して、ともに喪に服す。訃報を聞いた瞬間に、それまでは自分を魅力的にしていた自慢の長髪が非常に居心地悪く感じられるという。

実際に私も、彼らの故郷で次のような場面に遭遇したことがあった。ある家の女主人がミルクティーをつくってくれていて、われわれ客人はそれができあがるのを待っていた。そこに、その家の息子が帰ってきて、私には聞き取れないほどの小さな声でなにかをつぶやいた。その瞬間、その場でミルクティーを待っていた客人のうち、モランである男性三人がいっせいに席を外した。彼らは訃報を聞くや、剃髪するために水場に行ったのである。ミルクティーを飲んでからという選択肢は誰にもないようだった。それはあたかも、葬儀に赤いドレスを着て参列しているような、いてもたってもいられない居心地の悪さであったのだろう。そう考えると、前記のCさんが感じた驚きと不快感の大きさが想像できる。

また、モンバサに到着した翌日、BさんとCさんは私と一緒にサンブルとマサイの人々が観光客向けのダンス・ショーでうたい踊るのを見た。ショーでうたう歌は、鼻歌のようにまるで意味のない歌詞を繰り返しているだけであり、「なにもうたわれていない」歌であった。観光客には意味を聞き取ることができないマサイ語の即興の歌詞を——故郷のダンスではジャンプ以上に重要な要素であるのだが——本気でうたおうとする人は誰もいなかったのである。ダンスも、観光客が飽きないようにとても短くしているし、舞台という狭い場所で踊ることができるような限定されたフォーメーションに改変され、観光客が喜ぶ垂直ジャンプだけが重要な見せ場になっていた。

実際にショーに出演していた人々は、観光客に見せるための歌とダンスについて、私たちに「これは『フェイク』であって故郷のものとはまったくちがう」と言った。マサイ語の会話に、「フェイク（fake）」という英語由来の言葉が用いられた。Bさんと Cさんは、観光用のショーが故郷のダンスとは異なっていることを十分に承知していたし、ショーでうたわれる歌の歌詞がでたらめであることになんの驚きも感じていなかった。しかし、実際に踊っている人々の口からでた「フェイク」という言葉は、Bさんと Cさんがこの地に到着して以来抱き続けてきた違和感をみごとに吸収した。「フェイク」のモランが「フェイク」のダンスを踊る。それが観光である。なぜならこれは商売なのだから。Bさんと Cさんはそのように納得できたのである。

実際に、観光の現場で働くモランたちは、「フェイク」や「オリジナル」という言葉をよく使っていた。彼らは、これらの言葉は観光客がよく使う言葉だと語った。観光客は、彼らが販売する装身具を指さして「これは『マサイ・オリジナル』ですか?」とか、「それは『フェイク』でしょう?」と尋ねるという。「観光客は、本当に『オリジナル』が好きだ」とモランたちは言っていた。そしてこの「フェイク」や「オリジナル」といった言葉を彼らなりに理解し、観光の場面で生起する不可解な事態に対応したり、予測したり、不可解な事態によって生じる違和感や驚きを説明する際に、好んで口にしていたのである。

## 4　「フェイク」がほころびを見せるとき——他者イメージの「脱観光化」

観光の場面における「フェイク」に対して、サンブルの人々は違和感や軽蔑の気持ちを抱きながら観光業に従事しているが、次の局面に展開することがある。「演じる」ことに心地よさを感じるという経験である。

Dさんは、一九九〇年に割礼を受けてモランになった。小学校を七年生で中退し、一九九二年からナイロビに出稼ぎにでた。最初は門番の仕事をしていたが、一九九七年から観光客用のダンス・ショーに出演する仕事に就いた。二〇〇〇年には、所属していたダンス・グループがアメリカで公演する機会を得て、Dさんはメンバーの一人としてニューヨークに行った。そしてDさんたちは、ブルックリンのある学校で学生を前に「マサイ・ダンス」の公演を行った。Dさんはそのときのことを次のように語る。

ダンスが終わったあとに、学生が自分たち「マサイ」に質問する時間があった。私はそのすべての質問に答えるようマネージャー（ケニア人の他の民族）に命じられた。マサイのグループのなかでは私がいちばん英語を話すことができたからだ。さまざまな質問が出たが、とくに印象に残っているのは、「マサイは成人する前にライオンを殺さねばならないと聞いたのですが本当ですか？　ライオンをどうやって殺すのですか？」という質問だった。私はとても緊張していた。学生たちの目は真剣だったし、テレビ局やラジオ局の人々が来ていて、われわれにはたくさんのカメラが向けられていたからだ。私は答えた。

「野生動物には、バッファローのように突然こちらに向かって走り出し、すべてを踏みつけてただひたすら走るものと、ゾウやライオンのように、こちらの様子をうかがいながら近づいてくるものの二種類ある。われわれマサイとライオンは、牛やヤギというわれわれの財産をめぐって、強い関係をつくってきた。マサイとライオンは、言葉こそ交わさないが、ある程度お互いの意図を分かり合うことができる。

ライオンの方がまず一度、こちらにおどしをかけて様子を見る。しかし私はそれに応えず、こちらも様子を見る。すると、相手はもう一度おどしをかけてくる。私はもう一度、それに応えない。応えないが、しかし、守りと攻めの両方を準備する。守りはこの盾だ。左手でしっかりと握る。そして攻めはこの槍。右手でかまえて狙いを定める。相手は私の様子をうかがっている。次の瞬間。三度目だ。今度は本当に攻めてくるその直前に、右手の槍が一気に奴をしとめる！　しかし、奴はまだこちらに大きなツメを向けようとする。私は盾でそれを阻止する！

　そのようにしてライオンを殺すのだ。戦士になるか、ライオンに食われて命を落とすか、その二つ以外にわれわれには道がないのです」

　こう答えながら、私は汗をかき、血が熱くなるのを感じた。難しい試験をされているような、そんな感じだった。（マネージャーに）ウソをつけと言われたわけではない。人びとが、マサイはライオンを殺すと思っているのなら、喜ばせるのが自分の仕事だと思ったし、そうしたかった。ライオンを殺すというのも、過去を遡ればウソではないんだ。（二〇〇九年二月採録）

　この話を聞き終わった私が、実際にライオンを見たことがあるのかとDさんに尋ねると、「われわれの故郷の地にもライオンはいるが、私自身は故郷でライオンを見たことはない。しかし、ナイロビの『パーク』（国立の動物孤児院）で友人が働いていて、よく遊びに行ってはライオンを観察してその動きを知っていたし、故郷で実際にライオンと出くわした人の話も、何度か聞いたことがあったので、あのように答えることができた」と言った。彼の表情や語り方には、「聴衆を手玉にとった」とか「一杯食わせた」といった感じはまったくなく、「相手が望む通りのストーリーをうまくつくって、彼らを喜ばせることができた」ことを、ただ素直に喜び、それができた自分を誇らしく感じている様子がみて取れた。

　「マサイ」をめぐる「野性的」「伝統的」「未開」という極端に固定されたステレオタイプは、さまざまなメディアを通して世界中で生産され続けているが、当のマサイやサンブルの人々は、観光という文脈の中でステレオタイプを巧みに利用し、また期待に応えてそのイメージ通りに演じようとしている。これは結果的に、流布している「マサイ」イメージを、固定化させ再生産することに大きく加担している（Nakamura 2011）。たとえば、マサイのモランによって行われていたという「ライオン狩り」の通過儀礼は、現在ではほぼ消失しているし、サンブルではそもそも「ライオン狩り」が通過儀礼として行われたことはない。しかし、こうした事実がいっこうに観光客には知られないことには、「マサイ」自身も一役かっているのである。ここで注目すべきは、「商売」という目的がなくても、彼らは喜んで相手のイメージ通りの「マサイ」を演じることがあり、その「演技」がうまくいくことに心地よさを感じているという事実である。この段階において、人々の「フェイク」に対する違和感や軽蔑は、大きなほころびを見せている。つまり、彼らはそれを「ウソ」や「偽物」という否定的なものとは、もはや感じていないのである。このとき、自分に対して他者が持っているイメージは内在化され、観光という文脈以外の場でも自分自身のアイデンティティと結びついている。この意味において、他者イメージは「脱観光化」したとみることができるだろう。

## *5*　「フェイク」の向こう側にあった「オリジナル」のほころび

観光客に向けた演出を、マサイやサンブルの人々が「フェイク」という言葉で名指したとき、彼らは同時に、その「フェイク」と対峙するかたちで、「オリジナル」としての故郷のあるべき美しい姿を認識していた（中村 2007）。しかし実際には、彼らの故郷では年齢体系に基づくさまざまな規範が、かつてないほどの大きな社会変容にさらされて、機能不全に陥り始めていた。もっとも影響力があったと考えられるのは、学校に通う子どもの急増である。学校では、まずサンブルの子どもたちにビーズを身につけることが厳しく禁止された。ビーズで飾り立てたモランと同年代の女性が集まりダンスに興じる姿は、社会全体に華やかさをもたらす豊かな光景であり続けてきたが、学校関係者はそれを、「遅れている」と批判した。「ビーズを身につけることは、『遅れた』生活を断ち切って学校で教育を受けようという気持ちを萎えさせる悪い行為である」とされたのである。そのためにある女子生徒は、制服の下にビーズのベルトをつけていたことが見つかり、教師にそれを引きちぎられてトイレに捨てられた。別の男子生徒は耳飾りをつけて学校に行ったところ、教師が授業中にそれをもぎ取って窓から外に捨てた。学校という場でいかにビーズが厳しく禁止されているかを示すエピソードの語りは枚挙にいとまがない。

一九九〇年代は学校に通うサンブルの女性が少しずつ増え始めた時期である。その頃から、とくに女性にとって「ビーズ」と「学校」は、相反する二つの生き方を象徴的に示すようになった。すべての女性は約一〇歳までに「ビーズの娘（*ntito e saen*）」になるか、あるいは「学校の娘（*ntito e skuul*）」になるかという二者択一を迫られるようになったのである（写真8－3）。ビーズの首飾りを母親から与えられている「ビーズの娘」は、モランとのダンスに参加するが、学校に通っている「学校の娘」は、ビーズの首飾りをつけることも、モランとダンスをすることも一切ない。「ビーズの娘」は布製スカートか革製スカートをはき、上半身には一枚の布を巻いてビーズの首飾りをつけているのに対して、「学校の娘」は布製スカートをはいてTシャツやブラウスを着る。ビーズの首飾りをつけないことは、女性にとって「私はモランの『ビーズの恋人[4]』にはならない」「私はモランのダンスに参加しない」という意思表明であり、サンブルとしての「伝統的な」生き方から自分自身を切り離す決意も意味していたのである。女性自身が、自分がこれからあゆむのは、「ビーズの娘」の道なのか、「学校の娘」の道なのかをつよく自覚しており、この二つの道は、サンブル女性の人生をまるで異なる民族に二分するかのように機能しているとも指摘されている（Lesorogol 2008）。

一方、男性の場合は少し異なっていた。学校教育を受けている少年の多くが、割礼を受けてモランになると、ビーズ装飾を身につけた。彼らは学校へ行くときには制服を着るが、長期休暇の時期はモランの装いで恋愛やダンスを楽しんだ。

**写真8－3**　「ビーズの娘」の妹（左）と「学校の娘」の姉（右）

出典：筆者撮影

学校に通うことは現金収入の必要性を急速に高めた。制服や靴や教科書を購入したり、試験を受けるために現金が必要となった。くわえて一九九〇年代には、たび重なる干ばつによって家畜が死んでいく一方で、開発援助などによる医療システムの充実が人口の急増をうながしており、多くの世帯では牧畜業だけで生計を支えることが不可能になっていた。社会が急激に変容するなか、当時モランであった男性たちは悩んでいた。着飾って恋愛に明け暮れるモランの生活が「楽しすぎて不安に思えてきた」とか、「モランの時代は時間の無駄なのではないか」といったように、これまでにない価値観に基づく新しい発言が聞かれるようになった。出稼ぎや観光業に従事する人々の増加もこうした変化の流れのなかに位置づけることができる。

このような時代背景のもとで、一九九七年以降になると結婚が許可される儀礼を済ませていないにもかかわらず、個人の判断で結婚を決めてモランを卒業し、長老になろうとする人々が出現し始めた。一九九七年という年は、サンブル全土でモランの年齢組の構成員を対象とする「名前のルムゲット」という儀礼が行われた年であった。(5) この年齢組は一九九〇年に「鳥のルムゲット」と呼ばれる儀礼のなかで割礼を受けてモランとなった男性たちによって組織されたが、一九九七年の儀礼は、この年齢組の成員たちがモランとして十分に成熟したことを祝福するものであった。「名前のルムゲット」の儀礼をすませる前の男性が子どもをつくる（生物学的な父親になること）のは、不吉なことと考えられている。そしてこの年齢組の成員が結婚を許可される「種ウシのルムゲット」の儀礼は、その六年後の二〇〇三年に行われた。

すなわち、一九九七年の儀礼から二〇〇三年の儀礼までの六年間は、このときのモランの儀礼的な位置が「結婚は許されていないが、子どもをつくったとしても不吉ではない」というグレーゾーンにあった。伝統的には、「母親が亡くなり、姉は嫁いでしまい、牧畜業や家事をする女性が足りない」といった特殊な家庭環境にあるモランのみがこのグレーゾーンの期間に家族のために結婚することを選択してきた。そして結婚を選んだ男性は、本来は許されない「早期結婚」という例外的な振る舞いに対するペナルティとして、年齢組のリーダーにウシ一頭を支払ってきた。しかし、一九九七年以降になるとモランたちは、このグレーゾーンを利用して結婚するという選択を積極的にとり始めたのである。

サンブル社会においてモランという時期は、家畜群を所有したり結婚して家族をつくったりするときではないとされてきた。それは派手に着飾ってダンスや恋愛に没頭する期間であり、モランたちはそれを存分に楽しんできた。しかし一九九七年以降になると「早期結婚」は、早く長老になって正式に自分の家畜の所有権を得たいと考えたモランたちのあいだで連鎖反応のように横行した。この結果、「既婚モラン」という、かつてはほとんど存在しなかった「どっちつかず」の人々が次々と現れることになった。まさに、「オリジナル」であったはずの故郷の生活の内部に無数の「フェイク」が誕生するような現象が起きたのである。早期結婚をしたいと考える人の多くは、現金を求めて出稼ぎに行ったり、近隣の集落で買い集めたヤギを転売して現金を稼ぐ仕事を始めたりした。こうした潮流のなかで、結婚したいととくにつよく望んでいたわけではなかった人々まで「自分たちは今のままでいいのだろうか」という漠然とした不安を感じるようになっていた。そして、あれほど楽しんでいた恋愛とダンスに明け暮れるモランの生活も、これまでと同じようには楽しめなくなっていた(6)。

## 6　「オリジナル」を主張するための「フェイク」の利用

その一方で、規範からの逸脱に対して批判的な立場をとる人々も当然存在した。「（儀礼が行われる前に規範を無視して自分勝手に結婚してしまう）彼らの振る舞いは、（モランとして）よくない」「彼らは汚れている」「彼らは『フェイク』だ」「われわれこそが『オリジナル』のモランである」といった発言が聞かれるようになった。「規範を無視してモランをやめる（既婚モランになる）」という選択肢が登場したことによって、「モランをやめない」ことが、「やめる」に対抗するもう一つの選択肢として立ち現れた。「オリジナル」を自称するモランたちは、自らの選択を強く肯定的にとらえつつ、より意識的に「モランである」必要がでてきたのである。こう主張する場面において、「フェイク」や「オリジナル」という言葉がしばしば用いられた。観光地で、観光の文脈に特有の現象を説明し、それに対する違和感を吸収していたはずの言葉が、故郷でも使われるようになったのである。

一九九〇年代の終わりから二〇〇〇年代の初めに「オリジナル」を自称するモランたちは、ビーズを用いた装身

**写真8－4**　造花の頭飾り「花（*maua*）」をつけた「モラン」

出典：筆者撮影

具をどんどん華美に変化させていった。首に巻くベルト状のビーズ飾りを、誰もがこぞって太くつくりなおした。腕輪も太く大きなデザインが流行し、さらにそれを両手の手首から肘まで隙間なくいくつも積み重ねた。くわえて、これまでになかったさまざまな新しい装身具も登場した。その代表的なものが「花（*maua*）」と呼ばれるプラスチック製あるいは布製の造花の頭飾りである（写真8－4）。彼らは、自分の頭をまるで花畑のように造花の飾りで埋め尽くした。この造花の頭飾りは、ビーチリゾートで観光客相手に働いていたモランたちが商売用につくり出し、それを故郷に持ち帰ったものである。故郷では、美しい花が咲いていれば、それを手折って頭にさして飾ってきたが、彼らはビーチリゾートで「造花」に出会った。誰がどこで初めて造花を見つけたのかは明らかではない。ダンス・ショーが行われていたリゾートホテルの受付かロビーであったかもしれない。あるいはレストランの店先かもしれない。いずれにしても彼らにとって、しおれることも色褪せることもなく、着飾りたいときにいつでも利用できるプラスチックや布製の花はとても便利であった。彼らは、造花の軸をビーズで飾り、軸の下に小さな櫛状に形作ったプラスチック片をつけ、かんざしのような頭飾りとした。観光地で流行したこの頭飾りは、故郷でもすぐに受け入れられてサンブル全土で流行した。サンブルの街で衣料品を扱う小さな店舗は、モランの強い要望に応じてこぞって造花を仕入れた。

　また、モランの長髪に人工毛の「つけ毛」を使うことも、この時期から行われ始めた。前述したようにモランは、特定の親族グループ内の仲間が死亡したときには全員が長髪を剃髪して喪に服す。このため、同一グループに所属するモランの髪はいつもだいたい同じ長さになる。このグループは「髪を分かち合うグループ」と呼ばれ、グループの結束もそれによって高められてきた。ところが、二～三センチほど髪が伸びたところで、「つけ毛」で長髪にするものたちが現れた。「つけ毛」があれば、本来は何年もかけてつくりあげる長髪をあっという間に実現できてしまい、ほかのメンバーと「髪を分かち合う」ことがなくなる。マサイのモランの長髪は観光客の関心の的となるため、「つけ毛」は観光の現場でまず大流行した。そして故郷でも、人工毛への批判は一部にあったものの、一定の人気を集めた。たとえば学校に通っていたために髪を伸ばすことができなかったモランが、休暇の間だけ「モランをやる」のにもとても便利であった。学校教育と「つけ毛」の普及により、同一グループに所属するモランであっても髪の長さはバラバラになった。

フェイクの髪を編み込み、フェイクの花を頭に飾ったモランたちは、全身のビーズ装飾を太く大きなデザインへとバージョンアップし、さらに、極端に数多くの装身具を身につけるようになった。それだけでなく、彼らはビーズの色使いも変えた。観光地だけでしか使われていなかった水色や金色、銀色あるいは透明色といった色を用いたバングルなどを積極的に取り入れた。また「タラガラギ」と呼ばれる直径一センチほどの円形のアルミ片を一センチほどの鎖につないだ飾りで、首飾りや二の腕ベルト、腰ベルト、ふくらはぎベルトなどを約一センチ間隔でびっしりと縁取りながら装飾することが流行した（写真8－5）。「タラガラギ」は太陽の光を受けてきらきらと輝くだけでなく、無数のアルミ片は彼らが歩くたびにチャラチャラと音をたてる。これを見た長老たちはもちろん、規範をやぶり「早期結婚」した「既婚モラン」たちでさえ、「チャラチャラチャラチャラと、娘じゃあるまいし、モランのくせに音を立てて歩くとは、なんたる『フェイク』！」と驚愕して批判した。しかし、モランたちの華やかさの追求はとどまるところを知らなかった。批判する人々は、「あれはいったい何事だ！」と驚きと嘆きの声を上げる一方で、そのきらびやかな美しさに心のどこかで賞賛をおくってもいた。誰もが彼らの

**写真8－5**　首飾りを円形のアルミ片（「タラガラギ」）で縁取っているモラン

出典：筆者撮影

新奇で華美な装いを見ることを楽しみにしていた。

サンブルにおいてモランという存在は、いつの時代も社会に華やかさをもたらしてきた。新しくモランになった人々は、それまでのモランの歌やダンス、装身具をまず継承し、そこに新たな要素を付け加えていきながら、「自分たちらしさ」を常に生み出し続けてきた。そうした絶え間ない変化のなかで、二〇〇〇年代初めのモランたちは革命的に装身具を派手にした。しかも、新しい装身具の多くが、観光客の目をひくために観光地で生み出された「フェイク」に端を発していたことは、注目に値するだろう。彼らは故郷でも、いわゆる「フェイク」を用いて一分の隙もないほどに全身を飾り立てた。観光客のいない故郷で着飾ることは、商売のためでなかったことは明らかである。それは早期に結婚して長老化し、着飾ることをやめた同じ年齢組の仲間への当てつけであったのかもしれない。ともあれ彼らは、このイノベーションによって自分たちこそが「オリジナル」のモランであるという自信を高めることに成功した。「オリジナル」を主張するために「フェイク」が活用されるという逆説的な現象が起きたのである。その後、二〇〇五年と二〇一九年に新しい年齢組が儀礼を終えてモランとなったが、彼らが身につけた装身具のデザインには、この一九九〇年代の終わりから二〇〇〇年代初めに急激に進化・増殖したものがかなり引き継がれていた。さらなる変化がさまざまに施されているが、これほど革命的にモランの身体装飾が進化した時代はこれまでになかった。

## 7　ハイブランドによる「マサイ」の利用と女性の新たな装いの誕生

二〇一二年に、キム・ジョーンズがディレクターを務めるルイ・ヴィトンの春夏メンズコレクションに、「マサイ・ライン」というものが登場した。マサイやサンブルの人々が身にまとっている赤いブランケットは、ほかのケニア人から見ると「田舎者」で「無教養」な「マサイ」の象徴であった。ところが、そのマサイのブランケットを模したスカーフやシャツが、世界有数のファッションブランドから発表されたのである。ルイ・ヴィトンに続くように、そのほかにも複数の著名なブランドから、マサイのビーズの首飾りや腕輪などのモチーフを利用したアイテムが次々に発表され(7)、マサイの「民族衣装」に世界中からこれまでにない注目が集まった。ケニアでこの流行にまず反応したのは首都ナイロビに暮らす富裕層であった。彼らはマサイでもサンブルでもない別の民族である。彼らは、マサイやサンブルのトレードマークであり、それまで軽蔑し、見下してきた赤いブランケットを「ヴィトンの『オリジナル』」として再評価し、購入してはおり始めたのである。そして同時に、土産物として観光客に販売されているマサイやサンブルのバングルや首飾りを自分たちのファッションの一部に取り入れ始めもした。

ケニアでは二〇〇〇年代に急速な経済成長を遂げるなかで富裕層が誕生した。富裕層の子どもたちの多くは、留学や旅行などで国外に滞在した経験をもっていたので、欧米のハイブランドが「マサイ」をとりあげたことは、彼らのケニア人としての誇りを高めることにつながった。同時に彼らは見慣れていた「マサイ」の人々の「民族衣装」を、グローバルに評価される「ファッション」として再評価したのである。

当のマサイやサンブルの人々は、こうした現象をどのように受けとめただろうか。自分たちの装身具を他者が身につけることは、観光業に従事した経験のある人々にとってはなんら珍しいことではなかったであろう。彼らは、観光客が自分たちの使う装身具を買い求めては、好き勝手に身につけている姿をいつも見てきたからである。しかしながら、それとは反対に、驚きをもって反応した人々がいた。それは、学校教育を受けたサンブル女性たちであった。

前述したように、ビーズ飾りは「悪しき伝統の象徴」として学校では禁止されてきた。少しでも学校教育を受けた経験のある女性たちは、ビーズを身につけないことで「私は従来のサンブル女性とは違う。伝統に縛られない『進んだ』女性である」というアイデンティティを誇示してきた。しかし彼女たちは、ほかの民族の人々、なかでも都市に暮らす裕福で教育レベルの高い人々が、ファッションとして自分たちの民族衣装を身につけ始めたのを目の当たりにして、「私たちこそ、その民族衣装を身につけるべきである」「私たちはその民族衣装を着る文化の内部の人間であり、それをどのように身につければよいかを彼らよりずっとよく知っている」とつよく感じたにちがい

**写真 8－6**　洋服と伝統衣装を融合させた衣装を身にまとう女性

出典：筆者撮影

ない。それを示すかのように彼女たちは、二〇一〇年代の半ばごろから、競ってビーズを買い求めては身につけ始めた。また、赤いブランケットをまとうだけでなく、ビーズでつくったモチーフをその上に縫い付けたり、ブランケットを裁断してドレスを仕立てたりと、新たなブランケットの使い方を編み出した。そして、ブランケット製ドレスの上にビーズの首飾りを重ねてつけた。彼女たちは、教会や政治的な集会、友人の結婚式といった着飾って出かける場面に、洋服と伝統衣装を融合させたこうした装いを取り入れた（写真8－6）。こうしてサンブル女性にとって相反するものであった「教育」と「ビーズ」は二〇一〇年代にみごとに融合し、革命的に新たな装いが誕生したのである。

## *8*　ポスト・ツーリストの感覚――「観光客のように戻ってくる」

学校教育を受けた女性たちが二〇一〇年代に新しい装いを創造したそのやり方には、一九九〇年代終わりから二〇〇〇年代初頭に装身具を革命的に進化させたモランたちのやり方と似通ったところがあった。当時のモランたちは、観光地で観光客の目を引く目的で生み出された造花の頭飾りや「つけ毛」などを故郷でも積極的に利用したが、二〇一〇年代の女性たちは、「土産物」として観光客に販売されていたが、故郷では用いられたことのないものをためらうことなく活用した。その代表的なものが土産物用の「フリンジ」つきのビーズ首飾りである（写真8－7）。このフリンジは、円形の皿型の首飾りの下についた長方形のパーツの下辺に五ミリメートルほどの間隔で一メートル前後の糸を通したビーズを玉暖簾のように垂らしたものである。これを旅の記念品として自国に持ち帰る観光客の多くは、首飾りとして身につけることはないだろう。装身具としてではなく、インテリアとして部屋の壁や扉にかけて飾るにちがいない。ケニアのホテルやレストランでも、マサイの首飾りはインテリアとして多用されている。壁や扉にかけられた円形の首飾り部分から長く伸びたこのフリンジは確かに美しい。

二〇一六年の調査時、私はサンブルの街でサンブル女性の職人がこのデザインの首飾りをつくって販売しているのに出くわした。そのマーケットは観光客が来るような場所ではなかったので、彼女は明らかにサンブルの女性に向けて販売しようとしていた。尋ねてみると、政府の仕事やNGOの仕事などに就いている女性たちからしばしば注文を受けて作っているとのことだった。とても美しいつくりだったので私はこれを購入した。当時、私は日本の国立民族学博物館で二〇一七年に行われたビーズ展のためにサンブルの装身具を集めていた。私はその首飾りを気に入って購入したものの、長いフリンジが気になっていた。そこで、一九九〇年代にナイロビの土産物屋で働いた経験をもつAさんにそれを見せながら彼の意見を聞いてみた。Aさんはこの首飾りについてこう語った。

**写真8-7**　フリンジのついたビーズの首飾り

出典：筆者撮影

このデザインの首飾りは、私が土産物屋で働いていた一九九〇年代には『マサイの結婚式用首飾り（Maasai Wedding Necklace）』という名前で売られていた。けれども、サンブルにはもちろん、マサイにもこのようなデザインの首飾りは存在していなかった。長いフリンジのデザインがいつ誰によって考案されたのかはわからないが、一九九〇年代から現在に至るまで、どこの土産物屋にもこのデザインの首飾りは必ず売られている。つまりこれは典型的な観光客向けの「フェイク」である。最近、一部の女性たちがこのデザインを身につけることがあるが、「オリジナル」のサンプル女性はこのようなものを身につけない。あなたが、博物館で「サンプルの装身具です」といってこれを飾るのであれば、フリンジはとってしまった方がいい。（二〇一六年九月採録）

従来、サンプルの女性にとってビーズの首飾りは、個人の歴史が積み重ねられる「記憶装置」のような役割を果たしてきた（中村 2022）。女性は物心つく頃に、母親が自らの首飾りをほどいてつくってくれたビーズの首飾りをつけ始める。成長に合わせてビーズを増やしてもらうため、ビーズの首飾りは少しずつ大きくなっていく。これらのビーズには、母親が自分の母親から譲り受けたものも含まれている。そして女性が年頃になると、今度は恋人が大量のビーズをプレゼントしてくれるので、それを使った巨大なビーズの首飾りをつけるようになる。その後、結婚すると、自分の首飾りをほどいたビーズを使って子どもたちに装身具をつくってやるようになり、首飾りは少しずつ小さくなっていく。それぞれの時代ごとに、ビーズの編み方や色の組み合わせ方にもゆるやかな流行があり、若い女性たちは流行に合わせて首飾りのデザインを変化させる。しかし女性たちは、首飾りづくりの過程で古いビーズを一粒たりとも捨てることはなく、目につかない首飾りの内側部分のパーツに使い、身につけ続けているのである。一方、学校教育を受けた女性たちは、ビーズの首飾りをほとんど身につけたことがなく、すでに出来上がった誰かの首飾りを借用して、あるいは、できあいの首飾りを購入してときどき身につけるだけである。彼女たちのビーズとのつきあい方は、日常的にビーズの首飾りを身につけている教育を受けていないサンプル女性のそれとはまるで異なっている。彼女らにとっては、それが美しいかどうか、そしてそれがサンプル以外の人々からサンプルらしく、あるいはマサイらしく見えるかどうかが問題なのであって、このフリンジのついた美しい首飾りが「フェイク」であるかどうかはたいした問題ではなかったようだ。つまり美しく、かつ「伝統的」に見えるという意味において、それらは十分に彼女たちの目的を果たしていたし、さらに、教育を受けていない女性たちの首飾りのデザインをそのまま模倣しないことによって、「伝統」を取り入れながらも自分たちを差別化することができたのだ。

それればかりでなく彼女たちは、ヘアーサロンでセットした髪型に頭飾りをつけられるように工夫して、ゴムで伸びる頭飾りを創出した。従来のサンブルの女性は髪を伸ばさず剃髪している（写真8－8）。しかし、洋服を身につける女性たちは剃髪せずに髪を伸ばして編み込んだり、サロンでつけ毛をつけてセットしたりする。そのため、はちまきのように耳の上に巻くビーズの頭飾りをつけるには、伸びた髪の毛は邪魔になる。彼女たちが開発した新しい頭飾りは後ろの部分がゴムになっていて、ボタンもついており、あらゆる髪型に対応できる画期的なものであった。（写真8－9）しかもこのゴムで伸びるビーズの頭飾りは、観光客にも好まれて、またたくまに観光客に販売する土産物としても流行するようになった。故郷で「フェイク」をとりいれた女性たちが、さらに新たな「フェイク」を生み出して、それが観光地でも受け入れられたのである。

写真8－8　「従来の」頭飾りをつけた女性

出典：筆者撮影

写真8－9　サロンでセットした髪型に合うように改変された頭飾りをつけた女性

出典：筆者撮影

二〇一〇年代半ばから二〇二〇年代にかけては、洋服とサンブルの伝統衣装を折衷した新たな装いの女性がサンブルの街にあふれ、この流行は学校教育を受けていない女性たちにも広がっていった。女性たちは学校教育の有無にかかわらず、髪を伸ばして洋服を着たり、洋服の上からビーズをつけたり、一九九〇年代にすでに廃れた革スカートのデザインを布で再現して身につけたりするなど、自由な装いを楽しむようになった。こうした状況を見て、一人の年老いた長老がつぶやいた。

「人々はまるで観光客のように戻ってくる」

このつぶやきの意味するところを考えてみたい。サンブル社会において学校教育を受けた人々は、自分たちの文化を「遅れたもの」として自分自身から引き剝がそうとしてきた。そして異なるもの、新しくて「進んでいる」ものを求めようとしてきた。まるでサンブルの人間ではないかのようになった人々は、しかしながら、その後しばらくすると「まるで観光客のように」、すなわち自分にはない珍しいものを愛でて求めるようにしてサンブルの文化に戻ってくるのである。この人々は、首飾りを壁に掛けて楽しむ観光客と同様に、文化的な文脈や規範からある程度自由である。彼らは「フェイク」を「フェイク」と知っているが、それを否定することはない。これはポスト・ツーリスト(8)の感覚に似て、「らしさ」や自分に似合うことや、見た目の美しさをより重視するという態度である。

## 9　「フェイク」と「オリジナル」の消失

本章では、一九九〇年代から約三〇年間にサンブルの人々が観光客の抱く他者イメージをどのように理解し、それとの関連のなかでどのように自己イメージを創出してきたのかを、装身具の変化という具体的な現象に依拠して紐解いてきた。サンブルと観光業との関わりは一九七〇年代後半から始まったが、一九九〇年代は学校教育や現金経済が急速にサンブル社会に普及した時期であり、観光業に従事する人々の数も飛躍的に増加した。初めて故郷の地を離れて観光地へと出稼ぎに行った人々は、そこで外国人観光客など外部者による他者イメージのもとでローカルな文脈から切り取られた自文化に初めて接し、大きな驚きをおぼえた。これは、観光というグローバルな営みに巻き込まれた人々にとっての「脱埋め込み」とも呼びうる経験であった。また、人々にとって観光は、出稼ぎ先で行う経済活動であり、観光客の目を引き、稼ぎを得るためには、故郷にない土産物を創り出したり、故郷の規範からは考えられない行為をすることも当然必要だった。人々は、軽蔑しながらも積極的にそれを行ってきた。そして人々はその違和感に「フェイク」というラベルをつけて、観光地での特殊な事態と位置づけ、「オリジナル」を故郷に確保しておくことで対処してきた。これは、他者イメージと出会い、それを飼い慣らして商売することに慣れていくという、サンブルの人々の〈観光化〉の初期のプロセスであったといえるだろう。

次に、他者イメージを熟知した人々がそのイメージに合わせて観光客の前で演じることに気持ちよさを感じるという段階が登場した。Dさんは商売という目的がなくても相手のイメージ通りにありたいと願い、これまでの人生で経験してきた知を組み合わせて「マサイらしい」応答を創り上げた。それは、「演技」であり「フェイク」だったのだが、彼にとってそれは、まったく否定的なものではなかった。彼はむしろ「マサイらしく」演じきれた自分を誇らしく感じていた。このとき彼のなかでは、観光客の前の自分とふだんの自分、すなわち「表舞台」と「舞台裏」という境界が融解し始めていたにちがいない。他者イメージを演じる自分自身を誇らしく感じたとき、その他者イメージは内在化され、イメージに合わせた振る舞いが〈脱観光化〉される。すなわち「フェイク」は、もはや「フェイク」ではなく、彼のアイデンティティを支える重要な要素となっているのである。

二〇〇〇年前後になると、観光地で観光客の目を引くために生み出された装身具を、故郷で過剰なまでに積極的に利用する現象が発生した。それは現金経済や学校教育が急速に普及する過程で、サンブル社会のなかで価値の多様化が進行した結果、年齢体系という「伝統的」な規範が脆弱になっていくなかで、それに抗いたいモランたちが、規範を無視するモランを「フェイク」であると軽蔑して批判しつつ、自分こそ「オリジナル」だと主張しようとする行為であった。すなわち、変わりゆく社会においてアイデンティティを揺すぶられた人々は、他者イメージを積極的に演じることによって「オリジナル」になりきりたいという欲望に駆られていたのだと解釈できる。彼らは「フェイク」と「オリジナル」の境界を必死で守ろうとしていたのだが、「オリジナル」らしさの演出のために用いられたのは、観光地で生み出された「フェイク」と名指されていた装身具であった。これは日常、あるいは人々の人生そのものが「演出された」という意味においては、〈観光化〉したとみることができる一方で、他者イメージが人々によって完全に内在化され、彼らのアイデンティティを支えていたという意味においては〈脱観光化〉したと捉えることもできる。

こうして二〇一〇～二〇二〇年代に「フェイク」と「オリジナル」は混迷のときを迎えた。それまではビーズの装身具を身につけないことで「伝統」から自らを切り離して生きてきた教育のある女性たちが、ファッションブランドによる注目をきっかけに土産物としてデザインされた「フェイク」のビーズの首飾りをいっせいに身につけ始めたのである。彼女たちは、ポスト・ツーリストのごとく「フェイク」と「オリジナル」を撹乱した。「オリジナル」である「伝統的」な文化的文脈から一線を画した場に自らを位置づけてきた彼女たちは、他者のまなざしを通して自文化を再評価し、「フェイク」を流行させて進化させた。それはたとえば、高学歴の女性が結婚式で白いウエディングドレスの上に長いフリンジのついたビーズの首飾りを身につけるという流行にも表れている。女性たちは、このフリンジつきの首飾りが土産物の典型的なデザインであり、「フェイク」であることを十分に承知したうえで、フリンジを足首にとどくほど長くしたり、材料とするビーズの色も白と金と銀を組み合わせるなど、まったく新しいデザインを職人にオーダーしたりもしている。そしてそのようにして生み出される新たなデザインは、観光地の土産物へも環流しつつ、故郷の学校教育を受けていない女性たちにも受け入れられて広がりを見せ始めている。故郷の文脈において受け入れられて進化した「フェイク」は、「オリジナル」なのか「フェイク」なのか——もはやそのようなラベルを貼ること自体の意味が消失している。

「観光客のように戻って来た」高学歴の女性たちは、従来の規範にとらわれすぎず、同時に民族の「伝統」を「よきもの」とする緩やかな態度をとっている。この態度は、価値が多様化するなか、学校教育を受けてこなかった多くの女性や、男性にとっても心地よい態度として受け入れられている。このように「伝統衣装の創造」には、相反していたものを折衷しつつ新しい物を生み出すという姿勢が認められる。こうした生き方は、社会全体の伝統に対する態度やジェンダー観にも影響を与えうるだろう。

須藤廣は、ポストモダン社会におけるツーリズムについて以下のように述べている。「観光の「客体」となった観光地の住民は、観光の記号が表象するステレオタイプでもって一方的に枠づけられ、彼らの文化表現もその枠にそったものへと方向付けられてゆくだろう。こうして観光地の「客体化」は進み、彼らの自画像もまた観光客のまなざしと同型にかたどられる。（中略）しかし、観光のアウラの超越性と固定性が失われたがゆえに、観光地住民が観光文化を創造する余地が生まれ、そこに自らの自由な表現を開花させる可能性が生まれるのである」（須藤 2012：20）。

本章で紐解いてきたサンブルの人々の三〇年間は、須藤の言葉を借りれば、まさに「客体化」が進み、彼らの自画像が観光客のまなざしと同型にかたどられてゆくプロセスそのものであったといえるだろう。そして「客体化」が極限まですすんだ果てで人々は、かつては外部から自分たちに一方的に向けられてきた「観光のまなざし」を積極的に受け取り、それを主体的に内在化して発展させている。そして、ポスト・ツーリストのような軽やかで緩やかな態度で、他者イメージの枠を越えた新しい「文化」を開花させ始めている。〈観光化〉と〈脱観光化〉の往還の果てに、「フェイク」と「オリジナル」が複雑に交錯し、観光と脱観光の境界が融解した新しい境地が、いま、見え始めている。

## 注

（1）ケニアの学校制度は一九八五年より小学校（プライマリースクール）八年、中学校～高校（セカンダリースクール）四年、その後に大学で四年学ぶ「八‐四‐四制」をとってきた。二〇二二年より、新たな「二‐六‐三‐三‐三制」（小学校前教育二年、小学校教育六年、中学校三年、高校三年、大学三年（最短））への移行が開始された。

（2）ケニアは多民族国家である。人口のなかで多数をしめているのは、キクユ、ルヒャ、カンバといったバンツー系農耕民であり、マサイやサンブルといったナイロート系の牧畜民は少数派である。

（3）サンブルでは約一五年に一度、大規模な割礼儀礼が行われて大勢の少年がモランとなり、彼らを構成員とする新たな年齢組が組織される。それまでモランだった年齢組の構成員は、年齢組としてのまとまりを維持したまま、その後数年のうちに結婚して長老となる。

（4）サンブルでは、モランが女性に大量のビーズを贈ることによって正式な恋人関係が成立してきた（中村 2004）。この慣習は学校教育の普及により二〇〇〇年以降に急速に衰退した。

（5）このときモランであった男性たちは、「モーリ年齢組」という年齢組に所属している。すべての年齢組がモランの時代に「鳥のルムゲット」「名前のルムゲット」「種ウシのルムゲット」という一連の通過儀礼を経験する。

（6）スペンサーは、モランの時期の終わりが近づくと、彼らは気分が悪くなると記述している（Spencer 1965）。

（7）マサイ以外にも、世界の少数民族の文化を欧米や日本が勝手に模倣することは、「文化の盗用」として問題視されている。一部のマサイは二〇一三年に「マサイ知的財産イニシアティブ」という団体をたちあげて、「文化の盗用」に抗議した（Brindle and Florman 2021）。

（8）アーリは「ポスト・ツーリストは、自分たちが観光客であり、観光はゲームの連続だということ、観光は多種多様なテクストをともなっていて、唯一とか正当な観光体験など一切ないということを知っている」（Urry and Larsen, 2011：178）と記述している。すなわちポスト・ツーリストとは、虚構と知りつつ、つくられた〈虚構〉を楽しむ（須藤 2012：48）ようなポスト・モダン社会におけるツーリストを指す。

## 文献


須藤廣、二〇一二、『ツーリズムとポストモダン社会——後期近代における観光の両義性』明石書店。

中村香子、二〇〇四、「『産まない性』——サンブルの未婚の青年層によるビーズの授受を介した恋人関係」田中二郎・菅原和孝・太田至編『遊動民』昭和堂書店、四一一-四三八頁。

中村香子、二〇〇七、「牧畜民サンブルの「フェイク」と「オリジナル」——「観光の文脈」の誕生」『アジア・アフリカ地域研究』六（二）：五五九-五七八頁。

中村香子、二〇一一、『ケニア・サンブル社会における年齢体系の変容動態に関する研究——青年期にみられる集団性とその個人化に注目して』松香堂書店。

中村香子、二〇二二、「『記憶装置』としての首飾りのビーズ——アフリカの牧畜民サンブル」池谷和信編『アイヌのビーズ——美と祈りの二万年』平凡社、二六〇-二七一頁。

Brindle, M. and Florman, N., 2021, The Maasai Intellectual Property Initiative: a 20th-century model for turning assets into income, *Journal of Fair Trade*, 2(2)：5-12.

Bruner, E., 2005, *Culture on Tour*, The University of Chicago.（安村克己・遠藤英樹・堀野正人・寺岡伸悟・髙岡文章・鈴木涼太郎訳、二〇〇七、『観光と文化——旅の民族誌』学文社。）

Giddens, A., 1990, *The Consequences of Modernity*, Polity Press.（松尾清文・小幡正敏訳、一九九三、『近代とはいかなる時代か？——モダニティの帰結』而立書房。）

Kasfir, Sydney L., 2007, *African Art and the Colonial Encounter: Inventing a Global Commodity*, Indiana University Press.

Lesorogol, C., 2008, "Setting Themselves Apart: Education, Capabilities, and Sexuality among Samburu Women in Kenya," *Anthropological Quarterly*, 81 : 551-577.

Nakamura, K., 2011, "Representation of the Maasai by the Maasai: Information Sharing between Scholars and Local People," *Journal of Nilo-Ethiopian Studies*, 15 : 11-21.

Spencer, P., 1965, *The Samburu: A Study of Gerontocracy in a Nomadic Tribe*, Routledge and Kegan Paul.

Spencer, P., 1993, Becoming Maasai, being in time, Thomas Spear & Richard Waller, eds., *Being Maasai: Ethnicity and Identity in East Africa*, London: James Currey, pp. 140-156.

Urry, J. and Larsen, J., 2011, *The Tourist Gaze 3.0*, Sage Publications.（加太宏邦訳、二〇一四、『観光のまなざし［増補改訂版］』法政大学出版局。）

# 第9章　観光をめぐる「ゆるやかな対立」と分断しない社会
## ――ヴァヌアツ・アネイチュム社会における「思慮」について

福井栄二郎

### 1　「どちらも正しい」はダメ？

『サバイバー――宿命の大統領』というアメリカのドラマがある。一般教書演説の最中、国会議事堂がテロにより爆破され、大統領・閣僚を含むほぼすべての国会議員が落命するところから物語は始まる。アメリカではこのような事態に備えて、大統領継承者が議事堂から離れた場所に待機する制度があるのだが、この「指定生存者」に選ばれたのが、住宅都市開発長官だったトム・カークマン（K・サザーランド）だ。議事堂爆破の直後、彼は混乱のなか、急遽、次期大統領に就任する。議員でも政治家でもない彼が、素人大統領としての真摯さで国内外の難問を解決し、大衆の心を摑んでいくという筋立てで物語は進行する。

このドラマのなかで、筆者の印象に残ったシーンがあった(1)。ある日、大統領はイスラームの国の皇太子と会談する。当初、トムは同席した年端も行かぬ女性を皇太子の娘だと認識していたのだが、会談の途中、それが彼の妻だと知る。これを機にトムは女児の結婚を非難する発言をするのだが、じつはアメリカ国内にも、法律の網の目を潜るかたちで未成年の結婚があることを知る。「人権」を旗印に大統領令を出してでも国内の幼児婚を禁止したいト

ムであったが、他方で、個々の州法に容易に口出しもできないし、なにより結婚や信教の自由は憲法で保障されている。そして次期大統領選の最中にそのような論争的な課題を持ち出してしまっては、票を失うのではないかという危惧もある。大統領のブレーンたちが意見を出し合うなか、トムは報道官の男性にどう思うかを尋ねた。彼は「どちらも正しい（They're both right）」と答えるのだが、それを聞いた大統領特別顧問の女性は間髪入れず、「軟弱者（Pussy）」と一蹴してしまう。

ストーリー上、重要なやり取りではない。だがこのシーンはアメリカ社会の——あるいは私たちの社会の——現状を示しているようにもみえる。つまり国内には多様な政治的立場や見解があり、それを政府や多くの国民は「多様性の尊重」というスローガンで後押ししている。だが多様な見解は、統一を困難にし、ときには分断さえ生む。そして市民一人一人にしてみれば、つねに自身の立場やアイデンティティを表明することが求められているのである。そのような社会のなかで「どちらも正しい」と発言することは、明確な主張を持たない曖昧な態度だと捉えられかねないし、実際、ドラマのなかでも否定的に描かれている。

本章では、観光をトピックとして、この社会の分断について考えてみたい。まず観光をめぐって対立や諍いが多く生じることを、ヴァヌアツ・ペンテコスト島の事例で確認する。次に筆者の調査しているヴァヌアツ・アネイチュム島の観光業の事例を概観する。島では観光をめぐって「ゆるやかな対立」が存在しているが、それでも島全体が二極化したり、大きく分断したりすることはない。筆者はこの点に関して、現地語の「思慮 *ecen* エゲン」という考え方が鍵になると見立てている。そこで島民たちの「思慮」概念を考察することで、社会が分断に向かわないメカニズムを明らかにしたい。

## 2　観光と分断

これまでにも観光がホスト社会に負のインパクトを与え、対立を生む要因になることは、たびたび指摘されてき

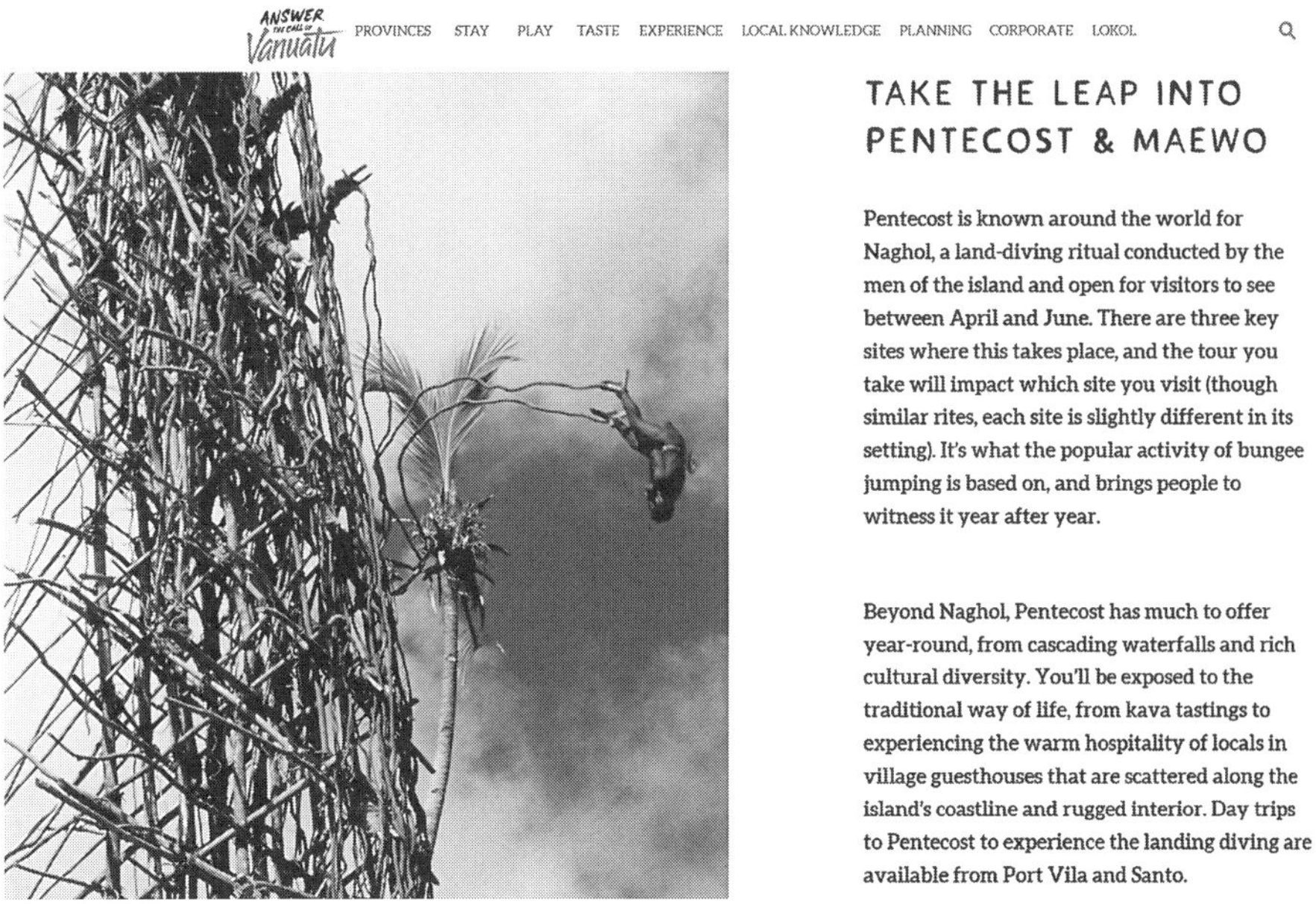


**写真9－1**　ヴァヌアツ観光局によるナゴルの紹介

出典：ヴァヌアツ観光局ウェブサイトより

た。本章の舞台となるヴァヌアツにおいてもっとも顕著な例は「ナゴル *nagol*」（「ナゴール *naghol*」「ゴル *gol*」とも呼ばれる）をめぐるものだろう。

ナゴルとは、毎年四月～五月頃にペンテコスト島南部で行われているヤムイモの収穫儀礼である。高さ三〇メートルにも及ぶやぐらを建て、足首に植物のつるを巻きつけた男性たちが、そのやぐらの上から地面にダイビングする。この一連の動作からも容易に想像されるように「バンジージャンプ」の原型だとされる。儀礼そのものは植民地期以前から存在したが、高いやぐらの建設はより最近になってから、つまり鉄斧や鉈が持ち込まれてからだともいわれている（Tabani 2010：312）。ペニスケースだけを身につけた男性が高いやぐらの上から勇壮にダイビングする姿は、いかにも観光客の目を引く。現在ではヴァヌアツを代表する観光のアイコンとして、パンフレットの表紙、カレンダー、観光関連のウェブサイト、お土産品など、さまざまなところに登場している（写真9－1）。そのため、もともと地元の儀礼だったナゴルと観光との結びつきは、これまでにもたびたび議論されてきた（Jolly 1994a, 1994b, 2016：De Burlo 1996：Sofield 2003：Tabani 2010, 2017：白川 2005）。ここではまず、その観光化のプロセスを簡単に追ってみたい。

英仏共同統治の時代、さまざまな伝統的儀礼が反白人的、反キリスト教的、反植民地政府的だとして弾圧された。一九五二年にはペンテコステ島でもカーゴカルトが行われているという疑義のもと、数名の長老が逮捕された。彼らの釈放と引き換えに、村の若者たちは駐在していたフランス人行政官の前でナゴルを披露した。それまで自分たちの儀礼だったものに、白人への見世物という新たな意味が付与された――ジョリーの言葉を借りれば「植民地的スペクタクルへと転換した」（Jolly 1994b：47-48）――瞬間である。その後、ナゴルはイギリスＢＢＣ放送のドキュメンタリー番組「楽園の人々」（一九六〇年、Ｄ・アッテンボロー監督）や、『ナショナル・ジオグラフィック』誌で取り上げられ（一九五五年、一九七〇年）、一躍有名になる。それらは「手つかずの自然と文明の及ばない秘境の先住民」のイメージを体現したものであった。

こうした西洋のまなざしが向けられることで、ペンテコスト島の人々はナゴルの商業化に着手する。それまでナゴルを中心的に執り行ってきたのは、ペンテコスト島南東部のブンラップという村であった。もともとこの村は近代的、資本主義的、キリスト教的な影響をできるだけ排除しようと努めてきたところである。だが一九六〇年代後半からは観光客向けのナゴルも行われるようになり、七〇年代になるとブンラップ村だけでなく、キリスト教を受容した南西部の他集落でも開催されるようになった。こうした変化をジョリーは次のように分析している。「この儀礼を観光客のための有益な見世物に変えることで、カストムに従いつつお金を得ることができるのはよいことなのだと、多くの人たちが考えるようになった」（Jolly 1994a：138）。この「カストム kastom」とは、ビスラマ語（ヴァヌアツの国語）で「伝統文化」を指す言葉である。その中心には自分たちの島に伝わる歌や踊りや儀礼があるが、それだけではなく村落生活の指針となる思想全般を意味することもある。

現在でもナゴルは重要な観光資源である。かつては年に一度の儀礼であったが、現在では4月から6月にかけて、毎週、それも複数の村で行われている。この時期になると首都からはチャーター便が飛び、多くの観光客をペンテコスト島へと運ぶ。コロナウイルスのパンデミックで、海外からの観光客は一時的に途絶えたが、国内居住者向けのツアーは盛況のようである。例えばヴァヌアツの有力紙『デイリー・ポスト』の二〇二一年六月一四日付紙面には、「ペンテコスト島のナゴル、地元観光客を魅了」というタイトルの記事が掲載されている。

現在、世界的に有名なナゴル（ランド・ダイビング）の開催時期で、国境閉鎖中にもかかわらずイベントは予定通り行われており、ポートヴィラからの地元観光客が頻繁に訪れている。……（首都に勤務する観光局職員の談話として）ローカルツーリズムの最大のメッセージは、ツアーや観光活動は外国人だけのものではなく、地元の人々も参加できることだと彼女は言う。（ヴァヌアツは）多言語・多文化の国なので、どの島にも異なる文化があり、ある島出身の国民が他島に赴き、その地の文化を体験するというのは、一生もののエキサイティングな体験であると（同職員は）語る。……また彼女は、ナゴル観光のよい結果を受けて、自分たちがこれまで行ってきたプロモーションが徐々に実を結び始めていると感じており、ヴァヌアツ国民の観光に対する考え方も少しずつ変化しているのではないかと話す。（VDP、二〇二一年六月一四日、括弧内は筆者による）

こうして国内有数の観光資源となったナゴルであるが、同時に多くの問題を生んできた。有名なものとしては、植民地期の一九七二年、イギリスのエリザベス女王が訪問した際に起こった事故がある。女王の来訪は二月の雨季であり、ナゴル本来の時期からはずいぶんと早い。当然、反対意見も出たが、だからといって女王の予定を変えることはできない。結果、半ば強行的にナゴルを行ったが、足を結ぶつるの強度がまだ十分ではなく、ジャンプの際に切れてしまい、ある男性が女王の目前で墜死してしまった。このときのナゴルは、これまで中心的に執り行ってきたブンラップ村の運営ではなく、アングリカンの信徒たちが中心となって実施したもので、場所も変えて行われた。それゆえ事故後には「カストムを遵守するブンラップ村」対「キリスト教を受容し、ナゴルを商業化しようとする村」という対立が顕在化することになった。

また観光化は大量の現金収入を現地にもたらしたが、その収益の分配をめぐってたびたび諍いが生じた。実際、旅行会社と交渉し、コミュニティへの分配金を差配できるのは一部のビッグマン（政治的有力者）だけであるが、彼らの資金管理が不透明だという批判は後を絶たない（Cheer, Reeves, and Laing 2013：445-446）。またジョリーは、一部の男性だけがより多額の収益を得て、女性は少ない配当しか得られないことから対立が生じていると報告している（Jolly 1994a：144）。

こうした村落内での対立にくわえ、人々のなかには儀礼のイニシアチブを旅行会社や観光客に握られてしまうのではないかという不安や危惧もあった。この点に関して白川は、「一九八〇年代初頭になると、ツアー会社をはじめとする外部からの儀礼に対する干渉を排除しようという姿勢が強まり、観光客の受け入れを拒否することも検討された」（白川 2005：176）と述べている。一九八三年には、伝統的儀礼と観光のバランスを適正に維持するという意図のもと、ペンテコスト島南部の観光評議会が設立された。だが、九〇年代に入ると、観覧料の分配などをめぐって内部で対立が起こり、ブンラップ村など複数の集落が脱退を決めた。

このような状況を受け、ヴァヌアツ政府は一九九五年にナゴルの禁止をほのめかす。理由は、過熱する商業化と村落間の対立だけではなかった。海外でナゴルの映像が流れる際に、誤った解釈や歪曲された演出が後を絶たなかったのも大きな理由である（Tabani 2010：317）。カストムの保護・発展を目的とする国立機関であるヴァヌアツ文化センター（Vanuatu Cultural Centre）は、二〇〇六年一月、外国企業による商業映画・映像の撮影に対して一時的禁止措置（モラトリアム）を決定するに至った。

これらの問題は、文化的所有権（cultural ownership）――カストムを語る権利は誰にあるのか――という問題に収斂できる（Forsyth 2012）。例えばソフィールドは、観光業者や観光客の影響力が強まりつつあった一九八〇年代の状況を踏まえ、地元住民が抱える不安と、彼らがナゴルを主体的にコントロールしようとする動きを、この文化的所有権という言葉で捉えようとしている（Sofield 2003）。また白川は、この問題を「観光業者」対「地元住民」

ではない視点から論じている。つまり、九〇年代になり、先の観光評議会の分裂や村々の対立の背景には、「自分たちこそナゴルの正当な担い手である」という主導権争いが存在しているのだという（白川 2005：186–187）。実際、一九九〇年にブンラップ村がオーストラリアの映画撮影のためにエファテ島でナゴルを行おうとした際には、ペンテコスト島のチーフ評議会が抗議を行い（Jolly 1994a：140）、逆に九二年に別の村がヴァヌアツ北部のサント島でナゴルを行おうとした際にはブンラップ村のチーフらが抗議し、裁判にまで持ち込まれた（白川 2005：183–184；Tabani 2010：315）。

現在でもこの問題はくすぶり続けている。二〇一五年四月には、なたで武装したワワン地区の若者一五〇人がパナス村からロノロレ空港まで行進し、空港近くにあるナゴルのやぐらを観光客の目の前で破壊するという事件が起こった。ブンラップ村のチーフは『デイリー・ポスト』紙の取材に対し、ロノロレ空港がある一帯は、サ語を話すいわゆる「南部ペンテコスト地域」ではなく、(2)「本来の地（the true home of the Nagol）」ではない場所でナゴルを行ったからだという談話を発表した。また彼は次のように主張する。「観光客は明らかに不愉快だった。なぜなら彼らはパフォーマンスを見るために金を払っているからだ。しかしわれわれの側としては自分たちの権利（our right）を守らなくてはいけない」（VDP、二〇一五年四月二八日）。くわえて、空港周辺でナゴルが行われてからの八年間、ロノロレの人々には収益が分配されているが、南部ペンテコストの人々には支払われていないという不満も漏らす。「ツアー会社が、観光客を飛行機でロノロレ空港に連れてくることが原因だ。ナゴルのやぐらまでは歩いて一分。彼らはショーを見た後、飛行機に乗ってすぐにポートヴィラへと帰る。南部ペンテコストの陸上・海上の移動手段、パンギ村のバンガローや民宿、工芸品店などは、なにも得ていない」。チーフの主張からも明らかな通り、ここにはペンテコストの南部と中部という対立構造が見て取れる。(3)

またナゴルをめぐる問題は決してローカルな諍いに留まらず、知的財産権の問題など、ローカルと国家、あるいは国家間の争いにもなりうる（Tabani 2010：Forsyth 2012）。つまり観光は小さなコミュニティに暮らす人々の対立の火種となり、その対立はよりグローバルな問題へと展開していく。

こうした問題を踏まえ、観光の商業化や文化政策の策定については、現地の声を最優先にすべきだという論調は少なくない（Sofield 2003：Martin 2010）。観光がアイデンティティ表出の場であることはこれまでにも多くの議論があるし（第5章を参照）、それはナゴルも例外ではない。ゆえに現地の住民がより大きな声を上げ、政府や観光業者がそれに耳を傾けることが重要だという主張は理解できる。だが大きな声は、より大きな対立を生むというのもまた事実である。実際、ナゴルをめぐっては、村落間、ペンテコスト島の南部と中部、伝統主義的な村落とキリスト教の村落という対立構造が顕在化している。現金の分配をめぐって、あるいはカストムの所有権をめぐって、容易な解決は見込めず、「われわれ」と「彼ら」が互いに批判しあい分断が深まるだけのようにもみえる。

またチアらは、今後のナゴルのあり方について次のように述べる。「いつ、どこで、どのように領有するのかというナゴルの管理は、（ビッグマンのような）時代遅れの家父長的権威ではなく、より現代的で民主的なコミュニティ全体の合意によって支えられなければならない」（Cheer, Reeves, and Laing 2013：450 括弧内は筆者による）。しかしビッグマンの権威を失墜させ、「現代的で民主的」なやり方を導入することは――分配金の問題に関しては解決するかもしれないが――彼らのカストム全体を弱体化することにも直結する。南部ペンテコストはヴァヌアツのなかでも「カストムが強い」とされる地域であり、そのカストムの中心にいるのがビッグマンたちなのである。チアらの提案はあくまでも「観光」の文脈における解決策であり、人々の日常を律するものとしてカストムを捉えたときには、あまりに安易な解決策だといえる。

そう考えると、自分たちの意見を競うように主張しあうことも、民主的な制度を導入することも、あまり賢明な選択肢ではないのかもしれない。他方、土着の概念を参照しつつ、人々がいかに諍いを回避しているのかという点は、これまでほとんど考察されてこなかった。そこで本章では、アネイチュム島における「思慮 *ecen*」という概念に着目する。そこには観光をめぐる対立を抑止するだけでなく、社会全体を維持させる機能があることが明らかになるだろう。

## 3　クルーズ船観光と脱観光の流れ

### アネイチュム島におけるクルーズ船観光

上述のナゴルも含め、ヴァヌアツの基幹産業は観光業である。地理的に近いオーストラリアからの観光客がもっとも多い。現在、観光客がヴァヌアツを訪れる手段は二つある。航空機かクルーズ船である。ヴァヌアツの空の玄関は首都ポートヴィラのバウアフィールド国際空港で、シドニー、ブリズベン、オークランド、ヌーメア、スヴァといったオセアニアの主要都市とつながっている。他方、近年盛んになってきたのがクルーズ船観光である。シドニーやオークランドを出港し太平洋を周航するもので、その停泊地としてヴァヌアツのいくつかの島が選定されている。表9－1は二〇一二年から二〇二三年までのヴァヌアツの観光客数の推移を示したものである。二〇一〇年代は年間三〇万人前後の観光客を受け入れていたのだが、新型コロナウイルスのパンデミックにより二〇二〇年三月に国境をロックダウンした。それ以降、観光客はゼロとなったが、二〇二二年七月より観光客の入国を再開している。

本章の舞台となるアネイチュム島（Aneityum）はヴァヌアツ最南端の島である（図9－1）。人口は約一〇〇〇人で、島民たちはタロイモ、マニオクといったイモ類の栽培を中心に自給自足的な生活を送っている。アネイチュムには電気もガスもなく、当然、豪奢な観光ホテルなどもない。こ

**表9－1　ヴァヌアツの観光客数の推移**　（人）

| 年 | 飛行機 | クルーズ船 | 合計 |
|---|---|---|---|
| 2012 | 88,085 | 213,243 | 301,328 |
| 2013 | 89,253 | 247,296 | 336,549 |
| 2014 | 86,239 | 220,205 | 306,444 |
| 2015 | 63,625 | 197,471 | 261,096 |
| 2016 | 71,088 | 256,482 | 327,570 |
| 2017 | 83,465 | 223,551 | 307,016 |
| 2018 | 91,726 | 234,567 | 326,293 |
| 2019 | 95,849 | 135,357 | 231,206 |
| 2020 | 17,166 | 60,401 | 77,567 |
| 2021 | — | — | — |
| 2022 | 23,859 | 34,554 | 58,413 |
| 2023 | 66,478 | 263,578 | 330,056 |

出典：VBOSの資料をもとに筆者作成

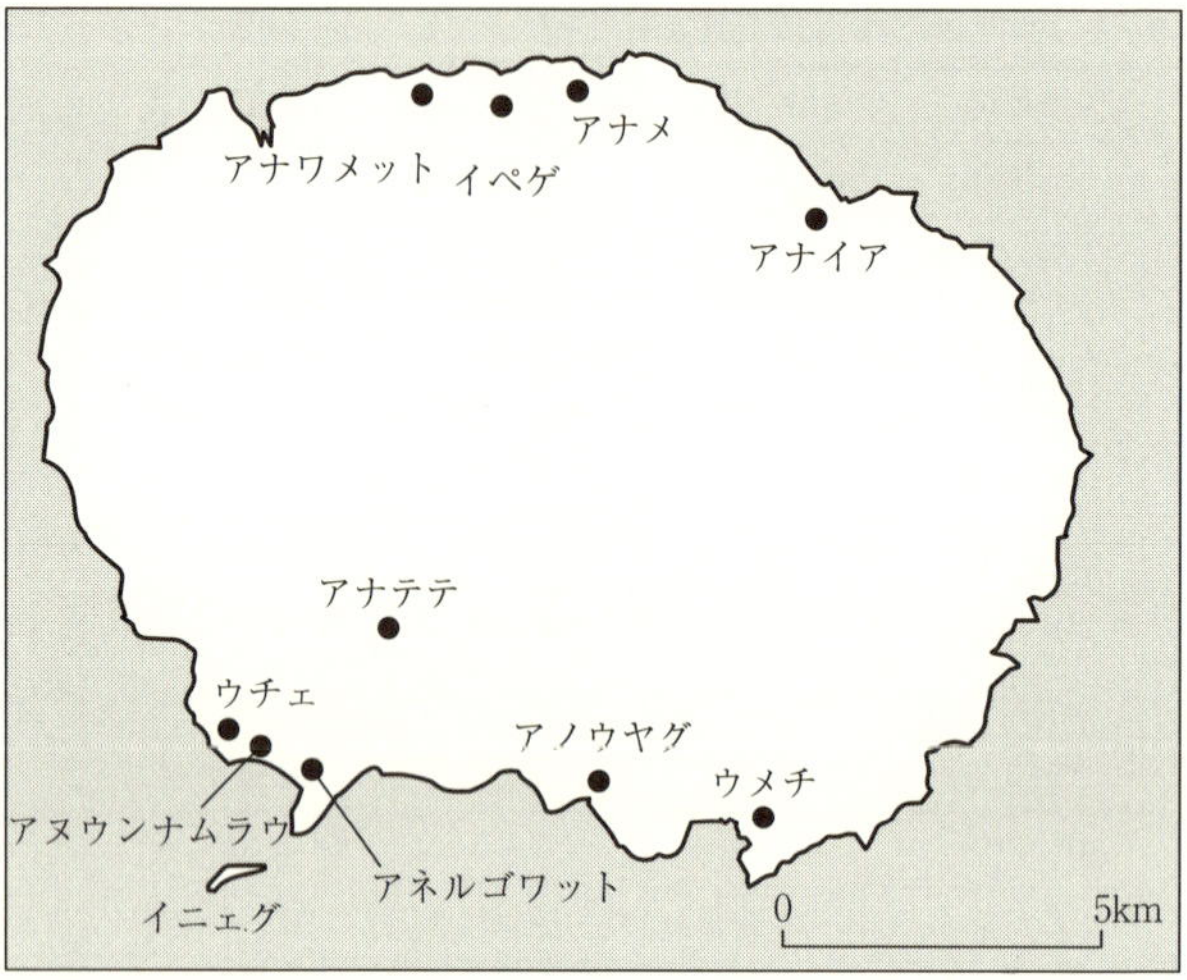


**図９－１**　アネイチュム島

出典：筆者作成

のアネイチュム本島の南西沖にイニェグ（*In̆ec*）という珊瑚礁でできた島が浮かんでいる[4]。数十分歩けば一周することができる小島で、普段は無人だが、白い砂浜、揺れるヤシの木、蒼い珊瑚の海という南国の楽園を画に描いたような景観を有している。そしてここを目当てに、先の大型観光クルーズ船がやってくる。

クルーズ船には二〇〇〇～三〇〇〇人の観光客が乗船している（写真９－２）。船内には映画館、プール、レストラン、クラブ、フィットネスジム、カジノといったアミューズメント施設もあり、観光客たちは洋上でも飽きを感じずに長い船旅を楽しむことができる。ツアーによって停泊地や旅程は異なるが、アネイチュムの他には、同じヴァヌアツのポートヴィラ、フィジーのスヴァ、ニューカレドニアのイル・デ・パンなどに停泊することが多い。早朝、クルーズ船が沖に投錨した後、下船した観光客は日光浴や海水浴、買い物などを楽しみ、夕刻には別の停泊地へと向かう（写真９－３）。

アネイチュムにクルーズ船が訪れるようになったのは一九八三年からだとされる。企画したのはクルーズ船観光で有名なP&Oクルーズオーストラリア社（現在はカーニバルコーポレーション社傘下）であった。その後クルーズ船観光

**写真9－3**　海水浴を楽しむ観光客
出典：筆者作成

**写真9－2**　ロイヤルカリビアン社の巨大なクルーズ船
出典：筆者作成

が好評を博すことによって、二〇一〇年頃以降には寄港回数も急増する。またP&O社だけでなく、ロイヤルカリビアン社、カーニバル・クルーズ社なども参入し、二〇一八年の調査では、年間に合計八一回の寄港予定があった。コロナ禍で観光客は一時的に途絶えたが、二〇二三年以降、クルーズ船の運航も徐々に再開している。P&O社のウェブサイトで確認すると、二〇二三年一月～一二月に、同社のクルーズ船だけで二三回の来航予定がある。

クルーズ船が来る日は、二〇〇人ほどの島民が本島からイニェグへと渡り、観光客の相手をする。具体的にはいくつかの形態がある。その一つ目は土産品の販売である。イニェグ内の「マーケットプレイス」という一画には、八〇店舗ほどの露店が並んでいる。パンダナスの葉を編んだバッグや団扇、マットといった手作りの民芸品もあるが、ポートヴィラで仕入れてきた既製品（「ヴァヌアツ」と書かれたトランプや腰布、Tシャツ、キーホルダーなど）を売る店も多い。店員のほとんどは女性である。二つ目は土産品以外の店舗やアトラクションである。「人喰い族」に扮した島民が、観光客を大型の釜で煮て食べてしまうポーズを取り、それを観光客が写真に収めるという「人喰いスープ」のアトラクションは人気を博している。また店舗としては、マッサージ店、髪結屋などが人気で、他にはシュノーケリングのレンタル店やカフェ、ロブスターを提供する店もある。そして三つ目はオプショナル・ツアーである。船外機付きボートに観光客を乗せ、沖合で飼育しているウミガメを見に行くツアーや、シュノーケリングスポットに連れていくツアーなどがある。こうした観光客と直接やり取りするアトラクションとは別に、ガードマンやイニェグの清掃といった仕事もある。いずれにせよ、島には観光業以外に収入を得られる仕事がほとんどないので、この観光業は誰でも参入可能な現金獲得手段となっている(5)。

アネイチュムでは基本的に自給自足的な生業で暮らせるが、多少の現金も必要になる。これまでは親族の誰かが都市部に出稼ぎに行き、島に送金するのが一般的であった。だが、島の観光業が盛んになると出稼ぎは不要となる。職種や天候にもよるが、一回の来航で一人あたり一〇〇〇～五〇〇〇ヴァツ程度の収入になる(6)。これが年間数十回となると――しかも夫婦や近親がそれぞれに稼ぐと――島の生活では十分すぎるほどの現金を得ることができる。現在、島民たちに聞き取りをすると、「ポートヴィラよりもアネイチュムの方が稼げるし、逆にポートヴィラに仕送りしている人もいる」という声をよく耳にする。実際、島民たちは一〇〇万ヴァツ近くする新品のボートや、数十万ヴァツ相当のソーラーパネルを競うように購入している。

## ゆるやかな対立

だが、観光業が盛んになるにつれ、島民のなかに意見の相違が出始めた（福井 2017, 2022）。おおまかに図式化するなら、観光をもっと発展させるべきだとする「観光推進派」（主に若者）と、観光はほどほどでよいと考える「観光慎重派」（主に高齢者）である。本書の趣旨に合わせるならば、前者はさらなる「観光化」を目指し、後者は「脱観光化」を志向している。本書の序章において、観光化／脱観光化は真逆のベクトルを持つものとして示されているが、アネイチュムの社会はどちらか一方に移行しているのではなく、社会全体が両方向に引き伸ばされている点にその特徴がある。

「観光推進派」にとってなにより魅力的なのは現金である。現金があればこれまで手に入れられなかった電化製品やボートが購入できるのだ。若者たちがこれらの新奇なモノに心惹かれることは想像に難くない。また政府や企業が行うインフラ整備も、島民にとっては大きなメリットとなる。例えば二〇一〇年には通信会社によってイニェグに携帯電話用のアンテナが設置された。二〇一四年には本島にコンクリート造りの立派な銀行が開業し、P&Oクルーズ社の寄付によって、島に一軒だけある施薬所が立派なコンクリート造りのものにリニューアルされた。さらに現在では観光客が安全な水を飲めるように、本島からイニェグにパイプを敷設するという政府の計画もある。通信アンテナや水道パイプは、一義的には観光客向けのものであるが、島民たちもこうしたインフラ整備の恩恵に与ることができる。

他方、「慎重派」の理由は少々複雑である。概していうならばオーバーツーリズムなのだが、人によってポイントが異なる。まず「多忙さ」を挙げる人が多い。観光客が来る日は、一日中、島が大騒ぎになる。早朝には本島からイニェグに渡って、観光客を迎え入れる準備をしなくてはならないし、夕方にクルーズ船が出航してからは、掃除や後片付けをする必要がある。イニェグから本島まではボートで二〇分ほどだが、そこから自分たちの集落まで徒歩で帰るとなると、帰宅は深夜に及ぶこともある。観光客が来ない日も、レンタル品の整備があるし、土産品を売る者はその製作・発注などがある。またココナツやロブスターを売るには、それを調達しなければならない。とにかく人々は多忙になり、二〇一八年の調査で筆者が何度も耳にしたのは「生きていくのは楽じゃない（*Et itiyi top upni numu*）」という語りであった（Fukui 2020 : 100）。

このことと関連しているのが、生活が変化したことへの危惧である。多忙になると、畑仕事が疎かになる。また教会やコミュニティでの共同作業を休む者も出てくる。そしてなにより、現金経済が浸透することで、それまでの自給自足的な生活から、米や缶詰やインスタントラーメンを買う生活へと変化する。こうしたライフスタイルの変化は、多くの人たち――とくに高齢者――にとってみれば「カストムの衰退」と映る（Fukui 2020 : 100-104）。

このように観光をめぐって島民たちは「推進派」と「慎重派」に分かれつつある。だが両者が明確に衝突したり、言い争ったりしているわけではない。また今後の観光のあり方について態度を明確にしない者、「よくわからない」と答える者も多くいる。こうした現状に鑑みて、筆者は島の現状を「ゆるやかな対立」と称してきた。そして前稿では、分断の拡大を抑止するものとして「分配（*akro* アクロウ）」という理念・実践があることを指摘した（福井

2017)。つまり近親のネットワークを通じて、観光業に否定的な者や、直接携わっていない者のところにも観光の恩恵（現金や種々のモノ）が分配されるのである。結果として、島民間の経済的格差や不平等が拡大するのを防ぎ、それゆえ大きな反対の声もあがらない。本章は、このアクロウとは別の土着の道徳観をもとに、ゆるやかな対立が存在しながらもいかに社会が分断しないのかを考察してみたい。

## 4　二つのカストム・ツアー

繰り返すが、普段から「推進派」と「慎重派」が反目しあっているわけではない。だが時折、なにかの事件を契機として、このゆるやかな対立が露呈することがある。「カストム・ツアー」もその一つである。じつはアネイチュムの観光業がこれほど活況を呈していない時期から、このオプショナル・ツアーは行われていた。筆者自身は二〇〇一年の時点で調査を行い、伝統文化の真正性という視座から論じたことがある（福井 2006）。

はじめに二〇〇一年当時に行われていたこのツアーを概観してみよう。まずイニェグ内に伝統的な家（*nïom*）を建てる。現在、島民たちの一般的な家は「サモアの家」（*nïom Samoa*）と呼ばれ、木材や板で壁面を作る。壁面が木材だと窓を刳り貫くことができ、そこから採光ができる。これに対し、アネイチュムの伝統的な家は葦葺きの「倒れた三角柱」の形をしている。葦だけの壁面だと窓を作ることができず居住には不向きなのだが、他方で垂直の壁面がないので風に対する抵抗力が強く、現在でも台風避難用として数件が島内に残っている。この伝統的な家をイニェグ内に建てて、観光客に観てもらおうというのである。またその家の前で、パンダナスの葉を用いたマット織りを実演したり、観光客に歌や踊りを披露したり、ツアーの最後にはカヴァ[7]を試飲してもらったりする。つまりアネイチュムのカストムを商品化したのである（写真9-4、写真9-5）。

ところが、このカストム・ツアーに対して島内から批判が出た。具体的には、歌（*noyag*）と踊り（*namauyag*）に対してである。このクレイムを理解するには、アネイチュムの社会構造を把握する必要がある。詳細は別稿（福井

**写真9－4**　観光客の前で踊りを披露する

出典：筆者撮影

**写真9－5**　伝統的な家を案内する

出典：筆者撮影

2024）で論じたので、ここではその要点だけを示す。一九世紀半ばからのキリスト教化以前、アネイチュムは島全体が七つの政体（*nelcau*）に分かれていたとされる[8]。その政体は下位の集団（*narinelcau*）、さらに下位の集団（*nararinelcau*）へと分節化され、最終的には複数の親族集団（*netec*）に分かれていた。そしてこの親族集団がそれぞれ異なる職能・役割（*naca*）を有しており、政体全体を支えていた。具体的には「タロイモを育てる」「ブタを育てる」「台風を呼ぶ」「チーフを代弁する」といった職能・役割であり、このなかに「歌や踊りを披露する」という職能もあったとされる[9]。各々の親族集団には、その職能に応じた——つまりタロイモを大きく育てたり、台風を呼んだりする——特殊な呪術や技術があり、他の集団には秘されていたという。

その後、一九世紀半ばからアネイチュム社会は西洋と接触し、大きく変容する。とくに大きなインパクトを与えたのが、キリスト教への改宗と疫病による人口減少である。これに伴い、政体や分節化された社会構造自体が維持できなくなった（福井 2024：69-113）。ゆえに今では、かつて誰がどの集団に属していたか、どの職能・役割を担っていたか、という記憶は定かではない。また知っていたとしても、そうした呪術や技術が実践されているわけでもない。つまり「昔はこうだったかもしれない」という言い伝えの域を出るものではない。

ただ現在でも「歌や踊りを披露する」親族集団の血を引くと考えられている人物が、島に一人だけいる。本島の南西部ウチェ集落に暮らす高齢女性である。この女性に近しい親族がカストム・ツアーに難色を示した。ここでは便宜的に、カストム・ツアーをはじめに企画・実施した人たちを「グループA」、他方これを批判した側（高齢女性の近親たち）を「グループB」と呼ぶことにしよう。グループBの人たちにしてみれば、グループAの人たちは、歌や踊りを金儲けに利用していると映った。本当なら自分たち（正確にいうと高齢女性）にこそその権利があるのに、彼らはそれを無視したというのである。

グループAの人たちにとって分が悪かったのは、グループBのなかに島のカストムについてもっとも詳しいとされる男性（X氏）がいたことである。当時、X氏は四〇代半ばだったが、彼のカストムの知識量は島のどの老人よりも抜きんでており、一目置かれる存在であった。その彼が「歌や踊りの権利は自分たちにある」と言い出したのである。グループBの人たちは概して高齢者が多く、もともと観光には慎重な態度を取っていた。他方、グループAの人たちは観光を盛り上げていこうという若者が多く、彼らが観光客に提供できる「商品」を探した結果、たどりついたのが島のカストムであり「カストム・ツアー」であった。この点からもわかる通り、このクレイムは「観光推進派」と「観光慎重派」の最初期の対立だったともいえる。ただし、クレイムはグループAの人たちに直接言い渡されたわけではない。X氏をはじめ、グループBの人がカストム・ツアーに対して否定的なことを言っているのが、噂としてグループAの人たちの耳に入ったのである。

折しも二〇〇〇年代前半は、島でカストムの復興が声高に叫ばれた時期でもあった。先述の通り、一九世紀から二〇世紀にかけてアネイチュムの伝統的な社会構造は大きく変容したのだが、人口が回復すると、それに伴い土地権争いなどが頻発するようになった。そこで自分たちのカストムをもう一度かつてのように機能させようという機運が高まったのである。カストムに詳しいとされる高齢者たちが代表となり、何度も「伝統会議（*intasalep*）」が開かれ、カストムの立て直しが図られた。その際に大きな影響力を持ち、実際にリーダーシップを取ったのがこのX氏であった。「正しいカストムとはなにか」「かつてのカストムはどのようなものであったか」が島内で盛んに模索されるなか、観光の文脈とはいえ、カストムをいいかげんなかたちで売りものにするわけにはいかない。グループ

Aの人たちもそう考えた。結局、このカストム・ツアーは数年で中止されることになった。

ところが、この騒動は数年後に再燃する。二〇一二年頃から、このX氏が中心となり、今度はグループBの人たちが観光客相手にカストム・ツアーを企画したのである。彼らは観光客をカヌーに乗せ、本島にある自分たちのウチェ集落にまで連れて来た。そこで昔話や神話を聞かせ、軽食を提供し、歌や踊りを披露した（Wood 2021：205）。

これに反発したのがグループAの人たちである。先述の通り、X氏はもともとカストムを尊重する立場なので、観光そのものに対しては慎重な態度を取っていた。それだけではない。彼は行き過ぎた観光開発に警鐘を鳴らし、カストムを疎かにする若者たちに対して、しばしば公の場で苦言を呈してきた。そのX氏が翻意し、観光客相手にカストムを披露し始めたのである。「結局、彼も金儲けがしたいのだ」という陰口が流布した。またX氏は「伝統会議」でたびたび「正しいカストム」について言及したが、歌や踊りに関しては「作曲や創作ができるのは男性だけ」とも口にしていたようだ。だが観光客に披露していたのは、近親でもある先の高齢女性がアレンジを加えたものだとされる。もしそうだとすれば「正しいカストムに反するのではないか」という批判が出るのも当然であった（Wood 2021：209）。

ところがこの問題はあっけないかたちで終焉を迎える。二〇一五年に超大型サイクロン「パム」がヴァヌアツを襲ったのである。とくにヴァヌアツ中・南部の被害は甚大で、アネイチュムも他島同様に大打撃を受けた。島の南西部は海岸線が変化してしまい、観光再開後もカヌーが着岸できなくなった。結果、思わぬかたちでツアーは中止となった。さらにこのX氏も糖尿病を患い、二〇二一年に急逝してしまう。

## 5　エゲンとシヴィリティ

### エゲン概念

このように観光のあり方をめぐって島民たちの間に意見の相違はあるし、ときおり中傷のような批判も耳にする。

だがそれでも社会全体が二極化したり、分断したり、大きな格差が生じることはない。あくまでも「ゆるやかな対立」で留まっている。ここで考慮すべきはアネイチュム社会の――ひいてはオセアニア社会の――文化的特徴である。それは社会問題に対して、人々があまり公の場で正面切って議論しないということである。彼らはそうした態度を「エゲン *ecen*」という言葉で示す。

「エゲン」を言語学者リンチらが編んだアネイチュム語の辞書で引くと、「敬意（respect）、誠実さ（honour）」と記載されている（Lynch and Tepahae 2001：71）。日本語の意味を追記すれば、「思慮、慎み深さ、配慮」という含意もある。具体的にいえば、人の悪口を言うことや、ケンカ、対立などは「エゲンに欠ける」とされ、彼らにとっての美徳ではない。人々はそれを「低い（*upopo*）／高い（*ijinis*）」という対義的な比喩で表現する。つまり思慮があり、穏やかな気質の人は「低い」態度だと言われ、反対に攻撃的で自分勝手な人は「高い」態度だと称される（Wood 2021：112）。

観光の文脈でいうと、例えば稼いだ現金を近親に分配（*akro*）することは軽い義務である（福井 2017）。だから手に入れた現金を独占し、自分のためだけに使ったり貯金したりすることは「エゲンがない」。だが他方で、稼いできた親族に対してしきりに無心するのも、これはこれで「エゲンに欠ける」行為だと非難されることになる。

アネイチュムでは観光を統括する団体（Mystery Island Tourism Holding Limited：ＭＩＴＨＬ）を立ち上げ、ここで管理運営、旅行会社との調整、アルバイトの募集、島民からの出店料徴収などを行っている。旅行会社からの多額の上陸料を管理するのもこの団体である。そして島民たちの噂にしばしばのぼるのが、その運営方法、とくに資金の管理が不透明なのではないか、ということである。だが、この団体に直接クレイムが寄せられることはほとんどない。団体を運営しているのは、カストムの番人のようなチーフでも、また島の有力者や高齢者でもない。ゆえにペンテコストのように「ビッグマンの判断に服従せざるを得ない」という状況ではない（Cheer, Reeves, and Laing 2013：445-449）。ただ、明確な証拠もないのに公然とＭＩＴＨＬを批判してしまえば、島民たちの関係に亀裂が入る。それゆえ、噂は噂のまま公にはならず、この団体の運営方針は黙認されている。

先のカスタム・ツアーをめぐる対立も、結局、公の場で議論されることはなかった。筆者はかつて「クレイムがあるならば、直接、伝えてみてはどうか」とグループBの人（X氏とは別の男性）に言ったことがある。あるいは「伝統会議」に議題として提起するというやり方もある。この会議は、なにか問題が起きたときに中立的な立場から解決を図る、いわば「裁判所」のような機能も果たしている。ゆえに、ここに申し出れば、カスタムを語る権利――この場合、歌や踊りを商品にできるのは誰なのか――について島の合意を得ることができる。しかし彼は「それは彼ら（グループAの人々）に対してエゲンがない（*Et itiyi ecen*）。そんなことをすれば、もっとひどい諍い（*ned-wo*）になる」と答えた。さらに、「（自分たちはグループAのやり方に批判的だが、他方で）彼らも正しい（*atoh*）。観光で私たちのカスタムが強くなるなら、それはよいことだ」とも述べた。

こうした彼らの言動から考えられるのは、たとえ見解の相違があっても、他者に対して一定の「思慮深さ」が求められるという点である。それによってより大きな衝突――究極的には社会の分断――を防止しているのだともいえる。

同様の例は、ソロモン諸島サンタ・イザベル島のアアラ社会を調査したホワイトも指摘している。彼は、大勢の人が集まる場でのスピーチでコミュニティ全体の結束や統一がよく語られることに着目する。この社会では、利己主義的な言動や住民同士の対立は、個人（間）の問題であるだけでなく、コミュニティ全体に不幸をもたらすと考えられている。ゆえに暴力、中傷、悪口、ゴシップなど対人関係を悪化させる言動は厳しく非難される（White 1985:348-350）。逆に、親切、共感的、協力的という人間関係を円滑にさせる要素が、彼らにとって積極的に評価されることであり、彼らのリーダーは、このよき言動と平等性をもって社会を連帯させることが求められる。

アネイチュムに話を戻すと、このエゲンという言葉がしきりに飛び交ったことがあった。アネルゴワット村のチーフ継承問題が浮上したときである。ここでは要点のみを概観する。二〇〇〇年にアネルゴワット村のチーフ（*natimarid*）N氏が亡くなった。通常、チーフは父系的に継承されるが、N氏には子どもがいなかった。また彼自身も前チーフの養子であり、アネイチュムの「血（*inja*）」の論理からすると、少し正統性を欠くものであった。こうしたなか、先の「伝統会議」が次期チーフ候補者の選定に着手した。彼らはまず、N氏から遡って四代前までのチーフの家系をすべて洗い出した。誰が誰の子で、誰が非嫡出子（いわゆる「路の子（*inhalav u nefalañ*）」）なのか。その場合「本当の父」は誰なのか。一方で「私こそ次期チーフ」と自ら「立候補」する者も数名いた。一〇年以上にも及ぶ長い議論が行われ、伝統会議のメンバーたちは「正しい」家系図を完成させるに至った。

　そして彼らは数名の候補者を挙げ、そこに優先順位をつけた。彼らが重要だと考える要素は、①チーフの家系に父系的なつながりがあること、②チーフの家系に母系的なつながりがあること、③（血縁的なつながりはなくてもよいが）チーフの親族集団（*netec*）の成員であること、④集団を統率可能な能力を持つことである。それらを考慮した結果、彼らは次期チーフ候補者を一人に絞った。だがこれで終わりではない。候補者の人格がチーフにふさわしいか、つまり④をさらに発展させた資質が試されるのである。その際に、彼らがしきりに口にしたのが「エゲンがあるかどうか」なのである。この点に関してアネイチュムでフィールドワークを行ったウッドは次のように述べる。「今日、よきリーダーとは、どんな状況においても地に足をつけ敬意を払うことで――つまり比喩的に低くあり続けることで――謙虚さを体現した人物であり、それは短気で軽率で、頭が高い（hold his head high）態度の人間とは対照的である」（Wood 2021：112 強調は筆者による）。つまり、自分本位な言動を取らず、争いをせず、平和裏にリーダーシップを取れる人物なのかどうかがチェックされたのである。例えば「立候補」した者のなかには、自らをしきりにアピールする者もいたが、これはエゲンがないとされた。またこのチーフ継承問題によって、人々が派閥に分かれ対立することも、エゲンに欠ける行為として会議から何度も警句が言い渡されていた。結局、選出された候補者が正式なチーフとして認められたのは二〇一九年、前チーフのN氏が死去してから一九年が経過してからであった。

### シヴィリティ

社会分断の抑止を考えるときに、この「思慮」「寛容さ」が重要なキーワードになるというのは、なにもアネイチュムに限ったことではない。例えば二〇一八年のアメリカで、当時トランプ政権の中枢にいたサンダース報道官がレストランへの入店を拒否されるという事件が起こった。背景には、レストランオーナーおよび従業員の、トランプ政権への反発（とくにエスニックグループや性的マイノリティに対する差別的政策への抵抗）があった。この事件が公表されると、国民の見解は大きく分かれた。一方には、自分の意にそぐわない政権（政治的見解）であっても、抵抗・反発には一定のルールが存在するべきだという立場がある。ましてやレストランという、ある意味で生存に関わる「インフラ」を提供している店が、見解の相違を理由に入店拒否をするのは言語道断だと考える人は少なくない。他方で、人は礼儀に反してでも自分の正義や信念を貫徹し、他者に訴えかける権利を持つという考え方もある。過度に沈黙し必要以上の配慮をすることは、問題の本質を覆い隠してしまうというのである（寺田 2019：23-24）。

こうした問題は、政治学において「シヴィリティ（civility）」や「寛容さ（tolerance）」の問題として議論されてきた（Orwin 1991：Edyvane 2017：田島 2020）。多様性や個人の自由を尊重するアメリカでは、とくにその議論の蓄積がある。また現在では、SNS上でのヘイトスピーチやマイクロアグレッションの問題もあり、シヴィリティの構築はより喫緊の課題として浮上している。もともとシヴィリティは「エチケット」や「マナー」と区別しにくい概念であるが、ヨーロッパにおいては（テーブルマナーのように）階級制を浮かび上がらせ、他者との差異を強調するものとして機能していた。しかし、平等性が原則となった近代以降のアメリカの市民社会では、ヨーロッパ的なシヴィリティ概念では不十分で、多様性と平等を両輪に据えた独自のシヴィリティ概念が彫琢される必要があったとカルフーンは分析している（Calhoun 2000：258）。

シヴィリティや寛容さは、概していえば、意見の異なる者に対して、自分の意見を強く押しつけないことでもある。日本でも「政治と宗教とスポーツの話はするな」という言葉がある。その先に待っているのは、より大きな諍いや対立でしかない。それを回避したいのであれば、自分の主張を相手に押し付けてはならないし、相手の意見に正面から対立してはならない。いみじくもオーウィンが述べるように、「よい塀は、よい隣人を作る」（Orwin 1991：560）のである。適度な一線を引くことは、隣人と衝突せず、互いのプライヴァシーを守るための作法だと考えられていた。

だが先のカルフーンは、異なったシヴィリティ観を展開する。彼女は、シヴィリティとは単に「他人に思いやりがある」とか「相互に尊重しあう」ことではないと主張する。さらに、社会通念や道徳とも異なる概念だともいう。その一例として、かつて米軍にあった、性的指向を「訊くな、言うな（Don't Ask, Don't Tell）」という規則を挙げる。独立戦争以来、米軍では同性愛者であることが公になると除隊を命じられた。そこでクリントン政権が性的指向を問うてはいけない、言ってはならないという規則を一九九四年に制定した。これは、ある意味で同性愛者への「配慮」だともいえる。だが、同性愛者は規律を乱す、あるいは劣ったものであるという差別的規範は温存されたままである。つまり、不道徳な社会規範によって支えられたシヴィリティだと、カルフーンはいう（Calhoun 2000：263）（実際、この規則はオバマ政権下の二〇一一年に撤廃される）。彼女は、シヴィリティとは意見の異なる他者を道徳的存在とみなし、対話を進めつつ「道徳とはなにか」を考えるコミュニケーション行為であると考えている。だが同時に、それはしばしば既存の社会規範や道徳観に亀裂を入れ、より大きな対立を生むリスクも内包している（Calhoun 2000：265）。

こうしたシヴィリティ概念の源流を、ベジャンは歴史学的に考察している。具体的にいえば、ウィリアムズ、ホッブズ、ロックという一六～一七世紀の思想家たちのシヴィリティ観を比較することで、現代との関連性を見出そうとしている（Bejan 2017）。当時、カトリックとプロテスタントの間で非難の応酬が繰り返されるなか、異なる思想を維持しつついかに両者を共存させるのか、ひいては社会を統一させるのか、ということが早急に求められていたのである。

本章においてとくに重要なのはウィリアムズとホッブズである。ウィリアムズは政教分離を主張した宗教家、思想家として有名であるが、近年では彼のシヴィリティ観がヌスバウムらの研究によって再評価を受けている（Nussbaum 2008, 2012）。ベジャンはウィリアムズのシヴィリティ観の要諦は、彼がたびたび用いる「meer」という修飾語にあると考える。「meer」は現代英語においては「mere」となり「最小限」「不十分」を意味するが、ウィリアムズの時代には「pure」「unmixed」「absolute」という意味があったという。そしてそこにはある種の普遍性も含意していた。つまり「meer」なシヴィリティは、どんな異教・宗派であっても――その表現方法は異なるものの――すべての人間が有しているものだとウィリアムズは考えた。逆にいえば、彼の政教分離的思想はここにも表れていて、シヴィリティの問題は宗教の領域ではなく、それをキリスト教的な友愛や慈善として語ることには断固反対した。「（ウィリアムズにとって）シヴィリティとキリスト教を融合させることは、同時に、市民社会への参入のハードルを高く設定し、また宗教的コミュニケーションのハードルを低く設定しすぎることになる。人間が人間として有する「meer」なシヴィリティは、それがあまりにも一般的であったからこそ――それは天井ではなく、むしろ床であった――、寛容な社会の絆として正しく機能したのである」（Bejan 2017：60-61 強調は原文）。当時、ウィリアムズが居を構えた新大陸東部には、彼と対立するキリスト教宗派が幅を利かせており、またすぐ近隣にはネイティブアメリカンたちも居住していた。ウィリアムズはシヴィリティによって寛容な社会を構想したが、彼自身は決して友愛的な文化相対主義者ではなかった。ベジャンはウィリアムズの著作を引用しつつ次のように述べる。「彼（ウィリアムズ）は「彼ら（先住民）の習慣のほとんどを忌み嫌う」と公言している。ウィリアムズは地元の部族を「あらゆる種類の淫行者、偶像崇拝者、呪術師」だと非難し、「……（先住民たちが）どんな良心で嘘や窃盗や淫行や殺人を行っているのかについて、すでにその悪名が知れ渡っている」と主張した」（Bejan 2017：64 括弧内は筆者による）。

　彼は時として同僚に、他宗派に、そして異教徒に批判の牙を剝いた。その言動が「インシヴィリティ」とされ、結果、マサチューセッツの入植地から追放されることになるのは皮肉なことだ。だが、そこにこそ彼のシヴィリティ観があらわれているとベジャンは分析する。つまり、相手が誰であれ「meer」なシヴィリティを有していると確信するからこそ欠点や過ちを指摘し、ときには悪態をつくことになっても対話を継続するのである。「彼は……「meer」なシヴィリティという概念を展開した。それは、他者や彼らの信念を侮蔑することと両立し、また時としてその侮蔑を表出させることにもなる、文化的に定められた敬意ある言動に対するルールを最低限、順守することでもある。……この最低限のシヴィリティは、その本質的な不快さにもかかわらず、基本的な不一致への関与を維持しつつ、代替案を示すことよりも、より多種多様な差異を実際に和解させることができるのである」(Bejan 2017：14)。

他方、ホッブズも、礼節や寛容さを手掛かりに市民社会の統一を彫琢した一人であるが、そのアプローチはウィリアムズとはまったく異なるものであった。彼の人間観は『リヴァイアサン』に記された第八の自然法に端的に示されている。

憎悪あるいは軽蔑のあらゆるしるしは、闘争を挑発するものであって、たいていの人は、復讐しないでいるよりも、むしろ生命をかけることをえらぶほどであるから、われわれは、自然法として第八の場所につぎの戒律をおくことができる。「だれも、行為、ことば、表情、身ぶりによって、相手に対する憎悪または軽蔑を表明しないこと。」(Hobbs 1651=1954：248)

あるいは彼の最初の政治学書である『法の原理』には次のような警句が書かれている。

わたくしたちが相手に向かって憎悪や軽蔑を示すしるしは、すべて必ず紛争と戦争を呼び起します。したがいまして、なんぴとも侮辱したり、罵ったり、あざ笑ったり、その他なんらかの方法で他人にたいして憎悪・軽蔑・軽視を示したりしないということが、当然に自然法のなかにふくまれていなければなりません。(Hobbs 1927=2016：170　強調は原文)

ホッブズにとって意見の違いは敵意を生む要因でしかなく、それは国家や社会を分裂させる火種だと考えられた。ゆえに彼は論争的話題に関しては沈黙を課した。ベジャンはそれを「シヴィル的沈黙 civil silence」と呼ぶ (Bejan

2017：98-101）。

ウィリアムズとホッブズの違いは明白である。「ウィリアムズが、その困難さにもかかわらず、寛容さのために、オープンで活発な、そしてしばしば福音的な相違がもたらす常識外れの利点を主張したのに対し、ホッブズはそこに危険性しか見出していない」（Bejan 2017：85）。換言すれば、ウィリアムズは徹底的な議論を通じて差異や多様性を狭めようとしたのに対し、ホッブズは沈黙を条件としてある程度の多様性を容認しようとした。両者のシヴィリティ観はそのように要約できるかもしれない。

現代の日本やアメリカ社会を考えてみたとき、これら二つのシヴィリティ観のどちらか一方ではなく、その両者が継承されていることがわかる。ベジャン自身は、現代アメリカ市民社会の源流――とくに信教の自由や言論の自由――をウィリアムズに求めているが（先のカルフーンの議論はその端的な例である）、もちろんその流れだけではない。「政治と宗教とスポーツの話はするな」「よい塀は、よい隣人を作る」というホッブズ的シヴィリティも、私たちの社会には脈々と受け継がれている。

この両者を対極にあるモデルとして考えると、アネイチュムのエゲン概念は、徹底的対話を求めるウィリアムズよりも、沈黙を要請し、それ以上の対立を回避するホッブズのシヴィリティ概念に近いように思える。ただし、島民へのインタビューデータを微細に分析すると、大きく異なる点も見えてくる。

## 6　アネイチュムにおける多様性とエゲン

観光推進派の若者に意見を聞いた際、その典型例は以下のようなものである。「カストムは大切だけど、現金も大事。今では、なにをするにもお金が必要だ」。実際、二〇一七年の論文では、当時三〇代男性の意見として次のような声を記載した。「現金は子どもの学費のために必要だ。妻が（観光客相手に）働くのを好んでいないので、どちらかというと自分が働くことが多い。これまではみんなポートヴィラやタンナ島に出稼ぎに出ていたが、島で仕事ができるなら、それはよいことだ。ここで働けば、家族と離れて暮らさなくていい」（福井 2017：202）。この男性はアネイチュムの観光開発を推進し、より多くの観光客が来ることを求めている。だが同時に、彼は島のカストムの「保護派」としても有名な人物である。これまでにも「伝統会議」でカストムに関する議題が上るごとに彼はそこに参加し、「アネイチュムの正しいカストム」についての自説を積極的に開陳してきた。実際、彼の言う「家族と離れて暮らさなくてもいい（＝家族と共にいる）」というのは、カストムのもっとも重要な理念でもある。このように観光に積極的な若者（とくに高学歴の若者）が、同時にカストムを遵守し、保守的な思想をもっているというのは決して珍しいことではない。

他方で観光慎重派の典型例は次のように要約できるだろう。「今では現金も必要だけど、島の生活ではカストムがなにより大切」。先のX氏は、島でもっともカストムに精通し、影響力を持つ人物であった。彼はことあるごとにカストムの重要性を語った。「今や私たちは大きな変化のなかにいる。観光客は増え続け、生活も変化している。しかし、果たしてこれでいいのだろうか。若者は畑に行かず、現金ばかりを追い求める。ここはポートヴィラではない。シドニーでもない。私たちは私たちのカストムを大事にすべきだ。しかし今の私たちのカストムは、私たち本来の（*atoh*）カストムではない。これは誰のカストムなのだ?」（Fukui 2020：103）。これはある儀礼の際のスピーチであるが、彼がカストムを重要視していること、そしてそれが観光によって「浸食」されていくと考えていたことがうかがえる。だが先述の通り、彼もまた観光客相手にカストム・ツアーを企画していた。また民芸品や土産品を売る店舗に売り子として立つこともしばしばあった。

そう考えると、大まかに二派の意見に分けられるとはいえ、じつは極論として観光に賛成／反対している者はほぼ皆無である。慎重派に聞き取りをしても「現金が必要」だと述べるし、推進派に話を聞いても「カストムは大切」だと口にする。個々人のなかにある程度の偏りがあるにしろ、「どちらも必要」だと考えている。だからこそ先のカストム・ツアーをめぐる問題でも、グループBの男性は、グループAの人たちの考えに対して「彼らも正しい」と言うのである。

先にアネイチュムのエゲンとホッブズのシヴィリティが類似していると示唆した。確かに両者とも、論争的な問題を正面切って論じることを是としない。それはさらなる対立と社会の分断を招くからだ。だが、ホッブズのシヴィリティが「闘争に結びつく」というリスク回避の視座に支えられているのに対して、エゲン概念はそうではない。むしろ彼らは、対立する意見もある程度は理解できるからこそ、意見の異なる他者に配慮し、沈黙しているのだといえる。

じつはこの点は政治学的議論の盲点をつく重要性を有している。これまでのシヴィリティ（あるいは社会の分断や多様性）の議論では、ある問題に対して、各個人が「賛成／反対」「右派／左派」に分かれることが前提とされていた。つまり極論と極論、「一〇〇か〇か」「白か黒か」の妥協なき対立である。それはマイノリティの権利回復や社会運動にみられるように、「彼らと私たちは絶対的に異なる」という点を強調し、戦略的に本質化しつつ、差異の政治に基づく承認を求めることにも通じている。確かにそこに一定の政治的意義はあるだろう（Habermas 1990=1973：Fraser and Honneth 2003=2021：Honneth 1992=2014：齊藤 2008）。だがそれは基本的に「顔の見えない社会」における戦略である。換言すれば、現代の欧米や日本のような「多様性を認める社会」とは、その多様性が強調されればされるほど、ある立場や見解は極端に本質化され、異なる意見を持った他者は共約不可能なものとして措定される社会でもある。ホッブズの議論において、他者とは完全に共約できないという前提があったからこそ、彼は架橋すら禁じた――それこそが「シヴィル的沈黙」の本質だった――のである。

だが「顔の見える社会」であるアネイチュムにおいてはそうではない。人口一〇〇〇人の島ではすべての人がなんらかの親族関係を有し、儀礼、交換、婚姻、そして教会活動を通じて関係性が維持されている。島民たちは、毎日、顔を合わせながら何年何十年と共に生活を送る。社会の変化も、時折起こる自然災害も同じように経験し、子どもたちの成長や島民の生死も共に見ている。観光に関しても、推進派／慎重派と意見の違いこそあるものの、それでも極論に走る者はいない。推進派が「カストムは大切」と語り、慎重派が「現金も必要」と考える。これは決して奇異なことではない。あるいは冒頭のドラマのエピソードで述べたような「軟弱」な考え方でもない。島民みんなが、距離の近さゆえ、それぞれの考えていることを「正しい」「一理ある」と思っているのだ。それを踏まえると、彼らのエゲンとは、共約不可能な他者を措定し、その他者との衝突を避けるための「思慮」ではない。自己と他者をできる限り近い距離に保ち、「顔の見える社会」を維持するための概念であり、実践なのである。

アネイチュムを含めオセアニアの社会は「一枚岩」を原則として構成されている。そしてエゲンは、共約不可能な他者とそれを前提とした多様性を生まないための概念であるともいえる。現代の西洋的社会観からすれば、均質で多様性に欠ける社会に見えるかもしれない。だが小さなコミュニティのなかでも意見が分かれることは、本論で示した通りである。彼らが意見の異なる者に対して「彼らも正しい」と言うとき、それはそれぞれ自分の内部に「他者」を内包し、その内なる「他者」と対話した結果、出てくる言葉である。アネイチュムにおける「他者」は断絶の彼岸にいるのではなく、隣人として存在し、幾分かは自己のなかにも内包されている。エゲンはこうした「他者」との対話を経て表出される「思慮」なのである。

## 7　現地社会から考える観光

5節でホワイトの議論に触れたが、彼が示唆しているのは、メラネシアの小社会でもっとも避けなければならないことの一つが社会の分断だということである。じつはアネイチュム島民が「あれはエゲンがなかった」と悔やみながら回顧する出来事がある。一九七〇年代後半から、旧ニューヘブリデスでは独立に向けての機運が高まった。英仏共同統治という特異な植民地形態に起因して、住民たちは「英語話者・プロテスタント」と「仏語話者・カトリック」に二分していた。「独立」の二文字が現実味を帯びると、各地で衝突が起こり混乱が生じた。アネイチュムも例外ではない。独立を争点として彼らは対立した。放火や暴力事件も頻発した。それまで島民の大部分が一ヶ所（アネルゴワット村周辺）に暮らしていたのだが、結果として「仏語話者・カトリック」の住民が南西部のウメチに新たな村落を開拓し、大挙して移住することになった（福井 2024：115-137）。島民たちにとって、この独立前後の混乱期がキリスト教を受容して以来、もっとも分断した時期であった。その頃の騒乱を知る者は、「ああいうことは繰り返してはいけない」「島は一つでないといけない」と口々に語る。

ナゴル儀礼の事例で述べたように、観光業も一つ間違えば社会全体を分断させるリスクがある。本書の序章で、東が「観光化／脱観光化」について概念化を行っているが、観光化あるいは脱観光化は、現地社会を大きく揺るがすダイナミズムを有している。ましてやアネイチュムのように、一つの社会がそのどちらにも引っ張られているという現状にあっては、そのリスクはより増大する。だが真逆のベクトルは必ずしも人々の分断を生むものではない。本章では、彼らのエゲン概念を手掛かりに、いかに社会が分断しないかということを考察した。エゲンはアネイチュム流のシヴィリティ概念だともいえるが、それを理解するには、西洋のものとは異なる彼らの社会観・人間観にまで踏み込む必要がある。

観光現象そのものは全世界を巻き込んだグローバリゼーションと連動しているが、その波に対処するのはつねにローカルな概念であり実践である。そして観光人類学の意義は、このグローバルな動態をローカルな視点から描き出す点にこそ存する。

注

（1）『サバイバー――宿命の大統領』シーズン三、第二話。

（2）このブンラップ村チーフの主張の根拠は、パナス集落から五〇〇メートルほど北（ロノロア空港から数キロメートル南）に流れるパンボ川が「南部」と「中部」を分ける境界線だという点である。だがこれに関しては諸説あり、彼の見解が必ずしも正しいわけではない。

（3）『デイリー・ポスト』紙では、その後、この問題をめぐって数名の人物が寄稿している。ある者は「問題の本質はナゴルの開催場所にあるのではなく、南部ペンテコストチーフ評議会の覇権争いにある」と主張し、別の者は「自分とその家族こそがナゴルの正当な権利を有する」のだと訴え、また別の者は「ナゴルのアイデアは自分が生み出した」と語っている。

（4）観光客には「ミステリーアイランド」の愛称で呼ばれており、観光パンフレットや、旅行会社のウェブサイトにもそのように記載されている。イニェグには飛行場が敷設されており、定期便がある日（週に一〜二回）は、人と荷物が本島との間で往来する。

（5）定期的に賃金が支払われる仕事として、小中学校の教員と看護師がある。とはいえ、教員は全国転勤があるので、島にいる教員が必ずしもアネイチュム島民とは限らない。また看護師は島に一人だけである。

（6）ヴァツ（vatu）はヴァヌアツの通貨単位。一ヴァツは約一・三円。

（7）カヴァ（Piper methysticum）」はコショウ科の灌木で、その根を水で揉みだした液体を飲めば酩酊感を得ることができる。ヴァヌアツだけでなく、メラネシア、ポリネシア地域で広く飲まれている嗜好品である。

（8）現在ではこのような政体は存在しない。また政体の数には諸説あり、「六つ」「八つ」という説もある。ここで「政体」と訳した *nelcau* は、字義的には「船」を意味する。

（9）現地語でイニャウポウ（*Inyaupou*）と呼ばれたネテグだと推測される。「強く結んだ紐」を意味する。イニャウポウの仕事は多岐に及んだが、歌や踊りはその重要な役目であったとされる。リンチの辞書には「副チーフ（under-chief）」という記載があり、クジラ（*inyau*）に関連する語だという（Lynch and Tepahae 2001 : 142）。

**文献**

齊藤純一、二〇〇八、『政治と複数性——民主的な公共性にむけて』岩波書店。

白川千尋、二〇〇五、『南太平洋における土地・観光・文化——伝統文化は誰のものか』明石書店。

田島慎朗、二〇二〇、「Civility 概念の意義——現代日本の社会運動を考えるにあたって」『日本コミュニケーション研究』四八（二）：九三－一一一頁。

寺田晋、二〇一九、「シヴィリティと社会の分断」『現代社会学研究』三二：二一－三一頁。

福井栄二郎、二〇〇六、「観光における伝統文化の真正性——ヴァヌアツ・アネイチュム島の事例から」『日本オセアニア学会NEWSLETTER』八四：一－一六頁。

福井栄二郎、二〇一七、「高齢者の包摂とみえない異化——ヴァヌアツ・アネイチュム島における観光業とカヴァ飲み慣行」風間計博編『交錯と共生の人類学——オセアニアにおけるマイノリティと主流社会』ナカニシヤ出版、一九三－二一五頁。

福井栄二郎、二〇二二、「逆輸入されたカーゴカルト——ヴァヌアツ・アネイチュム島における観光と開発」『社会文化論集』

一八：一二三－一三七頁。
福井栄二郎、二〇二四、『共在する人格——歴史と現在を生きるメラネシア社会』春風社。
Bejan, T., 2017, *Mere Civility: Disagreement and the Limits of Toleration*, Harvard University Press.
Calhoun, C., 2000, "The Virtue of Civility," *Philosophy & Public Affairs*, 29(3)：251-275.
Cheer, J., Reeves, K., and Laing, J., 2013, "Tourism and Traditional Culture: Land Diving in Vanuatu," *Annuals of Tourism Research*, 43: 435-455.
De Burlo, C., 1996, "Cultural Resistance and Ethnic Tourism on South Pentecost, Vanuatu," R. Butler and T. Hinch eds., *Tourism and Indigenous Peoples*, Thompson, 255-276.
Edyvane, D., 2017, "The Passion for Civility," *Political Studies Review*, 15(3)：344-354.
Forsyth, M., 2012, "Lifting the Lid on "The Community": Who Has the Right to Control Access to Traditional Knowledge and Expressions of Culture?," *International Journal of Cultural Property*, 19：1-31.
Fraser, N. and Honneth A., 2003, *Redistribution or Recognition?: A Political-Philosophical Exchange*, Verso.（加藤泰史監訳、二〇一二、『再分配か承認か？——政治・哲学論争』法政大学出版局。）
Fukui, E., 2020, "From Kastom to Developing Livelihood: Cruise Tourism and Social Change in Aneityum, Southern Vanuatu," *People and Culture in Oceania*, 35：85-108.
Habermas, J., 1990, *Strukturwandel der Öffentlichkeit: Untersuchungen zu einer Kategorie der Bürgerlichen Gesellschaft*, Suhrkamp Verlag.（細谷貞雄・山田正行訳、一九七三、『公共性の構造転換——市民社会の一カテゴリーについての探究（第二版）』未来社。）
Hobbs, T., 1651, *Leviathan, or the Matter, Forme, & Power of a Common-Wealth Ecclesiastical and Civil*, Printed for Andrew Croole.（水田洋訳、一九五四、『リヴァイアサン（一）』岩波書店。）
Hobbs, T., 1927, *The Element of Law*, F. Tönnies ed., Cambridge University Press.（田中浩・重森臣広・新井明訳、二〇一六、『法の原理——人間の本性と政治体』岩波書店。）
Honneth, A., 1992, *Kampf um Anerkennung: Zur Moraliscen Grammatik Sozialer Konflikte*, Suhrkamp Verlag.（山本啓・直江清隆訳、二〇一四、『承認をめぐる闘争——社会的コンフリクトの道徳的文法（増補版）』法政大学出版局。）
Jolly, M., 1994a, "Kastom as Commodity: The Land Dive as Indigenous Rite and Tourist Spectacle in Vanuatu," L. Lindstrom

and G. White eds., *Culture, Kastom, Tradition: Developing Cultural Policy in Melanesia*, Institute of Pacific Studies, University of the South Pacific, 131–146.

Jolly, M., 1994b, *Women of the Place: Kastom, Colonialism, and Gender in Vanuatu*, Harwood Academic Publishers.

Jolly, M., 2016, “Moving Towers: Worlding the Spectacle of Masculinities Between South Pentecost and Munich,” K. Alexeyeff and J. Taylor eds., *Touring Pacific Culture*, ANU Press, 183–225.

Lynch, J. and Tepahae, P., 2001, *Anejom Dictionary*, The Australian National University.

Martin, K., 2010, “Living Past: Contested Tourism Authenticities.” *Annals of Tourism Research*, 37(2)：537–554.

Nussbaum, M., 2008, “The First Founder: The American Revolution of Roger Williams,” *New Republic*, September 10, https://newrepublic.com/article/61558/the-first-founder.

Nussbaum, M., 2012, *The New Religious Intolerance: Overcoming the Politics of Fear in an Anxious Age*, Belknap Press of Harvard University Press.

Orwin, C., 1991, “Civility,” *American Scholar*, 60：553–564.

Sofield, T., 2003, *Empowerment for Sustainable Tourism Development*, Pergamon.

Tabani, M., 2010, “The Carnival of Custom: Land Dives, Millenarian Parades and Other Spectacular Ritualizations in Vanuatu,” *Oceania*, 80(3)：309–328.

Tabani, M., 2017, “Development, Tourism and Commodification of Cultures in Vanuatu,” E. Gnecchi-Ruscone and A. Paini eds., *Tide of Innovation in Oceania: Value, Materiality and Place*, ANU Press, pp. 225–260.

White, G., 1985, “Premise and Purposes in a Solomon Island Ethnopsychology,” G. White and J. Kirkpatrick eds., *Person, Self and Experience*, University of California Press, pp. 328–361.

Wood, L., 2021, *Canoes, Kava, Kastom, and the Politics of Culture on Aneityum*, Unpublished Ph. D. Dissertation, University of Oregon.

Vanuatu Bureau of Statistics（VBOS）https://vbos.gov.vu/

Vanuatu Daily Post（VDP）https://www.dailypost.vu/

# 終章　脱観光化へ向かう要因と今後の展望

福井栄二郎・奈良雅史

本書のテーマは「観光化／脱観光化」である。前者は比較的わかりやすい。これまで観光の範疇で論じられなかったものが、次々と観光との関連性を持つようになることだ。地方移住やリタイア後のロングステイ、ワーキングホリデイなどは、観光概念の拡大に寄与している。他方の「脱観光化」であるが、序章で示した通り、本書では観光の「縮小・停止・方向転換」を指している。本書でもいくつかの章で、個々の事例に即して「脱観光化」について詳細な分析を行っている。ただ、その要因を巨視的な視座から分析することはできなかった。そこでここでは脱観光化の大きな要因と考えられる「オーバーツーリズム」と「新型コロナウイルス感染症の拡大（およびその後の影響）」について触れ、今後の国際観光のあり方について簡単な見通しを立ててみたい。

## 1　オーバーツーリズム

オーバーツーリズムは「観光公害」とも訳され、急速に人口に膾炙した言葉となった[1]。国連世界観光機関（UNWTO）の報告書では、この語の定義として「デスティネーション全体又はその一部に対し、明らかに市民の生活の質又は訪問客の体験の質に悪い形で過度に及ぼされる観光の影響」という説明を引いている（UNWTO 2018）。具体的には、交通渋滞、土地価格の高騰、自然環境・歴史的建造物の破壊、治安悪化、物価高騰などが挙げられる。具体的な観光地として、バルセロナ、ヴェネチア、ハワイ、ベルリン、京都などが引き合いに出されることが多い。本書で取り上げたフィリピン・ボラカイ島も、しばしばオーバーツーリズムの観光地として言及される（高坂 2020：94-97；Cruz and Legaspi 2019；Maming et al. 2021）。

この点について興味深いドキュメンタリー映画がある。二〇二一年に公開された『ラスト・ツーリスト（原題 The Last Tourist）』（T・サドラー監督）である。タイ・エクアドル・カンボジア・ジャマイカ・ケニア・インドといった世界各地の観光地におけるオーバーツーリズムの現状を告発し、その被害を訴える内容である。作中のインタビューには、自然保護団体や観光ＮＰＯ、ジャーナリズムに携わる人々が登場し、オーバーツーリズムの現状と窮状を批判する。[2] それは環境破壊や交通渋滞といった問題にとどまらない。例えばジャマイカやメキシコのクルーズ船観光では、多くの観光客が訪れるものの、現地に経済的還元がなされないことが指摘される。観光客は巨大クルーズ船内のカジノ、ショッピングセンター、プールなどで豪遊する一方で、地元住民との交流は皆無である。もちろん地元の土産物屋も閑古鳥が鳴いている。だがこれは、ある意味でクルーズ船観光のエージェントが意図したところでもある。つまり、できるだけ船のなかに観光客を「幽閉」して、そこでお金を浪費してもらいたいのだ。だからそこには、私たちが「観光」でイメージする、「異郷に触れる」という行為がすっぽりと抜け落ちており、単に金持ちが船で移動しながら享楽にふけっているだけのようにも見える。これは本書第9章で福井が論じたヴァヌアツのクルーズ船観光にも通ずるところがある（ただしアネイチュム島の場合は、むしろ島民自身があまり積極的な接触や観光業の拡大を望んでいないので、大きな「問題」とはなっていない）。当然、観光客が上陸しなくなった地元では、観光業から撤退する人も増える。今後、新たな産業が見つからなければ、街全体が衰退の一途をたどることになるだろう。地元住民への経済的還元は、これからの観光を考えるうえでつねに主要な問題である。

本作品は世界各地の事例をいわばオムニバス的に結んで展開していくのだが、後半以降、多くの時間が割かれるのが、カンボジアやケニアで行われている孤児院ボランティアツーリズムについてである。孤児院を訪れたボランティアたちは、多くの場合、短期間の滞在で、これといったスキルも持たない。その彼ら／彼女らが子どもたちに英語や音楽を教える。またその様子をＳＮＳに投稿する。もちろんそこに悪意はない。だがしばしば指摘されるように、本当に孤児や貧困問題と向き合うというよりも、「自分探し」の感動体験を得ようとする、ボランティア自身の利己的で軽薄な感情がそれらの行為を支えていることは否めない。なにより問題なのは、これが「観光」、つまりビジネスとして確立しているということだ（cf. 薬師寺 2023）。いわゆる「開発途上国」の多くでは、じつは近年、貧困率が下がり、衛生状態も改善され、孤児そのものの数は減少しているとされる。だがそれにもかかわらず孤児院の数は増加しているのである。オーストラリアのジャーナリスト、O・ペリングによると、カンボジアでは二〇〇五年から二〇一五年までに孤児院の数が約六〇％も増えたという（Pelling 2019）[3]。作品中、登場人物たちもこの孤児院ボランティアツーリズムを強く批判する。これは子どもたちを愛玩動物のように見立てているだけではないのか。子どもと家族を切り離すことにつながるのではないか。そして、これこそまさに偏見に基づいた新植民地主義ではないのか、と。オリエンタリズム的まなざしは「かわいそうな孤児」を「商品」へと仕立て上げ、孤児院観光を活況へと導く。本書では直接論じられなかったが、中村の調査するケニア・サンブル社会でも、女性たちがまさに自分の「不幸」を語り、「商品」にするようになったという（中村 2017）。

オーバーツーリズム（とそれを支えるマスツーリズム）は、もはや観光地を破壊し、地元住民に悪影響を与える害悪である。だがそれは観光そのものを否定することではない。本作の最後で私たちに問いかけられるのは、いかにこれからの観光が可能なのかということである。ここでそれを詳細に論じる紙数は残されていないが、端的に要約するなら、「サステナブル」で「レスポンシブル」で「アカウンタブル」なものになるということだ。それは単に地元住民がイニシアチブを取ればよいというものではない。観光客自身にも、観光事業者にも、そして観光業に従事する地元の人々にも、未来を担う責任が生じるということである。換言すれば、観光とはゲスト・ホスト・エージェントの三者が協働して育んでいくなにかである。序章で東が今後の「善きものとしての観光」について論じている通り、観光の悦楽とはマスツーリズム的消費だけを意味するのではない。確かに現代の観光は、拡大するグローバリズムや新自由主義的経済と不可分の関係にある。いわば消費社会における一番のフロンティアでもある。それゆえ観光そのものを消費社会と切り離すのはあまり現実的ではない。むしろ今後取るべき「戦略」は、その消費の意味転換を図ることではないだろうか。人類学的知見から考えるならば、観光こそ異文化を知り、共存を模索し、持続可能性を考え、社会を変革させる契機となる。観光を「脱観光化」し、「善きもの」へと転換したいという本書の願いは、まさにこうした現代的問題の前から発せられる。

## 2　新型コロナウイルスの影響

二〇一九年に中国で発生した新型コロナウイルス感染症（Covid-19）は、二〇二〇年以降、世界中で感染が拡大し、パンデミックを引き起こした。感染症対策として、人やモノの移動が著しく制限されるなか、観光活動も大きな影響を被ることとなった。国際世界観光機関（ＵＮＷＴＯ）によれば、二〇二〇年の国際観光客数は二〇一九年比で一〇億人以上減少し（約七四％減）、約三・八一億人となった（UNWTO 2021）。日本においても、二〇二〇年の訪日外国人旅行者数は二〇一九年比で約二八〇〇万人減少し約四一二万人（約八七・一％減）、国内宿泊旅行延べ人数も前年の約三・一二億人から約一・六一億人、日帰り旅行延べ人数も約二・七五億人から一・三三億人へとそれぞれほぼ半減した（観光庁 二〇二一）。こうした状況下、序章で東が述べたように、オンラインツアーやお土産の取り寄せなど、身体の移動を伴わない観光活動が展開されることとなった。

その後、パンデミックは終息に向かい、世界保健機関（ＷＨＯ）は二〇二〇年一月に出した新型コロナウイルス感染症に関する緊急事態宣言を二〇二三年五月で終了した。それに伴い、人の移動は再開されていくこととなった（WHO 2023）。こうした動きを受け、日本でも新型コロナウイルス感染症は「5類感染症」に移行され、陽性者や濃厚接触者に対する行動制限も課せられなくなった（厚生労働省 2023）。パンデミックの終息に伴い、観光活動も再び活発化してきた。例えば、二〇二二年の国際観光客数は、パンデミック前の二〇一九年比では約三四％減であるものの、前年から二倍以上増加し、約九・七億人となった（UNWTO 2023）。同様の傾向は日本国内においても見られ、二〇二二年の訪日外国人旅行者数は、水際措置の大幅緩和等により大きく増加し、一二月には二〇一九年同月比で五四・二％まで回復した。また、国内宿泊旅行延べ人数は約二・三二億人（二〇一九年比二五・四％減）、日帰り旅行延べ人数は約一・八五億人（二〇一九年比三二・七％減）であった。パンデミック前の水準までには回復していないものの、前年比で国内約九〇〇〇万人、日帰り約六〇〇〇万人増加しており、回復基調にある（観光庁 2023）。

新型コロナウイルス感染症の観光への影響は甚大であり、観光研究においてもパンデミックの初期から国家の経済対策の効果（e.g. Okafor et al. 2022）や観光産業のレジリエンスなど（e.g. Sharma et al. 2021）、感染症と観光をめぐる問題についてさまざまなテーマで議論が重ねられた（Yang et al. 2021）。そこでの主要な論点の一つは、新型コロナウイルス感染症の世界的な感染拡大による、グローバルな観光システムの枠組みが「オーバーツーリズム」から「ノンツーリズム」へと劇的に変化（Gössling et al. 2021：2）したことで、観光セクターがいかに変化するのかであった。上述したように、パンデミックの影響による身体の移動を伴わないオンライン観光の発展は、そうした変化の一つである。くわえて、身体の移動を伴うものの、それが限定的であるマイクロツーリズムも、新たな観光形態として広く受け入れられることとなった（e.g. 観光庁 2021, 2023）。マイクロツーリズムは近隣観光とも呼ばれ、長距離移動を伴わない観光のあり方である。先行研究では、オンライン観光やマイクロツーリズムの展開が、パンデミック前までの「成長」を目指してきた観光セクターを、より「持続可能な」ものへと変えうるとした展望が示されてきた（e.g. Sharma et al. 2021）。こうした展望が現実のものとなるかどうかを本章で論ずることはできないが、パンデミックによる観光セクターへの影響は、本書において検討してきた「観光化」と「脱観光化」というプロセスから観光現象を捉えようとする視座が、ポストツーリズムをめぐる議論に貢献しうる可能性を示唆する。

ポストツーリズムとは、日常的な環境を離れる時空間的な移動を前提としてきた従来の観光理解と異なり、観光と他の社会的領域との境界が曖昧化することで、従来は観光とみなされてこなかった領域にまで拡大した観光実践をとらえようとする概念である（e.g. Jansson 2018）。例えば、地元の街歩きもポストツーリズムとして分析されてきた（Wang et al. 2022）。その意味で、パンデミックによって拡大したマイクロツーリズムもポストツーリズムとして分析することができるだろう。ポストツーリズムをめぐる議論は、従来観光と捉えられてこなかった領域にまで観光が拡大するという意味において、「観光化」のプロセスを捉えようとする試みであるようにみえる。しかし、ポストツーリズムが観光と他の社会的領域との境界の曖昧化をその契機としているとすれば、ポストツーリズムは観光が拡大するという一方向的なプロセスとして捉えるだけでは不十分であるといえるだろう。例えば、パンデミックによる観光セクターへの影響は、マイクロツーリズムに示されるように日常的な環境の「観光化」を引き起こしたが、それと同時に従来の観光活動の縮小や停止をもたらした。その過程では、観光関連業での廃業が増加したため、事業転換を余儀なくされた業者も少なくなったといえる。[4]その意味で、観光業の方向転換も起きてきた。つまり、パンデミックに伴う日常的な環境の「観光化」は、観光の縮小、停止、方向転換という意味での「脱観光化」と同時に進展してきたのだ。本書で提示した「観光化」と「脱観光化」という視座には、従来は観光的なものの拡大として理解される傾向にあったポストツーリズムを、観光と他の社会的領域との間で曖昧化した境界をめぐる両義的なプロセスとして捉え直すことにつながる可能性がある。本書ではポストツーリズムをめぐる議論を十分に検討することはできなかったが、今後の課題としていきたい。

注

（1）国連世界観光機関（UNWTO）の報告書によれば、二〇一六年八月に、アメリカの観光専門ニュースメディアであるスキフトの特集記事に掲載されたものが初出とされる（Ali 2016）。日本では二〇一三年の「ユーキャン新語流行語大賞」で「オーバーツーリズム」が対象候補としてノミネートされた。またイギリスでもデイリー・テレグラム紙の二〇一八年「ワード・オブ・ザ・イヤー」にノミネートされている。

（2）人類学に馴染み深いところで言えば、霊長類学者J・グドールも登場する。

（3）　作品中では、登場人物が「七五%増加した」と語っている。
（4）　「観光業、「あきらめ廃業」から「駆け込み廃業」急増へ　過剰債務で黒字廃業を急ぐ」『財経新聞』（https://zaikei.co.jp/article/20220210/65976.html、二〇二四年二月二〇日最終閲覧）。

## 文献


観光庁、二〇二一、『令和3年度版観光白書』（https://www.mlit.go.jp/statistics/file000008.html　二〇二四年二月二〇日最終閲覧）。

観光庁、二〇二三、『令和5年度版観光白書』（https://www.mlit.go.jp/statistics/file000008.html　二〇二四年二月二〇日最終閲覧）。

高坂晶子、二〇二〇、『オーバーツーリズム——観光に消費されないまちのつくり方』学芸出版社。

厚生労働省、二〇二三、「新型コロナウイルス感染症の5類感染症移行後の対応について」（https://www.mhlw.go.jp/stf/corona5rui.html　二〇二四年二月二〇日最終閲覧）。

中村香子、二〇一七、「「伝統」を見せ物に「苦境」で稼ぐ——「マサイ」民族文化観光の新たな展開」『アフリカ研究』九二：六九 - 八一頁。

薬師寺浩之、二〇二三、「孤児院ボランティアツーリズムを問い直す——規範的アプローチを超えて」『立命館大学人文科学研究所紀要』一三四：一八三 - 二一三頁。

Ali, R., 2016, "Exploring the Coming Perils of Overtourism," (https://skift.com/2016/08/23/exploring-the-coming-perils-of-overtourism　二〇二四年二月二〇日最終閲覧).

Cruz, R. G. and Legaspi, G. F. A., 2019, "Boracay Beach Closure: The Role of the Government and the Private Sector," Dodds, R. and Butler, R. W. eds., *Overtourism: Issues, Realities and Solutions*, Berlin: De Gruyter, pp.95-110.

Gössling, Stefan et al., 2021, Pandemics, tourism and global change: a rapid assessment of COVID-19, *Journal of Sustainable Tourism*, 29：1-20.

Jansson, André, 2018, Rethinking post-tourism in the age of social media, *Annals of Tourism Research*, 69：101-110.

Maming, J. B., Delanter, A. F. and Gabuya, P. G., 2021, "Sustainable Tourism Development in Boracay Island, Malay, Aklan," *International Journal of Multidisciplinary: Applied Business and Education Research*, 8(2)：699-711.

Okafor, Luke et al., 2022, COVID-19 economic policy response, resilience and tourism recovery, *Annals of Tourism Research Empirical Insights*, 3：100073.

Pelling, O., 2019, "The Secret World of Modern-day Slavery,"（https://oliverpelling.com/australia-modern-slavery 二〇二四年二月二〇日最終閲覧）.

Sharma, Gagan et al., 2021, Reviving tourism industry post-COVID-19：A resilience-based framework, *Tourism Management Perspectives*, 37：100786.

UNWTO、二〇一八、「『オーバーツーリズム（観光過剰）』？――都市観光の予測を超える成長に対する認識と対応」（https://unwto-ap.org/wp-content/uploads/2019/11/overtourism_Ex_Summary_low-2.pdf 二〇二四年二月二〇日最終閲覧）。

UNWTO, 2021, "2020：A year in review,"（https://www.unwto.org/covid-19-and-tourism-2020 二〇二四年二月二〇日最終閲覧）.

UNWTO, 2023, *International Tourism Highlights, 2023 Edition*,（https://www.e-unwto.org/doi/epdf/10.18111/9789284424986 二〇二四年二月二〇日最終閲覧）.

Wang, Junchuan et al., 2022, Post-tourism in the usual environment: From the perspective of unusual mood, *Tourism Management*, 89：104452.

WHO, 2023, "Statement on the fifteenth meeting of the IHR（2005）Emergency Committee on the COVID-19 pandemic,"（https://www.who.int/news/item/05-05-2023-statement-on-the-fifteenth-meeting-of-the-international-health-regulations-%282005%29-emergency-committee-regarding-the-coronavirus-disease-%28covid-19%29-pandemic 二〇二四年二月二〇日最終閲覧）.

Yang, Yang et al., 2021, A review of early COVID-19 research in tourism: Launching the *Annals of Tourism* Research's Curated Collection on coronavirus and tourism, *Annals of Tourism Research*, 91：103313.

# あとがき

本書は、国立民族学博物館共同研究「グローバル化時代における「観光化／脱‐観光化」のダイナミズムに関する研究」（二〇一九～二〇二二年度）における成果をもとに編まれたものである。本書の執筆者は、この共同研究のメンバーである。三年半の期間に一六回の研究会を実施し、各メンバーは二回以上の研究発表を行い、本書で試みたように現代社会における観光をめぐる状況を「観光化」と「脱観光化」というふたつのプロセスから捉える視座を鍛えあげてきた。

そのプロセスにおいて、地域や学問領域を限定せず、国内外のさまざまな事例を検討するとともに、文化・社会人類学に加え、隣接分野である観光学、社会学、民俗学などの知見を活かして学際的な議論を進めるために、本共同研究では特別講師を招聘し、研究発表を行っていただいた。招聘した特別講師は、観光社会学を専門とする遠藤英樹（立命館大学）および須藤廣（跡見学園女子大学）、日本を主なフィールドとして文化人類学・民俗学を専門とする門田岳久（立教大学）、先住民観光などを中心とした観光研究を行ってきた須永和博（獨協大学）、イスラームと観光との関係を研究してきた安田慎（高崎経済大学）、メディアと観光の関係を研究してきた松本健太郎（二松学舎大学）の各氏である（日付順、敬称略、所属はすべて当時）。本書のもととなる課題を検討するうえで、これらの特別講師による研究発表およびそれに基づく議論の持つ意義は大変大きかった。特別講師を担ってくださった六名の先生方に深い謝意を表したい。

二〇二三年五月にＷＨＯおよび日本の厚生労働省が新型コロナウイルス感染症の位置づけを変更したことで、国内外での観光活動は再び活発化した。また、多くの研究者もフィールドワークを再開しつつある。

本書は上記共同研究の最終年度である二〇二二年度から二〇二三年度初めに執筆された原稿からなる。そのため、本書は主にコロナ禍中の状況を扱っており、「ポストコロナ」については十分に捉えられていない。しかし、終章で論じたように、本書において検討してきた「観光化」と「脱観光化」というプロセスは、新型コロナウイルス感染症による観光セクターへの影響とそれに伴う変化を理解するうえでも有用であろう。

二〇二四年夏現在、国内のインバウンド観光が再び過熱し、世界各地でオーバーツーリズムへの対抗的措置が進行している。その最中で、本書の校正作業を進めながら、あの諦めと期待の入り混じった混沌の時期を不思議な感覚で思い起こしている。これから観光は、社会は、どのように展開していくのだろうか。

本書の刊行にあたっては、共同研究の成果発信を奨励する国立民族学博物館の制度を利用し、査読を経て出版助成を受けた。本書を丁寧に読み、有益なコメントをくださった二名の匿名の査読者にもこの場を借りてお礼申し上げたい。

最後になるが、本書の出版に際して、編集をご担当くださったミネルヴァ書房の涌井格氏には特段のご配慮とご助力をいただいた。心より感謝申し上げたい。

編者一同

# 人名索引

や　行



ら　行



わ　行

# 事項索引

## さ　行



## た　行



## な　行

## は 行



## ま 行



## や 行



## ら 行



## わ 行

A－Z

＊奈良雅史（なら・まさし）**第5章・終章**

1980年　北海道生まれ北海道育ち
2014年　筑波大学大学院一貫制博士課程人文社会科学研究科歴史・人類学専攻修了，博士（文学）
現　在　国立民族学博物館学術資源研究開発センター准教授／総合研究大学院大学先端学術院准教授
主　著　『現代中国の〈イスラーム運動〉――生きにくさを生きる回族の民族誌』風響社，2016年。
『中国民族誌学――100年の軌跡と展望』（共編著）風響社，2024年。

越智郁乃（おち・いくの）**第6章**

1978年　愛媛県生まれ
2010年　広島大学大学院社会科学研究科博士課程修了，博士（学術）
現　在　東北大学大学院文学研究科准教授
主　著　『動く墓――沖縄の都市移住者と祖先祭祀』森話社，2018年。
『グローバリゼーションとつながりの人類学』（共編著）七月社，2021年。

中村香子（なかむら・きょうこ）**第8章**

1965年　生まれ
2008年　京都大学大学院アジア・アフリカ地域研究研究科博士課程修了，博士（地域研究）
現　在　東洋大学国際学部教授
主　著　*Female Genital Mutilation / Cutting: Global Zero Tolerance Policy and Diverse Responses from African and Asian Local Communities,*（共編著）Springer, 2023.
「マサイ系牧畜民女性と観光――『苦境のストーリー』と女性のエンパワーメント」『観光学評論』12（2），2024年。

＊福井栄二郎（ふくい・えいじろう）**第9章・終章**

1973年　兵庫県生まれ大阪府育ち
2006年　神戸大学大学院総合人間科学研究科博士課程修了，博士（学術）
現　在　島根大学法文学部准教授
主　著　『交錯と共生の人類学――オセアニアにおけるマイノリティと主流社会』（共著）ナカニシヤ出版，2017年。
『共在する人格――歴史と現在を生きるメラネシア社会』春風社，2024年。

《**執筆者紹介**》執筆順，＊は編著者

**＊東　賢太朗**（あずま・けんたろう）**序章・第7章**

1976年　愛知県名古屋市出身

2004年　名古屋大学大学院文学研究科博士課程後期課程単位取得修了，博士（文学）

現　在　名古屋大学大学院人文学研究科准教授

主　著　『リアリティと他者性の人類学——現代フィリピン地方都市における呪術のフィールドから』三元社，2011年。

『観光人類学のフィールドワーク——ツーリズム現場の質的調査入門』（共編著）ミネルヴァ書房，2021年。

**岡本　健**（おかもと・たけし）**第1章**

1983年　奈良県生まれ

2012年　北海道大学大学院国際広報メディア・観光学院観光創造専攻博士後期課程修了，博士（観光学）

現　在　近畿大学総合社会学部／情報学研究所教授

主　著　『アニメ聖地巡礼の観光社会学——コンテンツツーリズムのメディア・コミュニケーション分析』法律文化社，2018年。

『VTuber 学』（共著）岩波書店，2024年。

**藤野陽平**（ふじの・ようへい）**第2章**

1978年　東京都生まれ

2006年　慶應義塾大学大学院社会学研究科博士課程単位取得退学，博士（社会学）

現　在　北海道大学大学院メディア・コミュニケーション研究院教授

主　著　『台湾における民衆キリスト教の人類学——社会的文脈と癒しの実践』風響社，2013年。

『モノとメディアの人類学』（共編著）ナカニシヤ出版，2021年。

**紺屋あかり**（こんや・あかり）**第3章**

1983年　生まれ

2015年　京都大学大学院アジア・アフリカ地域研究研究科博士後期課程修了，博士（地域研究）

現　在　明治学院大学国際学部専任講師

主　著　「パラオ口頭伝承のテクスト化をめぐる人々の実践——ことばの物象化に着目して」『文化人類学研究』20，2019年。

Four Stones: The Concept of Space and Time in Palauan Mythology, *Language and Linguistics in Oceania*, 14, 2022.

**鈴木佑記**（すずき・ゆうき）**第4章**

1978年　生まれ

2012年　上智大学大学院外国語学研究科博士後期課程修了，博士（地域研究）

現　在　国士舘大学政経学部／政治学研究科准教授

主　著　『現代の〈漂海民〉——津波後を生きる海民モーケンの民族誌』めこん，2016年。

『フロンティア空間の人類学——統治をめぐる実行力と創造力』（共著）ナカニシヤ出版，2025年。

脱観光化の人類学
——かわりゆく観光と社会のゆくえ——

2025年 3 月31日　初版第 1 刷発行　〈検印省略〉

定価はカバーに
表示しています

編著者　東　賢太朗
　　　　福井　栄二郎
　　　　奈良　雅史
発行者　杉田　啓三
印刷者　中村　勝弘

発行所　株式会社　ミネルヴァ書房
607-8494　京都市山科区日ノ岡堤谷町 1
電話代表 (075)581-5191
振替口座　01020-0-8076

　中村印刷・新生製本

ISBN978-4-623-09805-7

Printed in Japan